# 以绿道文化抒写幸福广东

朱小丹

绿色是一种理念，是一种生活形态，也是一种文明的象征，更是人类与大自然相互交融的一种具体契合方式，而绿道正是其具体表现。作为线形的绿色开敞空间，绿道沿着河流、溪谷、山脊和道路铺展，就像一条条绿色的丝带串联起一个个公园、自然保护区、风景名胜、历史古迹和城镇村落，用绿色的网络在大地上编织出我们绿色生活的幸福图景。

广东正是秉承着这样的绿色希望，开始了绿道建设。第一阶段的目标是建设珠三角绿道网。中共中央政治局委员、省委书记汪洋同志高度重视、亲自领导绿道建设，要求将珠三角绿道网打造成为全省乃至全国的标志性工程。通过两年的努力，如今已初见规模。作为广东省落实科学发展观的重要举措，建设珠三角绿道网是实施区域一体化战略的具体行动，是推动珠三角一体化发展的重要抓手之一。绿道建设的努力实践和初步成果，已经将珠三角大多数城市的公园、绿地与外部的自然保护区、风景名胜区串联起来，形成了生态保护与生活休闲交相辉映的绿色开敞空间网络。在保护生态环境、缓解城市热岛效应的同时，绿道为居民提供了舒适的户外活动空间，极大地促进了宜居城乡的建设，对推动区域生态环境保护、实现生活休闲一体化、促进宜居城乡建设和增强可持续发展能力产生了非常重要的作用，成为建设幸福广东的一个重大成果，进一步展示了广东人民的幸福生活风貌。

绿道建设有利于社会的进步。如果说，城际轨道网的建设推进了珠三角城市功能一体化，绿道网的建设则促进了珠三角城市生活的相融相通和绿色发展。通过连接珠三角主要的自然资源、人文资源及城乡居住区，绿道既优化了区域生态格局，构筑了绿色开敞空间，又促进了各地人流和物流的自由高效流动，从而形成一体化的生活休闲格局，为现代人崇尚的慢生活提供了优越的条件。绿道建设也有利于经济的发展。珠三角经济对外依存度大，扩内需促增长已成为保持珠三角经济发展的重大战略。而建设珠三角绿道网除了带来生态效益外，还直接带动了旅游观光、运动健身、宾馆餐饮等休闲产业和交通运输、文化娱乐等相关行业的发展，并间接带动或影响农业、建筑业、房地产业等的成长，从而提供更多就业岗位，进一步扩大内需，拉动绿道沿线地区经济增长。绿道建设还有利于文化的提升。由于将散点分布而缺乏全局观的历史文化资源加以全面保护与系统利用，串联起众多历史文化资源，使历史文化资源及周边的环境得到有效保护和利用，居民们有了更为充分的游憩和交往空间，而城市文化特色的强化又提高了居民的地方归属感和自豪感。绿道建设更有利于生态环境的完善。它增强了生态空间的连通性，维护了区域的生态安全，为野生动物提供了栖息地和迁徙廊道，从而保护了动植物的物种多样性。它还能吸收水面、树林和灌木丛中的污染物，起到净化空气、改善环境和维护区域生态安全的作用。总之，绿道给了我们绿色的希望。绿道建设是气势恢弘的大手笔，是音韵悠长的交响诗，已然成为幸福广东

广东绿道
GD GREENWAY

# 广东绿道文化

## GD GREENWAY CULTURE

广东省人民政府文史研究馆文学院
深圳市新闻人才基金会
编

广东省出版集团
广东人民出版社
·广州·

《广东绿道文化》

## 编委会

的重要内涵，对广东的未来发展正在起到积极而巨大的推动作用。

回望两年多的绿道建设历程，我们欣喜地看到，珠三角绿道网的建设已经超额完成了既定的任务目标。省立绿道的各项配套服务设施，如驿站、停车场和自行车租赁点等，已经超额完成30%以上。城市绿道建成慢行道的目标也超额完成了近30%。目前，广东省人民政府已经正式批准2011—2015年的广东省绿道网建设总体规划。省政府认为，推动珠江三角洲绿道网向东西北地区延伸，规划建设全省绿道网，对构筑生态安全新格局、促进我省的区域协调发展、改善城乡人居环境、提升人民群众的生活质量，具有十分重要的意义，是我省践行科学发展观、建设生态文明和幸福广东的标志性工程。为此，省政府要求，要在2015年确保全省建成总长约8770公里的省立绿道，并得以构建全省互联互通、配套成熟完善的绿道网。我相信，在全省人民的期盼和努力之中，广东省的绿道建设一定会飞跃发展，成为广东人民幸福生活的一个重要表征。

绿道如琴弦，众手调清音。绿道建设关系到幸福广东，是广东人民共同的大事。广东省人民政府文史研究馆积极主动地参与到这件大事中，以馆员们对建设幸福广东的热情，以他们特有的优势和方式，组织考察调研，指导各地作者创作，认真审阅、修改、编辑，《广东绿道文化》一书阐释绿道所蕴含的文化因素，解读绿道所饱浸的诗情画意。在充分展示广东绿道风采的同时，也展示了他们积极参与广东社会经济和文化建设的现实情怀。

我为之所感，特为此书作序。

2012年9月11日

（作者为中共广东省委副书记、省长）

01

# 广州篇

GUANGZHOUPIAN

02

03

04

05

06

07

08

01 省领导出席绿道建设启动仪式
02 绿道轮滑运功深受青少年喜爱
03 增江河绿道——增江画廊
04 天麓湖绿道萝岗生物岛绿道
05 天麓湖绿道萝岗生物岛绿道
06 南沙水上绿道
07 珠江河绿道——临江大道
08 白云绿道——花映白云湖
09 荔湾绿道——大沙河生活步径
10 芙蓉嶂绿道——花都秀全驿站

10

09

广东省住房和城乡建设厅 /
广州市林业和园林局 提供

01

02

03

# 深圳篇

SHENZHENPIAN

01　海上观景平台（廖国强　摄）
02　融入自然的马峦山生态绿道（北林苑　摄）
03　深圳绿道（北林苑　摄）
04　盐田海边栈道（廖国强　摄）
05　深圳绿道（北林苑　摄）

04

05

# 珠海篇

ZHUHAIPIAN

01

01　1号线滨海绿道　　02　香洲绿道　　03　1号线美丽小筑绿道　　04　东澳岛休闲绿道
05　斗门绿道　　06　红树林绿道　　07　海天驿站

珠海市绿道办　提供

# 汕头篇

SHANTOUPIAN

01 中山路绿道小品

02 礐石绿道木栈道夜景

03 中山路绿道

01

02

03



汕头市住建局　提供

# 佛山篇

FOSHANPIAN

01 南海桂城活水公园绿道
02 三水云东海山林绿道
03 禅城南庄生态休闲区区域绿道



佛山市住建局 提供

# 韶关篇

SHAOGUANPIAN

01、02　韶州公园绿道
03、04　绿道活动
05、06　丹霞山绿道
07　丹霞山绿道活动
08　莲花山绿道

01

02

03

04

05

06

07

08

韶关市住建局　提供

# 河源篇

HEYUANPIAN

谢全建　摄

# 梅州篇

MEIZHOUPIA

01

02

03

叶海威　摄

# 惠州篇

HUIZHOUPIAN

01

02

01　山之灵
02　海边绿道
03　竹林穿行
04　朝京门绿道
05　绿道休闲时光
06　亲近大海
07　从城市出发
08　绿道阳光

03

04

05

06

07

08



惠州市住建局　提供

# 汕尾篇

SHANWEIPIAN

01

02

03

04

05

沈绿洋 摄

# 东莞篇

DONGGUANIPIAN

01　麻涌镇绿道（吴诗娴　摄）
02　万江区桥绿道映彩虹（吴诗娴　摄）
03　松湖花海（吴诗娴　摄）
04　绿道建设（吴诗娴　摄）
05　万江区基础设施（吴诗娴　摄）
06　和谐（曹永富　摄）
07　悠悠东江水，绵绵绿道情（吴诗娴　摄）

01

03

04

05

06

07

东莞文联　提供

# 中山篇

ZHONGSHANIPIAN

秋日看竹
迎亚运骑车之旅（简建文　摄）
小憩（赖泽鸿　摄）
弯弯的小路（张广洋　摄）
美景当前
感受绿道（刘浩玲　摄）

中山市住建局　提供

# 江门篇

JIANGMENPIAN

01 滨江绿道——美的旋律

02 滨江绿道一景

03 葵林晨曲（黄冠明 摄）

04 碉楼绿道沿线美景

江门市住建局　提供

# 阳江篇

YANGJIANGPIAN

01

02

04

03

05



阳江市住建局　提供

01

02

# 湛江篇

ZHANJIANGPIAN

01 赤坎南桥公园绿道
02 霞山观海长廊绿道
03 赤坎滨湖公园绿道
04 霞山菉塘河湿地公园九曲桥绿道

03

04



朱海湛 摄

# 茂名篇

MAOMINGPIAN

01　小东江绿道（丘立贺　摄）
02　森林公园绿道（丘立贺　摄）
03　一滩绿道（晓音　摄）
04　滨海公园绿道（丘立贺　摄）

03

04

# 肇庆篇

ZHAOQINGPIAN

01　畅游绿道（梁镜然　摄）
02　省立绿道1号线起点广场
03　星湖绿道行
04　环星湖绿道骑游大会

01

02

03

04

肇庆市文联　提供

01

# 清远篇

QINGYUANPIAN

02

03



清远市文联　供稿

01

02

# 潮州篇

CHAOZHOUPIAN

潮州市住建局　提供

# 揭阳篇

JIEYANGPIAN

02

01

03

04

05

揭阳市联　供稿

01

# 云浮篇

YUNFOUPIAN

02

03

04

05

01 南山森林公园休闲自行车道（周洲　摄）

02 罗定绿道——文塔夕照（吴锦涛　摄）

03 绿道享受自然（周洲　摄）

04 郁南县桂圩镇勿坦村绿道（徐登科　摄）

05 山地自行车道北一环段（周洲　摄）

06 畅游绿道享受自然（周洲　摄）

07 幸福和谐（徐登科　摄）

06

07

# 目录

CONTENTS

CONTENTS

CONTENTS

# 广州篇

GUANGZHOUPIAN

# 低碳靓丽展宏图

绿道，是人们近几年的新话题。一般来说，交通管理部门把安全、通畅的道路称为“绿道”。绿道这个概念起源于20世纪70年代，其内涵，一是自然存在，诸如森林河岸、野生植物等；二是通道。两者结合，就是与人为开发的景观相交叉的一种自然走廊。

谈起绿道，人们自然会想到森林、绿树。有森林的地方，人们就会想到郊野。古往今来，人们都会爱绿野、爱森林，爱它的原材，爱它的品质，爱它的“大氧吧”……有位管林业的领导说：“城市森林的发展之路，起初是从山野发展到城郊，而后到城区，再后是到城市周围的滨海。”森林离不开城市，绿道离不开树木。因此，绿道也应和林业建设的走向，密不可分。

两千年前，古希腊伟大的哲学家、科学家、教育家亚里士多德曾经说过：“人们来到城市，是为了生活；居住在城市，是为了生活更美好。”

广州这个有二千二百多年悠久历史的文化名城，而今是改革开放的前沿地，三十多年来经济迅猛发展，城市化进程不断加快。2003年，广州加大力度推进花园城市建设和“青山绿地、碧水蓝天”工程。2008年，广州率先启动绿道工程建设，广东省首条绿道、广州郊野型绿道——增城绿道，破土而出。这是一条破天荒从郊野走来的绿色走廊，是广州人对美好生活的憧憬。

2010年，广州绿道进入大规模建设之初，结合广州得天独厚的山、水、城、田、海的自然格局和丰富的人文资源，规划了滨海、莲花山、流溪河、芙蓉嶂、增江河、天麓湖6条绿道。紧接着，市、区联动，全民共建，结合花园城市建设、“青山绿地、碧水蓝天”工程和迎亚运人居环境整治工程，铺开绿道建设。它是广州人对美好生活憧憬的承诺，起步早，收效快，充分体现了广州特色和广州速度。

为了了解广州的绿道，我们一行作家在市林业和园林局分管宣传的干部带领下，一连数天前往广州市中心城区和南沙、番禺、从化、增城、萝岗等地采访。从历史文化气息浓厚的老城区到高楼矗立的CBD，从南之滨水到北之山岳，我目睹绵长的绿线，连绵不断，将整个广州串联成一幅气势磅礴的山水画卷，使我浮想联翩……

我知道绿道，感悟绿色，是20世纪80年代初我从企业调至文艺创作单位固定在广州工作之时。奔赴全省、全国乃至世界各地采风，我走进绿色，游荡于绿道的美景。我走在广州花城的马路，逛游街心、湖边公园和街头的公共绿地；我浏览于流溪河、增江河、巴江河、十八和十九涌湿地……我走进现代的城市，寻觅城市绿道之美。海牙到荷兰阿姆斯特丹的红、黄、蓝、橙、紫各色“花衣”的风景绿道；德国海德堡满眼绿树、景色优美的宜居城区生态绿道；美国洛杉矶圣莫尼卡海滨的宽阔草坪和高大棕榈树的旅游绿道；日本串联起富士山沿线的滨河绿道；新加坡充满情趣的“城市在花园”绿道……这是自然美和装饰美的组合，这是野性和鬼斧神工的组合……我期盼着，我向往着，我梦想着自己居住的城市，有朝一日也有贯穿南北、横贯东西的千里绿道，充满生态野趣，让人们低碳出行……

这一天终于来了，终于给我看见了、分享到了：

在广州市中心城区，在南沙，在番禺，在从化，在花都，在增城，在萝岗，我看见了滨海、莲花山、流溪河、芙蓉嶂、增江河、天麓湖6条绿道线，或从郊野向城区、向滨海延伸，或从滨海向城区、向郊野延伸……

广州绿道，从郊野走来，“入村，进城”，从滨海走来，“进城，入村”，形成了一个省、市骨干绿道网络和市、区绿道网络串起的绿广州！

广州，与绿有缘；我，与绿有缘。我寻觅到了绿道上诗意的精灵，为你写一部低碳靓丽的绿道引领新生活的诗篇。

## 向南水乡富　新老绿城美

我们从广州城区向南走来，采访广州市南端的南沙区和番禺区。

番禺、南沙原本同属一区，是珠江三角洲的冲积平原或围海造田的土地。河涌密布，水道纵横，是富饶的“鱼米之乡”。它们有相同的属性，但也有各自的特色。

我们走在蕉门河畔、南海之滨……这是省立1号滨海绿道。长长绿道，就像环绕滨海南沙的“绿丝带”。它始于龙溪大道，经荔湾、越秀、天河、海珠、番禺和南沙，与中山市对接。全长约562公里。

南沙，是广州的出海口，2005年4月经国务院批准，在南沙开发区基础上，设立广州市南沙区。

南沙滨海绿道，是省道，也是市、区绿道主干道。2010年初，结合广州市“青山绿地”工程建设，科学规划设计，充分考虑绿道与自然生态环境的融合，调动绿道大多经过海堤、水道、桥梁、湿地的元素，串联起沿线的海、山、城、湿地、天后宫等景观，凸显南沙绿道的“滨海”特色。它包括生态型绿道沿南沙河涌、海岸及山脊线建立；郊野型绿道依托南沙城镇周边的绿野、水体和田地乡村；都市型绿道循城区道路两侧的绿地构建形成。打造成全长169公里的滨海绿道网，像“绿翡翠”镶嵌滨海新城，为人们提供了一片观光、休闲、健身、体验与欣赏自然和历史文化内涵的旅游胜地。

进入都市型绿道城区，跃入眼帘的是高山榕、法国枇杷等夹道的绿道；在河涌堤坝上，是荔枝林、柑橘林、芭蕉林的新村落绿道；星罗棋布的池塘，是观赏莲、千层金等的水上绿道；平坦的海滩，是绿树掩映下的新高楼、新大厦的绿道……绿色新城美，奇妙清新味，独特现代感，扑入心肺，我仿佛进入了绿色小城海德堡，迈步在水城威尼斯……啊！好一个森林的城市，绿道的美景！

浏览生态型绿道的海滨公园，走在池塘、水泊、小河、绿岛、曲径、拱桥、亭台、楼阁边，一路是绿道；南洋林、橡胶树、银桦、白千层、法国枇杷、铁刀木、小叶榄仁……郁郁葱葱，绿色成网。迈过拱桥，登上四方五层白塔，向前瞻，大海上艘艘巨轮扬起万国旗帜远航；向后望，天后宫背面的大角山，满山长满了参天的绿树。这大海的天人合一生态系统和历史沉淀的人文景观，使我心旷神怡，心随望海的天后娘娘飘飘欲飞……啊！好一个森林的大海，绿道的美景！

循着绿道，踏着晴朗阳光，我们往黄山鲁公园进发。公园其实就是把绿道引入森林公园的山体绿道，野生次生林漫山遍野，人工栽种的樟树、紫荆、紫微、鸡蛋花、刺桐等一路夹道。坡上白楸正在扬花，山风徐徐吹来，扬起一波一波的白浪。从半山亭拾级而上，登上峰顶，森林如海的南沙新城、竖着吊塔的南沙新港、宏伟壮观的虎门大桥、波涛拍岸的“金锁铜关”……尽收眼底。这山的原生生态系统和久远沧桑的人文景观，抚今追昔，真是不胜唏嘘……啊！好一个森林的山岭，绿道的美景！

午餐后，我们去湿地公园游览。它是利用湿地游览区建成的水上综合游览绿道，面积13000亩。有桃花心木、黄槿、铁刀木、落羽杉、拉光木、秋茄、无瓣海桑、红海榄、桐花、卤蕨、白骨壤等11个品种的红树林，以及芦苇、金边芦苇等植物；各种的鸟儿，包括黑水鸡、野鸭、苍鹭、夜游鹤、燕鸥、白琵鹭等，栖息树林，展翅鸣叫。在秋冬，冬候鸟、留鸟、旅鸟少则2万~3万只，多则上10万只。游艇沿水上绿道行驶快到岸边，骤然一群水鸭飞起，在红树林上空飞舞盘旋，留下一阵清脆悦耳的鸣叫声……这湿地绿道的天斧神工的生态系统和文明和谐的人文景观，使我浮想翩翩，心欲化作一只水鸟，飞向万里清澈的云空……啊！好一个森林的湖泽，绿道的美景！

下午3时，我们前往蕉门绿道。它包括河畔绿道和水上绿道，全长约8公里，是广东省内第一条水上绿道。绿道充分利用现有的景观绿化带，在原有道路和绿化的基础上建设示范段。只见绿色的太极广场、绿色的亲水长廊、绿色的情侣路、绿色的钓鱼台、绿色的疏林草地，游人如织，欢声笑语……使我荡涤凡尘，心亦随绿色廊道飞奔……啊！好一个森林的蕉门，绿道的美景！

滨海绿道，是南广州的“绿丝带”，织成了一块“绿翡翠”镶嵌在滨海新城，引领人们走向新滨海、新生活……我仿佛看到了大海的胸怀和力量，悟到了绿色的美妙和神奇，领略了人们的期盼和向往……

我们走在莲花山、大夫山森林公园……这是省立3号莲花山绿道。它始于滴水岩森林公园，经金山大道、兴业大道至化龙与东莞市对接。全长约200公里。

建县于秦始皇时代的番禺，人文文化积淀深厚，农耕文化源远流长。

番禺别具特色的水乡风情，深厚的人文历史底蕴，为建设绿道提供了极好的资源。其中莲花山绿道着重体现番禺的“文化味”，串联起石楼古村落群、莲花山、余荫山房、大夫山森林公园、宝墨园等景点，构成“岭南水乡文化休闲线路”。而“番禺区绿道线路”则充分考虑番禺水乡特点，着重体现了番禺的“水乡鱼米味”。目前，番禺辖区内已建成绿道308公里。

区有关负责同志带我们去参观体现番禺“文化味”的莲花山绿道沿线的莲花山、余荫山房、大夫山森林公园、宝墨园等景点。

莲花山有古代人民一锤一钎开凿成的“石雕古迹”、莲花古塔和莲花城、望海观音金像等，令我景仰；宝墨园的瓷版浮雕《清明上河图》、聚宝阁、龙图馆和赵泰来藏品馆珍藏的琳琅满目的古今书画、陶瓷、铜器、玉器等，令我感动；余荫山房的无限佳景，令我乐而忘返；大夫山的亭台楼阁、湖光山色，树木花卉、棕榈植物的热带风情，令我陶醉……突出“文化味”的莲花山绿道，游人不断，而我更着迷于体现番禺“水乡鱼米味”的吊挂在绿色长廊似沾水的“诗行”……

番禺区绿道建设采用按地段分工负责的方式，很好地调动了大家的积极性和创造性，把绿道引入近郊田园农庄，如东涌镇的田园绿道长廊，受到好评。

从东涌镇和乐路开始，一条4米宽掩映在香蕉树、石榴、木瓜、桂木、青橄榄树影中的绿道向北延伸。集田园瓜果、水上绿道、湿地公园于一体，熔观光、科普、农具体验于一炉，是别具一格、充分体现岭南沙田水乡特色的绿色长廊。

长廊一头的湿地公园，种了荷花、美人蕉、梭鱼草等10000多株水生植物，游人可以在绿道上欣赏湖里湖外的美丽景色。园内绿道设有古农具展览区，放置了舂臼、灰臼、石碌、石磨脱粒机、脚踏打磨机、铁耙、风柜、打谷桶等，旁边小河配置了各类水车。这些乡村宝贝，留下了祖辈的汗水和血气，使人们回溯到历史的源头，感受、体验到岭南农耕文化的甘苦薪火与文明底色。

水上绿道，是依托濠涌、沙鼻梁涌、三稔涌三条河涌的自然风情风物建成，游人在农艇上欣赏沿途的村落、流水、石桥、古榕等原生态景致，倾听头戴疍家竹帽、身穿大襟衫大脚裤的疍家姑娘唱咸水歌的情调：“你是钓鱼仔，定是钓鱼郎嚟嗨，我问你手中的鱼丝嚟有几多十壬长？”“浪拍海滩银光四溅，江心明月映照渔船嚟嗨，阿妹放纱嚟哥收线，渔歌对唱水拨琴弦！”

而其中一段长廊，1.5公里长、3.5米高的瓜果藤条棚架伴你一路前行。两旁种植了珠帘、老鼠瓜、蒲瓜、丝瓜、水瓜、蜜本南瓜、长柄葫芦、西番莲、刀豆等一批观赏性强、长势旺盛的瓜果，长形、圆形、纺锤形、葫芦形等形态各异的多果形结合。走在绿色长廊，老鼠瓜，把变色亮在面前；丝瓜，把蛮腰悬吊空中；水瓜，展示强壮的臂膀；刀豆，挂出垂直的关刀；葫芦，亮出济世的长柄。我看见，珠帘从上面泻下，红红绿绿的波澜从上面泻下，靓丽的似沾水的“诗行”从上面泻下……绿色长廊里，有诗情的浪漫；绿色苍穹下，有童话的世界……

我忆起去年冬天全国知名作家到访东涌观光的情景：女诗人舒婷面对一丝丝如头发般的珠帘总是上下抚弄，将自己的头发与青丝相比看哪个长？还吟起了自己《神女峰》的诗句：“与其在悬崖上展览千年/不如在爱人肩头痛哭一晚。”作家王十月看着长柄葫芦爱不释手，说要画一只葫芦摆在自己的书桌上。他和舒婷唱起了“反调”：“与其在爱人肩头痛哭一晚/不如在悬崖上展览千年。”

浏览完莲花山绿道和番禺绿道，我感受到了特有的土色、泥香、水气和清纯。我明白了这诗意，这乡音，这童心：“那玩意儿，不俗，不土，不老啊！”

## 往北山河美　绿色秀山水

我们从广州城区往北走来，采访广州最北端的从化市和西北郊的花都区。

从化地处南岭山脉之南部，花都的王子山等亦属南岭山脉余脉，清澈的流溪河从北蜿蜒向南流来，穿过两地，把它们紧密地连在了一起；但从化大部分是山区，花都却是“三山一水六平原”。在绿道的建设中，它们有共同点，但也有各自的特点。

我们走进温泉小镇、流溪河畔、荔枝林中……这是省立2号流溪河绿道，途经从化、花都、白云。始于广州市流溪河国家森林公园，经流溪河、石井河、增埗河与荔湾区对接。全长约503公里。

从化，流溪河从北部山岭向南流来，国道、省道公路从广州向北延伸。他们说：“流溪河是‘玉带子’，国道、省道是‘金链子’。”

流溪河绿道以流溪河为主线，结合两岸山、水、林、果、泉、湖的资源，以“显山、露水、活村、秀城、营田、护林、舒路、亮点”为设计原则，以“打造百里观光绿廊，点缀百颗旅游明珠”为建设宗旨，将森林公园、温泉文化、人文遗址、农家乐、乡村游等景点串联起来。在建设中，沿河堆土于岸，临水而筑，将防洪堤打造成融戏水观景、休闲娱乐、防洪排涝于一体的综合性、多功能的亲水平台。同时，建成了“万花园郊野绿道”。两条绿道长约272公里，尽显“山水、百景、活力”的特色。

我们参观串联起“百里观光绿廊，百颗旅游明珠”的流溪河绿道，只见河堤沿岸的凉亭、廊道、栈道、花架、园林小路、湿地公园、艺术广场……移步换景，单一的防洪堤变成了绿道亲水园。在水上绿道，我坐上古典优雅、充满岭南特色的游船，荡舟流溪河水上，体验悠闲的水上岭南风情韵味。难怪从化市人大代表视察绿道工程时，称赞有特色的绿道是建设者们的得意之作。

这一次，我没有沉迷于流溪河绿道沿线的“百颗旅游明珠”之“第二庐山”——流溪河森林公园观赏山水、“岭南第一泉”——从化温泉浸一泓温泉、“广州香山”——石门森林公园品味红枫……而我有新发现之旅程：流溪河绿道像一条“金链子”，串起了途经太平镇的一串散落的“玉珠”。

我们走在绿道上，发现一批有深厚人文历史底蕴的古村落、古祠堂：广裕祠，有清代“江城图”木雕封檐板，堪称广州“清明上河图”，该祠被列为全国重点文物保护单位，被联合国教科文组织列为文化遗产保护单位；陆秀夫后代聚居的钱岗村，有800多年历史，被省评为“广东省最美丽乡村之一”；欧阳修后裔住的钟楼村，建于清咸丰八年，被评为“广东省生态示范村”：其“欧阳仁山公祠”，有150多年历史，被列为广东省文物保护单位；钟轼后裔的屈洞村，建于宋初，其“防御史钟公祠”，有1000多年历史，被列为广州市文物保护单位……

我们走在绿道上，探索了一批多元的民间民俗、风俗性的神殿、庙宇：木棉五岳殿，始建于元明宗年间，光绪年间重修，为广东省文物保护单位；东山古庙，始建于明末清初，有五六百年历史，20世纪80年代重建；钱岗洪圣高庙，始建于明朝初年，有550多年历史，先后进行过五次大修，保存完好……

我们走在绿道上，触摸到一批多样的历史人文古迹、遗址：太平场当楼，始建于清嘉庆年间，是从化市历史文物保护单位；木棉村“孝行流芳”牌坊，光绪帝下旨建坊，是从化市历史文物保护单位；龟咀古码头遗址，宋朝在此立埠，明朝定为官渡，民国时期客货船可达广州、香港、澳门……

我们走在绿道上，品味了一批丰富的生态、生物、饮食文化：木棉村“荔枝王”，有600多年历史，年产量为两吨，获“大世界吉尼斯之最”证书；桑黄酒厂坐落在银林村，桑黄酒原料选用天然野生桑黄，运用中华远古酿酒工艺酿制而成，是酒中上品；环境清幽的“三百洞”，被广州市、从化市评为“无毒社区”、“文明社区”；北回归线标志塔、鸡重围古山林、高平古榕绿荫等，皆堪称乡土胜景。

流溪河绿道是“金链子”，串起了“百里观光绿廊，百颗旅游明珠”，带旺了“从化荔乡”旅游经济的发展，拉动了绿道沿线农村经济收入的增长。从化市荣获“中国文化生态旅游示范基地”、“中国最佳旅游度假胜地”称号。而我最欣赏的“百颗旅游明珠”中，是这“金链子”串起的一串散落的“玉珠”。

我以为，这乡村文化和人文的“玉珠”，是从化市“百颗旅游明珠”中最璀璨的明珠。它以小珠宝见大灵气，以小宗庙见真历史，以小乡土见大文化。流溪河绿道的“金链子”，让它“珠联璧合，通贯古今”，可说是功在千秋啊！

我们走在芙蓉嶂水库、秀全水库大坝……这是省立4号芙蓉嶂绿道。始于芙蓉嶂水库，经平步大道沿天马河、巴江河、白泥河与佛山市对接。

花都，有“菊花石之乡”美称。它有山有水多平原，自然、人文资源丰富，犹如“长藤结瓜”。

芙蓉嶂绿道是省道，也是市、区的主干道。这条绿道把芙蓉嶂水库、秀全水库、天马河两岸、资政大夫祠、圆玄道观、洪秀全故居、华严寺等知名景点规划在内。它串起的人文景观让人敬仰：资政大夫祠的建筑艺术，孝亲敬祖、慎宗追远圆玄道观的气魄，农民运动领袖洪秀全故居的历史环境，天设地造佛教宝地华严寺的氛围，开天辟地盘古王庙的神……走在绿道上，我自然感受到了它润物无声的熏陶。

而我更乐于流连在芙蓉嶂水库泄洪道处的大坝上——绿道的源头。在此登高远望，碧波万顷，天水一色，尽收眼底，浓缩了水库依山傍水、风光秀丽的自然风貌。眼前，沿途已难见原来杂乱无章的山体，一砖、一石、一灯、一小屋，错落有序，是个环境优美的休闲小公园……

我乐于流连在秀全水库段的绿道。水库沿线山高林密、鸟语花香、空气清新，自然植被保护完好，充分展现了花都最具特色的自然风光……还有天马河两岸：湿地公园、樱花湖公园、香草世界、花卉中心等成了绿道的亮点。“两库一河”沿线，还分别种上了芙蓉花、杜鹃花、樱花等，真是“花都”美如其名。

在广州市绿道办考察芙蓉嶂绿道时，芙蓉嶂绿道深受好评，认为芙蓉嶂水库段是广州市各区绿道中原生态保存得最好、长度最长，且是最独立的绿道。在接受市绿道考核组的考评验收中，认为花都区是“又快又好完成了绿道建设任务”。

芙蓉嶂绿道如碧绿流光的玉带，蜿蜒在水库湖泊、山体丛林和历史人文的景观中，把花都最秀美的“深闺”发掘出来，凸显“花之都”的“山水、田园”特色。

现在有谁曾想到，这条充满诗情画意的绿色长廊，以前是无路可走的荒山野岭？他们说：“我们是‘自讨苦吃’，换来了幸福路！”我感叹：“在这里，怡然自乐，感受生态田园，看到了不一样的广州！”

# 东进河湖俏　绿网富城乡

我们从广州城区往东走来，采访广州市东部的增城市和萝岗区。

古城增城，清澈的增江河穿城而过；新区萝岗，则有清幽的天麓湖。增城是全国经济百强县，萝岗是广州经济开发区。在绿道的建设中，它们有共同点，但也有各自的特点。

我们走在“增江画廊”、鹤之洲湿地公园……这是省立2号增江河绿道。始于增城市派潭镇，经增江河、增派路、荔新路连接东莞市。全长约348公里。

古城增城，有“荔城”“荔乡”之称。平缓的增江河，或与青山绿野相衬，或与高楼大厦相伴，处处流露出自然之韵、和谐之美。

2008年2月，中共中央政治局委员、中共广东省委书记汪洋视察增城市时指出“怎样设计旅游，怎样才能让农民分享公园化生态化的成果，怎样才能让广大农民受惠”，为增城市绿道建设指明了方向。增城实施公园化战略，建设公园里的宜居城乡，以幸福市民、快乐游客、致富农民为宗旨，该年率先推进增城绿道建设。2010年初，广东省、广州市安排包括134.7公里绿道建设的任务。按照主干绿道生态型、乡村郊野型、城区都市型的分类，以地形因形就势，沿山边、路边、水边穿行，使绿道与周边的自然景观协调。设计了风格迥异的观光带和主题路段，形成了“绿上添花”的独特景观。每隔3—5公里，林带就选择红、黄、蓝、紫、紫红、白等不同花色、不同花期的观花树种，让绿道处处精彩。通过绿道串联起沿线景区、景点和村庄，引导村民发展“农家乐”等绿色经济，树立起促进农村发展和农民增收的模式。目前，已实际建成绿道348公里，驿站22个。增城绿道网与周边城市已实现无缝对接。

我们参观增江河绿道东线的“增江画廊”，增江河绿道西线的小楼人家、何仙姑家庙、莲塘春色等景点，感慨良多。

绿道东线之“增江画廊”，是一张亮丽的名片，是增城之窗。从初溪公园出发，它上溯50公里河道及两岸。我坐着游船，只见沿河青山环抱，碧水绕村，山、水、村景连绵不断；河岸两侧是100米宽的绿带，古荔、巨榄、古枫香、乔木、灌木、青竹、奇花异果100余种，郁郁葱葱，姹紫嫣红，倒影江中；远处，是百亩乌榄林、千亩荔枝园，一直沿河延伸；远望紧靠碧波荡漾增江河的古雁塔，金碧辉煌，光耀云霄，磁罂上八条金龙的连环铁索系着八只彩凤和风铃，龙飞凤舞，叮当作响，给我以无限的遐想……啊！这田园风光、山林风光、农家风光融入增江河，不正是一幅以增江河为主轴的山水画廊吗？正是：“一江春色醉游人，两岸百花望荔乡。”

“增江画廊”凝聚了人气，聚集了财气，旅游人数逐年递增，极大地改善了投资环境，沿河土地楼市大幅增值，成为增城投资兴业的热点。

绿道西线的小楼段，南接荔城，北接派潭，不仅有白水寨、“小楼人家”，还途经何仙姑旅游景区。观光“小楼人家”，我体验着占地500亩的始祖仙山荔枝园；占地近1000亩的荷池鱼塘水上游乐八仙湖；佛、道、儒三教合一的历史古迹报德祠；占地45亩、拥有高级客房48间、400平方米的两层圆形会议接待中心，可同时容纳1000人就餐的农庄美食城；广东省、广州市无公害蔬菜生产基地，广州市十大蔬菜生产基地之一的“良种良法”推广示范园冬瓜菜心万亩园；800年沧桑古街紧密联系着的东西境古村落……游览白水寨，我品味428.5米的我国大陆落差最大的瀑布——白水仙瀑；游览何仙姑家庙，我探索神奇的庙顶仙桃与千年鲜藤；游览莲塘春色，我品尝“农家乐”，吃到真正的“增城丝苗米”、

"迟菜心"、"增城荔枝"…… 这是农耕乐趣体验、农家美味品尝、农家休闲感受、独特文化魅力叹享的不二之选……

他们说，增城绿道，"以藤结瓜"。以绿道为"藤"，以沿线村庄、田园、景点为"瓜"。将绿道连接都市、体验自然、致富农村，打造成"吃、住、行、游、购、娱"一条龙配套设施。据中山大学的评估，绿道经过的小楼、派潭、正果等乡镇，游客明显增多，农村经济增收增长。增城郊野型绿道作为广州市绿道建设的"先行者"，成为了广州绿道的"崛起之道"，广州市民的"休闲之道"，使民众率先感受到幸福，真是幸运得很！

幸福致富路，画于水陆"画廊"中。我以为，这水道、绿道"画廊"，画出了原生态、原民居、原民俗的"藤"，结成了岭南文化，包括广府文化和客家文化交汇融合的文化、自然景观文化、农耕文化有机结合的"瓜"，好新鲜，好清甜，好可口啊！

天麓湖畔、香雪公园……是省立2号天麓湖绿道。途经萝岗和黄埔，始于帽峰山森林公园，经天麓湖森林公园、天麓南路、乌涌、科学城、科丰路，东经107国道与增城对接，南经长洲岛与大学城对接。全长约331公里。

萝岗区，2005年4月经国务院批准，在广州开发区基础上，整合周边农村地区，设立萝岗区。

萝岗区以"贯通百里绿道网、引领新生活"为主题，结合这里拥有广州昔日羊城八景之一的"萝岗香雪"，现存最古老的书院——玉岩书院，最优美的自然环境——天麓湖郊野公园，"代表广东未来"的广州科学城、生物岛，最现代的世界级体育设施——三大国际体育场馆，最知名的国际企业——宝洁、LG、光宝等105家世界500强企业，最淳朴的乡土人情——25家萝岗地区特色农家乐，制定了6条绿道规划建设方案，包括人文绿道、生态绿道、环水绿道、名企绿道、竞技绿道、知识城绿廊。北接白云区，东连黄埔通增城，西接天河，南拓海珠官洲岛，并与省、市绿道贯通融为一体。目前，已建成辖区内绿道全长223公里。

萝岗绿道网，如同条条绿丝绦之纽带，呈珍珠翡翠式与全区连接。覆盖了科学城、东区、西区、永和、萝岗中心城区、天麓湖等6个片区130多家企业，“萝岗香雪”，玉岩书院，天麓湖郊野公园，将区的历史与现在、城区与景观、经济发展与生态保护完美呈现，使悠久的人文历史、优美的自然生态景观如明珠翡翠覆盖全区，成为百姓生活、工作、休闲、娱乐的惠民之道。它是全市覆盖企业最多，覆盖人群最广的区域，得到了省、市的高度评价和群众的普遍认可，已成为萝岗区的又一靓丽名片。

广州国际生物岛环水绿道是萝岗区绿道建设的一大亮点和代表作。岛内生物科研单位，山水园林俱全。我看到，生物岛绿道分为堤岸绿道、绿轴绿道、公园绿道，总长度10多公里。堤岸绿道环绕全岛，总长度约6.6公里，充分利用了生物岛滨水优势，既具备堤岸防洪的水利功能，与堤岸的堤顶路设计相结合，成为珠江后航道的自然接合界面，代表着生物岛美丽岛屿风光的外衣；绿轴绿道、公园绿道，包括主题公园水墨园等，反映生物岛原始地貌和生态特征，以独特的分层次具有艺术效果的绿化带及“之”字形步行梯等艺术景观，视觉冲击力强。我仰望蓝天，白云悠悠；远眺江景，百舸争流……真是美不胜收。时任广州市市长万庆良所说：“在这里，白天看蓝天白云，晚上望月亮繁星，喝啤酒、品咖啡，好不惬意。”

绿道辐射了萝岗区主要历史文化景点，将传统和现代的人文景观融为一体。品赏昔日羊城八景“萝岗香雪”之“香雪海”，品味玉岩书院之文天祥之千古绝唱“人生自古谁无死，留取丹心照汗青”的书法，探索天麓湖郊野公园的“天鹿神榄”与美妙的“禾雀花”，感受到浓郁的人文气息与历史韵味……

“让开发区的员工在绿色的庇护下，骑着单车上下班。”这是区绿道建设的构想之一。我看到，绿道犹如纽带贯穿其中，将企业与区域的科技、经济发展紧密联系起来。区内居民和企业员工的生活工作因绿道而有了新的方式，每天都有众多的企业员工在绿道上骑单车上下班……

萝岗区近年来致力打造体育高地，高标准建设体育设施。为将这一建设成果进一步反馈于民，绿道连通了2010年广州亚运场馆之一的广州国际体育演艺中心、广州亚运会训练场馆——广州国际羽毛球培训中心和华南地区最大的网球中心——广州科学城网球中心。我看到，通过绿道，这些各具特色、具国际标准的体育场馆与人们的生活距离更近了。

“绿丝绦·绿翡翠·香雪海”，萝岗区“百里生态绿廊”的代名词。走在这绿道上，我忽而感到时光流转，置身于古代文明的瑰丽之中，感受到“绿丝绦·绿翡翠·香雪海”的古风灿烂；我忽而穿梭时空，身处现代文化的魅力之中，领略到“绿丝绦·绿翡翠·香雪海”的时尚风采……

## 六区皆通海　绿道网入城

我们走在荔枝湾涌、东濠涌、沙河涌……走在中心城区的绿道上。走访了越秀区、荔湾区、海珠区、白云区、天河区、黄埔区的绿道建设。

六个中心城区的大多地域，是有悠久历史文化名城广州的心脏，自古“六脉皆通海，青山半入城”，纵横交错有东濠涌、西濠涌、玉带濠、荔枝湾涌、六脉渠、沙河涌，称为六脉；后来还有了东湖、麓湖、流花湖、荔湾湖……自2010年以来至今，中心城区处处河涌疏通，珠水环流，还增添了海珠湖、白云湖，花团锦簇，水道绿道成网，我赞它是“六区皆通海，绿道网入城”。

越秀区辖区内绿道全长37公里。北起白云山云台花园，沿麓湖公园、东濠涌由南北向至沿江路，向南通过江湾、解放、海印3座桥梁与海珠区滨江绿道相接，西行经与荔湾区绿道相连，东行二沙环岛径经广州大桥与天河区临江绿道相连。

越秀区是广州最古老的发祥地，是广州市独具广府文化特色的中心城区，历来以“千年商都”、“南越王城”著称。

越秀区绿道建设，立意是人文绿道、生态绿道，强调越秀丰富的人文内涵和精神，力图用历史文化积淀和绿道美景相配映衬，表现越秀“千年商都古韵，广府文化之源”特色。它像一条纵横交错的绿带，串起两千多年的历史文化轨迹。

沿麓景路、小北路至沿江路的南北向绿道，是正在挖掘开通的东濠涌水道，沿途的千年北京路、中山路骑楼、文德路文化街等，让你感受到浓郁的广式风情；由南方大厦自西向东至景色优美的二沙岛环岛绿道，珠江、榕荫共同构成岭南水道特色，岸边的南方大厦、邮政大厦、爱群大厦、中央银行旧址等欧式建筑群林立，外赏二沙岛、海心沙，远观广州塔，夜游沿线，灯火辉煌，让你体会到古城商都“现代派”的一面；麓湖风景区绿道，优美的麓湖水泊自然风光，让你体验到大自然的野趣；城市公园绿道，结合人民公园、越秀公园、烈士陵园等“拆围透绿”工程，让你通过绿道走进绿色、享受自然更加便捷；最耀眼的当数全长约4.1公里的东濠涌绿道。东濠涌，原是明清一条护城河。广州市民用这样一句顺口溜来形容河涌几十年来的变化：“50年代淘米洗菜，60年代洗衣灌溉，70年代水质变坏，80年代鱼虾绝代，90年代身心受害……”

亚运会前，广州举全市之力，结合绿道建设整治水环境，投入340.65亿元实施581项工程治水，121条河涌宣布“告别黑臭”。东濠涌发生了巨变，建成以水文化为主题的东濠涌水系绿道，串起沿途的北园酒家、东平大押、广九火车站旧址、鲁迅故居等历史人文景观，让你亲水、品水，看河涌，看珠江，看历史，体会广州的历史变迁……

我徜徉绿道，一边是离不开的水，绿意葱茏，流水叮咚，如画美景，广府情调；一边是临水的古城街景，商都风韵，旺气充盈……我感受到走在水的绿带上，恍如行走在时光隧道，千年古城焕发新的生机，广州人找到了幸福感。

荔湾区辖区内绿道全长66公里。省立1号绿道线荔湾区段，从佛山进入荔湾区，途经龙溪大道、花地河、芳村大道、双桥路、中山七路、中山八路、康王路、沙面及沿江西路，入越秀区，是贯通佛山与广州的门户通道。区设6条绿道支线：岭南历史文化步径、珠江前航道西步径、增埗河生活步径、花地河生活步径、大沙河生活步径、大坦沙环岛生活步径。以省立1号绿道线为核心，6条区内绿道支线辅助联通，辐射整个中心城区。

荔湾区地处广州城区中心的西部，是广州市独具岭南特色的中心城区和广佛都市圈的核心区，历来以繁荣兴旺之商都“西关”和风景优美之“荔枝湾”著称。

荔湾区绿道建设，打“历史文化”、“生态文化”两张品牌，充分考虑荔湾南片区的大沙河、花地河、五眼桥涌等“水乡景观”；荔湾北片区最具特色的景区、景点包括陈家祠、仁威祖庙、荔枝湾涌、沙面等，最具特色街区包括中山七路、中山八路、恩宁路、上下九步行街等“西关风情”，串联景点数量位列全市各区之首。绿道凸显荔湾“西关风情”和“水秀花香”特色。

我迈步花地河、大沙河畔，风景如画，领略了千年花乡、百里河涌的生态文化特色，深感广州河涌整治效果的明显，花地河成了最具自然生态的绿道；我荡漾在荔枝湾涌的画舫，整治过后清澈的涌水，泻入荔湾湖，泻入珠江，水上浪潮，岸上人潮，旺了仁威祖庙，旺了龙津饮食街，旺了上下九步行街，旺了十三行，旺了西关……

我感叹荔枝湾涌揭盖复涌，整治污水，重现荔湾“一湾清水绿，两岸荔枝红”风情美景，让羊城市民和八方来客共享水道、绿道，荔枝湾水道的前世今生，真是令人不胜唏嘘！我吟成一首《忆江南·荔湾胜景》：“心爽朗，夜旅画船装。大屋小桥灯色美，亭台庙宇粤讴扬。何必觅周庄？流水淌，思水秀花香。小姐鱼郎艇仔粥，红荔素月沐清江。悟醒品沧桑！”

海珠区辖区内绿道全长121公里。省立1号绿道线海珠段14公里傍水而建，从越秀区进入，途经滨江路、科韵路、广州大道、赤沙涌、黄埔涌、阅江路、新滘路、石榴岗河、仑头村，与番禺区绿道相连。

海珠四周被珠江环绕，70多条河涌全长100多公里。海珠岛内江、涌、湖、园等自然风光优美，上下千年的历史与现代的名胜荟萃，资源十分丰富。

海珠区绿道建设，结合迎亚运人居环境综合整治、河涌综合整治、公园建设和万亩果林保护及桥梁和驿站建设，以“滨水历史人文景观绿道网”和“湿地生态珠水景观绿道网”为主题，打造“以水为脉，绕岛成环；以园为核，串绿成网”特色。一是建成了以环岛路为主线的滨水历史人文景观绿道网，串起了太古仓、大阪仓、洲头咀公园、同福—南华骑楼文化街、邓氏宗祠、全国第一次劳动代表大会旧址、孙中山大元帅府、中山大学北门广场、赤岗塔、琶洲塔、黄埔古港、小洲古村和现代广州地标式的建筑广州塔、会展中心等。二是建成了以万亩果林周边公园以及珠江河涌为主线的湿地生态珠水景观绿道网，串联了大学城、官洲生物岛、广州会展公园、万亩果园等，与一条条清澈的河涌交相辉映。

我走在海珠人文轴的绿道上，看见高耸入云的小蛮腰，仿佛还看到亚运盛会18公里的灯火阑珊，让这条珍珠项链般的绿道出尽了风头，跨越了时代、空间与文化的骄人；我走在石榴岗河、海珠湖的绿道上，望着经过整治一新的河道和新开掘的湖泊，碧波荡漾，流向珠江……谁又能想到亚运整治前的石榴岗河，一旦退潮后腥臭味满天飘……更看两岸红花绿草装饰，廉政长廊配上古色古香的码头，让我看得如痴如醉。我看到，它牵动了珠水明珠，牵动了万亩果园，木瓜、杨桃、枇杷、番石榴、荔枝、黄皮摆满绿道，如绿色的宝贝……人们争购这甜水欲滴、色美肉厚的南国佳果、美食宝贝。

今天，“城市在公园中，公园在城市中”的风情风光，让我看到了城市与自然、生态与生活的脉动……

白云区辖区内绿道全长231公里。包括省立2号绿道线白云段钟落潭镇湴湖村至人和镇清河村和省立4号绿道线白云段江高镇罗溪村连接佛山南海区猛涌水闸；市级绿道流溪河人和高增至江高南岗段、白泥河南岗至硖石段、白云湖引水渠和环白云湖、石井河绿道。途经流溪河、帽峰山、石井河、白泥河、白云湖、白云新城。

白云区北有帽峰山，南有白云山，是广州的“肺脏”；流溪河、石井河从北向南流过，自然风光美丽怡人。“两山”“两河”文化，石马桃花，都是广州市旅游和花市不可缺少的“角色”。

白云区绿道建设，围绕区内丰富的历史文化和生态景观，建设以“山（帽峰山）、河（流溪河）、湖（白云湖）、田（田园风光）、园（民营科技园创新基地）”为主题的绿轴网。结合帽峰山森林公园农家乐都市休闲，结合流溪河历史、风光和民俗文化创造亲水环境，结合水环境整治工程利用石井河、沙坑涌、头陂涌等河堤以及白云湖环湖路打造亮丽河湖景观，结合广东省农科院农业科技观光园、升威花卉农业科技园等农科基地体验田园风光和现代农业科技的乐趣，为当地村民开辟致富之路，结合民营科技园创新基地，将科技理念融入休闲生活等“五结合”，开展郊野绿道、都市绿道、社区绿道建设，把绿道引入白云山、帽峰山、石马桃花田园等，形成系统完善的有机绿道、花径绿道网络。

我游荡于新建成的白云山花径绿道，不用去石马桃花田园绿道赏桃花，这里春风破，桃花红，沿着山坡、水涧花径，整个桃花涧成为了粉红的世界，巧妙地与白云山的绿色环境融为一体，成为了广州市独特的城市风景区绿道。我游荡于绿轴连接的白云农业观光基地、花卉基地，它是那样贴近我的心扉，让我领略了人与自然、生命与青春的和谐与相融。我游荡于结合绿道建设整治过的石井河和新建起的白云湖绿道，两年前还是黑如墨汁的河水，如今清波荡漾。听那潺潺流动的河水声，看那弯弯的石拱桥，我想到数以万计为绿道奔忙的广州人，不正为的是能在清澈河边悠闲散步，能在绿色园林中健身跳舞，能在绿荫餐厅下享受美食，能在鸟语花香中清心洗肺，能在绿道网上感受幸福生活吗？

天河区辖区内绿道全长78公里。途经广州大道、临江大道、花城大道、马场路、中山大道、天河北路、体育西路、体育东路。在临江大道及广州大道与越秀区、海珠区联通，在中山大道与黄埔区联通，在科韵路琶洲桥与海珠区联通。

天河区是广州最具现代气息的新城区。新城市中主线贯穿全区，耸入云端的高楼大厦难以胜数。由于人口密度大，土地资源有限，大规模绿地建设难度较大。

天河区绿道建设，充分考虑区内的环境，规划设计十分灵活，从景观良好的道路绿地、滨水公园绿地和防护绿地，到各类河涌等资源，通过合理整合得以充分利用。将火炉山森林公园绿道—云溪路绿道—奥体中心绿道—车陂路—临江大道绿道串联，使西南部的珠江新城中央商务区和东北部的天河智慧城实现双城对接，绿道的经济功能显现。在临江大道、天河北、天河公园绿道加挂树木科普牌，注入文化元素，漫步行走、骑车观光者比比皆是。绿道，使天河城、正佳广场等商圈，焕发了新颜。

我漫步在天河绿道的代表作——花城广场。这个广场位于城市新中轴线上，集商务、居住、休闲于一体，广场绿道是天河区重点打造的新型商务区绿道。在广场南端临江大道绿道，我观看向东奔流的珠江，向着大海一往无前……在广场北端的绿道，我观看湖区花岛的石山流水、鱼翔浅底，观看樱花岛的小泉滴沙、芦苇蒲岸，观看桃花岛的桃花映红、柳条轻摇，我感受到桃红柳绿的意境，四季花开、群芳争艳的花城美誉和自然低碳的绿色艺术。我闲步于水上栈道，叮咚流水奔向珠江，此刻我听到一款轻松悠扬的小曲，从小桥飘向天际，不经意间我仰望碧空，百层高楼耸立气势逼人，我感受到一个真正的国家中心大都市现代化的脉动与韵律……

黄埔区辖区内绿道全长103公里。途经护林路、体育中心、乌冲、文冲、BRT线路、庙头涌、南湾涌、长洲岛，形成西向与天河、东向与增城贯通；通过金洲大道连接线、乌涌东支流绿道对点连接，形成北向与萝岗、南向与大学城贯通。

黄埔，古老而年轻，素以“海上丝绸之路起点”的南海神庙、“中国将帅摇篮”的黄埔军校及华南第一大港——广州港所在地而闻名于世。

黄埔区绿道建设，依托南海神庙景区打造岭南水乡特色亮点，把南湾涌建成具有南国古村落风韵的绿道；依托体育中心打造体育元素亮点，把护林带建成多功能绿道；依托黄埔军校打造历史文化亮点，把长洲建成集军训、锻炼、休闲、游玩于一体的多功能绿道。由于措施得力，相关部门、各建设单位与广大市民共同参与，顺利完成了绿道网建设任务。

我游走在南海神庙水乡绿道。南海神庙的绿轴，连起了庙头涌、南湾涌、夏园涌，连起了龙头山公园，把“山、湖、庙、江、岛”连于一体，我仿佛看到了海上丝路的风情，水道、绿道的风情，仿佛感受到了水的活力、绿的魅力……

我游走在体育中心健身绿道。体育中心的绿轴，连起了周边的护林带、乌涌河两岸的绿道网、文涌湿地公园等。我在体育中心后花园配置的健身器的跑步机上跑步，我感到跑在绿色的道路上，让我轻松、愉快，幸福感油然而生……

我游走在长洲岛历史文化绿道。黄埔军校的绿轴，连起了长洲的历史文化古迹、农家乐等，连通了大学城的绿道网。我在黄埔军校漫步，在孙中山纪念碑前漫步，在古炮台边漫步，在浩浩珠江畔漫步，我看到百年古荔郁郁苍苍，“农家乐”红红火火，百舸在珠江上争流……啊！黄埔绿道，从沧桑走来，从中西走来，从四海走来……

今天，广州的市区绿道，无论是城区的长洲岛、荔枝湾涌、东濠涌、海心沙花城广场等，还是乡村的增城小楼人家、从化荔乡、花都田园、白云农业观光区、海珠万亩果园等，绿道与串起的景区景点成为旅游产业的新方向。

广州，因绿道而低碳靓丽，因绿道而焕发生机……

# 绿道网，幸福广州的窗口

我走访完广州两千公里绿道，释读了广州绿道建设。它从无到有，从有到走进市民日常生活，驿站、服务点、单车租赁等配置到位，仅仅用了一年多的时间。各种类型齐全、各具特色的绿道，犹如文化长廊，与水道、轨道、城市漫行道四道相通，穿越广袤的城市和乡村，连接成网，串联起旅游景区、商业网点、运动场馆、居住环境、办公场所，达到了旅游、休闲、娱乐与健身的效果。走在绿道，我触摸到了广州城市的脉搏；走在绿道，我看到了展示幸福广州的窗口。

目前，广州市已建成绿道2080公里，串联起320个主要景点、151个驿站和服务点，覆盖面积3600平方公里，服务人口超过800万，成为全省线路最长、串联景点最多、综合配套最齐、在中心城区分布最广的绿道网。广州市绿道的建设，引起了广泛关注，已经接待游客超过500万人次，国内外、各省市官方考察团过百个，《人民日报》、新华社、中央电视台、凤凰卫视等重量级媒体曾多次进行报道。

据了解，不久的将来广州城市公园总数达232个，其中“十一五”期间新建41个；建成1000多个城市绿岛、绿化广场和121条道路（河涌）绿化带；形成1300多个花园式、园林式单位和小区。

建好绿道只是完成了第一步，管好绿道是重点。目前，广州市从多方面着手加强绿道管理：一是出台绿道管理法规，成立专门管理机构；二是落实属地管理责任，形成部门齐抓共管格局；三是引入市场竞争机制，发动社会广泛参与；四是重视学习交流，积极学习借鉴国外先进城市的经验。同时，规范运营，注重绿道功能进一步开发：一是低碳出行功能；二是旅游观光功能；三是体育健身功能；四是改善环境功能；五是发展经济功能。

如今，广州集环保模范城、国家园林城市、国家森林城市等荣誉于一身，2011年更获得了国际“可持续交通奖”，其后又相继获得“联合国改善人居环境最佳范例奖”、“中国人居环境范例奖”、“国家健身步道示范工程”等荣誉称号。

广州以绿道为荣，以绿化为福。绿道网、绿化网福荫广州，广大市民实实在在地得到了实惠。

啊！广州，令人十分震撼：天更蓝了，水更清了，路更畅了，房更靓了，城更美了。

透过绿道，我们品味历史；透过绿道，我们享受现在；透过绿道，我们展望未来。

我想：广州，在硕果累累、创建了“绿色崛起之道”的背后，在推进工业文明的同时，要探索如何向生态文明、和谐广州转型，践行“科学发展之路”。

我想：绿道崛起绿道文化，新生事物前景无限，犹如绿道网加轨道网加水道网加慢行道网，1加3等于4，又不等于4。绿道无限的低碳元素“软件”，加水道水分子柔性的“软件”，加轨道快时速的“硬件”与慢行道随意的“硬件”，无缝对接，相得益彰，对广州，对民众，可以生化出无限的未来，未来的无限……

# 深圳篇

SHENZHENPIAN

# 绿丝巧织锦绣篇

邂逅绿道，留下深刻印痕的时刻，是在第26届世界大学生运动会的开幕式上，文艺演出有一幕情景：360名青年骑自行车潮水般涌进会场，在墨色中疾行环舞，身上闪着绿色荧光，那翡翠般的光亮流动成一条条绿道，交织成动感十足的绿道网，汇成曼妙迷人的绿色世界。

这生命的律动，生机盎然，活力四射；

这青春的脉动，流光溢彩，绿韵无限。

采写绿道之初，脑际中油然回映出“绿道英姿”的生动场面。

追根溯源，心中的绿道朦朦胧胧，久远、沧桑，是山高水险，路径崎岖的茶马古道，马帮响铃驿站，凄美苍凉；是大漠孤烟，长河落日的丝绸之路，驼队笙歌商贾，情深谊长；是平原大地富甲一方的京杭运河，帆影粮船水乡，万千气象……

绿道是久远的，绿道是沧桑的。八千里路云和月，斗转星移尘与土。古老的绿道是一本厚重的历史教科书，令人执迷、探索，一章一节有丰富的宝藏，给焦躁的心灵以抚慰滋养。

穿越时空，回到现实，今日的绿道更是喜人、震撼。走进深圳绿道，走进深圳绿道网，如沐春风，如浴春雨，让人轻松愉悦，心旷神怡。“走绿道”已成为当今的时尚流行语。平常日，人们低碳出行走绿道；节假日，家人朋友相约走绿道。走绿道已成为深圳人的一种生活方式、生活习惯，驴友游客也把造访深圳的目的地锁定在撩人心弦的绿道上，绿道令人心驰神往，如梦如痴，栖心于绿意盎然之境，让绿色涤荡灵魂，实在是人生一大幸事。

国际著名绿道专家马克·林德胡尔和雅克·博德里教授专程来深考察，两位十分挑剔的大师情至深处，赞不绝口，称可与波士顿公园系统的“绿宝石项链”媲美，离境时还致函称誉：深圳绿道网是非凡、卓越的。

来自全国各地的宾客参观后，异口同声发出由衷感叹：深圳绿道美不胜收，国内领先，深圳确实是绿色之都，宜居之城。

百万市民徜徉在风景如画的绿道上，游走闲憩，健身观光，男女老少脸上写满了幸福，无不露出轻松开心的笑容。

## 锦绣绿道风光美

喜看深圳绿道网，一片锦绣好风光。

自2010年的阳春三月，深圳的第一条绿道在梅林开工，至今，短短两年半的时间，在1991平方公里的土地上，建设了省级绿道356公里，城市绿道328公里，社区绿道534公里，总长达到1200公里，年内可达2200公里，平均每一平方公里就有一公里绿道，这是一个令人感叹、不同凡响的数字。

深圳绿道网彰显了深圳速度、深圳质量的特质，彰显了深圳敢闯敢干、勇于创新的品格，三个层级，特色鲜亮的深圳绿道网呈现了“不一样的精彩”。

深圳市在绿道网建设中，率先提出了三级绿道的模式，这是特区之特，是一个创新，也是一个壮举，绿道密度居广东省第一，总长度名列前茅。

按照《珠江三角洲绿道网总体规划纲要》和《深圳市绿道网规划建设总体实施方案》，深圳市计划建设300公里省立绿道、500公里城市绿道和1200公里社区绿道，三级绿道总长2000公里，相互有机串联、衔接，市民5分钟可达社区绿道，15分钟可达城市绿道，30分钟可达省立绿道。

省级绿道2号线从东莞与深圳交界的润龙山进入深圳市域，由西向东延伸至龙岗区坝光村，沿途穿越凤凰山、罗田森林公园、洋涌河、老虎坑水库、长流陂水库、七沥水库、屋山水库、铁岗水库，利用二线关巡逻道，连接羊台山森林公园、塘朗山郊野公园、屋背岭古遗址，环绕素有“中国最美丽海湾”之一的大鹏湾，串接西涌、东涌、玫瑰海岸公园、东江纵队旧址、大鹏所城、南澳、杨梅坑等风景名胜地。

2号线大运支线南起仙湖植物园铜鼓岭，北至大运公园，连接了深圳水库、大望等艺术小镇、雁田水库、龙口水库和神仙岭水库，全长23公里。

省级绿道5号线北起东莞与深圳交界的光明森林公园，由北向南延伸，经过大水坑水库、茜坑水库、横坑水库、石櫂坑水库到罗湖区的银湖公园，全长69公里。

城市绿道按功能与空间特征不同分为滨海风情绿道、都市活力绿道、滨海休闲绿道和山海风光绿道四种类型，共25条线路，总长约500公里。其中以两条滨海风情绿道为线条，凸显深圳滨海城市特色，以16条山海风光绿道为纽带，沟通山海，串联山—海—城市独特风光，以6条滨河休闲绿道的脉络，彰显城市的生态与环境品质，以一条都市活力绿道为主轴，展现先锋城市的都市活力。

滨海风情绿道，一条以深圳湾15公里休闲带为线，串联蛇口海上世界、蛇口社区、深圳湾口岸、后海文体活动区、华侨城后湖、深圳湾公园、红树林国家自然保护区，形成饶有特色风景秀丽的绿道。另一条是以大鹏湾为环线，串联大小梅沙、溪涌、南澳等滨海生态景观和旅游休闲区。

16条山海风光绿道，紧贴城域的山脉走势，与海密切相连；16条介于山与海之间的绿道，一手牵山，一手牵海，美丽城市傍山伴海，山海相连风光独秀。

6条滨河休闲绿道，像6条经缕纬丝，编织了一块精美锦缎，把城市中心区与通向香港的福田口岸、罗湖口岸连成一体，把城区与卫星城镇串联成网，形成现代城市团组。茅洲河滨河休闲绿道，串联了光明新区中心城、公明中心区、松岗中心区。观澜河滨河休闲绿道，串联了观澜城区、龙华城区。坪山河滨河休闲绿道，把深圳东部的人文景观和自然景观紧密联系在一起。龙岗河滨河休闲绿道，把大运新城、龙岗中心区和坪地街区连在一起，展示了龙岗崛起风貌，展现客家文化与海洋文化风情。

都市活力绿道以深南大道、宝安大道为轴，连接了罗湖国贸中心、邓小平画像、莲花山、华侨城、南头、宝安国际机场，像一幅时代演进的长幅画卷，展现了改革开放的三十多年光辉历程，展现了深圳精神、深圳气魄。

社区绿道以城市组团为基本单位，体现整体性、可达性、多样性原则。整体性即连接省级绿道、城市绿道，与深圳绿道网构成一体，是不可缺少的重要组成部分。可达性即与城市街区道路、公园、广场、街头绿地、文化中心、标志性建筑、商业步行街等紧密相连，5分钟内能够到达。多样性即满足不同职业类型、不同文化背景、不同年龄层段的人群需求，特别是满足上班族和老年休闲族的需求，总长为200公里。

深圳绿道网经纬交织，阡陌纵横，特色凸现，与山海景观、自然保护区、大小公园、历史文化遗址和居民聚居区有机融会，串联一体，具有生态保护、休闲健身、旅游观光、历史文化遗产保护和科普教育等功能。

深圳是山海之城，改革开放的特区，深圳绿道网凸现了城市特色。

亲山：深圳绿道与13座自然山体紧密相连，这些山体有凤凰山、塘朗山、梧桐山、羊台山、七娘山、银湖山、大南山、笔架山等。清晨，朝霞满天，通过绿道，攀上峰巅，迎晖远眺，河山秀色，一览无余。

近海：有独具特色的近海栈道，如坝光栈道、杨梅坑栈道、大鹏观海栈道、盐田15公里观光栈道、葵冲“摆渡”、红树林湿地观鸟专道、深圳湾公园15公里休闲带。漫步其间，如同画中神游，海天一色，山水相连，天高云淡，心旷神怡。

农家乐：串联了知名的光明农场、著名生态农业观光园，绿道直通奶牛场，观看几百头荷兰奶牛的生存状态；在采摘园可以自由采摘荔枝、龙眼、草莓等鲜果；在农家餐厅，可以品尝到新鲜乳鸽；在科普教育基地，孩子们可以观赏各种虫鸟；在兰花培植中心，可以观赏各种奇异花卉；在野生动物救助中心，可以看到濒临灭绝的野生物种，如穿山甲、猫头鹰、蟒蛇等等；通过葫芦农家绿道，可见千亩菜田，棚架瓜果，藤蔓缠绕，林树婆娑，一片醉人的田园风光。

人文景观：串联了邓小平画像、莲花山邓小平塑像、市民中心、华侨城、二线关、海上世界、世界之窗、锦绣中华、民俗文化村、大鹏所城、客家围屋、东江纵队旧址、沙头角、大运中心、春茧、大运火炬塔、大芬油画村、大望艺术小镇等具有人文历史意义的旅游景点，让人流连忘返，思绪万千。

水清岸绿：结合绿道网建设，深入开展了水库水资源保护，河流治理，喜看今日深圳水库、龙口水库、横坑水库、铁岗水库、大水坑水库、西坑水库、神仙岭水库、雁田水库，水更清、岸更绿。龙岗河、福田河、观澜河、大沙河等十多条河流得到治理，水质得到改善，景观大幅度提升，水清岸绿，柳岸成荫，一片绿意盎然。

星罗棋布：社区绿道让市民感到深圳是理想的宜居之城，绿色之城，深圳虽然是后发城市，但是，它是全国拥有市内公园数目最多的城市之一，全市有市级公园17个，街区公园800多个，深圳绿道网把这些大大小小、遍布城区的公园串联起来，形成了总长1000多公里的网络，星罗棋布，蔚为壮观，极大地方便了市民的生活。

交通功能：加强绿道与公共交通的接驳，完善绿道连接线以及绿道与道路交叉口的安全设施，提高绿道使用效率，把绿道纳入“轨道建设+常规交通+慢行交通”三位一体的公共交通体系，强化绿道和慢行道及公共交通的“双接轨”。比如，在绿道建设或改造时，尽可能地将自行车道和行人道作为必备内容予以配套，在已建成的市政道路上建设绿道时，尽量利用现有人行道和非机动车道资源，避免新的过度开挖和不必要的浪费；在绿道选线时，尽量与轨道线路保持一致，与地铁出口、公交站台邻近，提高公共交通的整体效能和服务水平，实现绿道网体系和公共交通体系的“双网并立、相互对接”。2011年，深圳市轨道二期5条线路全线开通，形成了总长178公里、118个站点的城市轨道交通运营网络，同步规划实施了130条公交接驳线路，绿道网与公共交通接驳基本实现全覆盖，充分发挥绿道的交通功能，提升绿道的使用效率。

深圳是设计之都、创意之都，深圳绿道网也闪烁着创意的灵感之光，省级绿道的39个驿站，十分醒目，驿站古即有之，是中途更换马匹、休息住宿的场所，今日深圳绿道网需要驿站，供行者短时歇息休整。深圳绿道网的驿站分大、中、小三个等级，大的驿站也是客服中心、医疗救助中心，有购买饮用水、小食品的便利点，自行车租用管理部，休息的房屋廊道，洗手间等；中级驿站有休息的廊道、洗手间；小的驿站只有洗手间。三级驿站简约实用，房间和标志牌全部用退役报废的集装箱体、废旧枕木、汽车轮胎、自行车轮胎建造，既体现节约环保，更体现创意设计的独有风格。

深圳绿道的另一个创新亮点是人文关怀——对弱势群体的关怀，这个弱势群体包括人和动物，考虑到山间的农民、独行者、伤病残友、流浪汉，建造不同等级的驿站，中心驿站也是医疗救助中心，备有紧急救助医疗药品和御寒物品、防风雨具、被服等。在梧桐山区还建有野生动物救助中心，绿道上还在自然保护区营造了一些特别廊道、涵洞，便于猕猴、穿山甲、狐狸等稀有动物通行，避免伤害，随着工业化、城市化进程的高速发展，生态保护的任务越来越艰巨，越来越严峻，深圳绿道网上的人文关怀无疑起到了重要引领作用。

深圳绿道网第一阶段建设完成后，在美丽鹏城掀起了一股股绿色的狂澜，市民踊跃，自发地走上绿道，走进幸福的绿道，感知绿道，享受绿道，在绿道上骑行，在绿道上行走，一路欢声笑语，一路笑逐颜开，幸福的感受溢于言表。

广东省委书记汪洋等省、市领导抽空来到深圳绿道，踏起自行车，一身轻松，一路春风，领导的后面是长长的自行车车队，绵延数公里，望不到边，那是成千上万的市民，紧紧跟随着，行进在充满希望的幸福大道上。

两年多来，深圳市10个区在千里绿道上，在深圳湾公园、盐田栈道、大运公园等精品绿道线段上举行了多次盛大活动，规模一次比一次浩大，参加人数一次比一次多，主题内容花样翻新，令人心花怒放，由衷喜悦，踊跃投入“走绿道”的洪流之中。2012年的6月5日，是第41个世界环境日，这一天，深圳市委、市政府在深圳湾公园启动“绿色出行，绿道休闲，幸福鹏城”大型系列宣传活动，集中展示深圳绿道网建设成果，展示各区的特色绿道文化。

第41个“世界环境日”，中国的环境日主题为“绿色消费你行动了吗？”旨在强调绿色消费的理念，唤起社会公众转变消费观念和行为，选择绿色产品，节约资源能源，保护生态环境。8年前，深圳市委、市政府宣布将每年世界环境日后的第一个星期五确定为“绿色行动日”，号召广大市民为环保做一件有意义的事，积极投身到环保事业中。今年“绿色行动日”的主题是“倡导绿色出行，践行低碳生活”，让广大市民用自身行动为绿色家园贡献一点力量。

“绿色出行·绿道休闲·幸福鹏城”系列宣传活动启动仪式结束后，市委、市政府和南山区有关领导骑着自行车，沿着深圳湾绿道现场感受绿色，享受绿道休闲，欣赏沿途各区的绿道休闲文化展示。

宝安区和龙华新区展示了绿道建设成果和特色，经过的省级绿道有2号线和5号线，总长度为84.1公里。其中2号线全长62.6公里，5号线全长21.5公里。

罗湖区已建成城市绿道6条，共16.81公里；社区绿道10条，共31.29公里。至2012年底，罗湖区省级绿道、城市绿道和社区绿道将建成130公里。罗湖区展示了绿道休闲体育文化，市民在绿道上进行各种体育运动表演，兴高采烈地跳扇舞、打太极、踢毽子、玩柔力球……

坪山新区的绿道建设任务完成率达103%，共建设社区绿道51公里，城市绿道26公里。坪山新区通过举办放风筝和风筝制作活动，展现绿道给都市人带来的好处，各式各样的风筝不仅为绿道增添亮色，也体现了坪山新区的光明色彩。

龙岗区已建设省级绿道97公里，城市绿道和社区绿道144公里，超额完成市政府部署建设绿道120公里的任务，绿道总里程已达240多公里，基本形成与省绿道的互联互通。绿道上乐曲悠扬，余音缭绕，歌声娓娓绵长。

光明新区内的5号省立绿道，南北贯穿整个区域，总长度20.7公里，被列为深圳市4条省立绿道示范段之一。

盐田区通过盐田海滨栈道、天长地久等景点的婚纱摄影场景，展现“情定绿道”、“天长地久”的浪漫主题，让浪漫之风吹进绿道，同时还展示了绿道自行车租赁流程。

福田区展示海滨湿地生态文化，现场摆放了望远镜，让市民观赏红树林的候鸟，对于生活在大都市的人来说，这是亲近大自然的绝佳机会。福田区的绿道建设率先使用了彩色透水沥青路面，其降水降噪低碳环保功能突出，可以有效缓解“热岛效应”，提高人、车慢行安全度等。福田区已建成绿道58公里，为福田居民的生活创造了良好的绿色环境，也为居民的绿色出行提供便利。

南山区绿道网由省立绿道、城市绿道和社区绿道构成，全长185公里，将区内各市政公园、社区公园、广场等公共空间串联起来，形成网络，融入市民的日常出行和生活。南山区展示了绿道涂鸦文化，南山区第二外国语学校的孩子们发挥想象力，现场进行绿道涂鸦和绘画，以孩童的视角将绿道定格成艺术作品。见到吕锐锋副市长一行，现场涂鸦的孩子拿出一支笔，请领导为涂鸦作品写字。吕副市长略加思索，便在长长的画布上写了“绿道行，心情好”六个字。

“绿道行，心情好”，这是行走深圳绿道后，领导和市民发自心底的声音，是真切的幸福感受。

6月5日的深圳绿道大巡礼，令人开心畅快，欢欣鼓舞。

绿是广袤大地的基本色，绿是真实人生的原色。

从今日万象葱茏的深圳绿道，思绪万千翻腾不息，不禁产生了追索这座绿色之城源头的冲动，斜坐在北林苑院长办公室的宽大沙发上，落地窗前是一幅流动的鲜亮绿色风景画，微波荡漾的深圳湾静怡柔美，对岸的湿地绿林一望无际，山峦起伏，翠碧如洗，在这样如诗如画的境界下，怎能不灵感频发，创意无限。何昉毫无官人做派，一副文人洒脱，端着他那如暖水瓶般样的茶杯与我倾心而谈，从他那呢喃温婉的吴语中，我捕捉到偶尔夹杂的京调儿京腔。

“你在京城生活过？”

“是啊，北京是我的第二故乡，深圳是我的第三故乡，一晃来深圳三十年了，城市绿了，我的两鬓斑白了！”

接下来长达3小时的风生谈笑，让我收获颇丰，探寻到深圳这座绿色之都绿道荣城的行进轨迹。20世纪80年代，中国改革开放的一批先驱，在杀开血路打造经济特区的同时，展望发展远景，开始了城市建造之旅，时任市委书记、市长梁湘眼界高远，从当年的北京林业学院请来了孙筱祥教授，孙教授是国家工程院唯一一位园林专业院士，自1982年开始，中国园林界的三辈精英，第二辈孟兆桢、白日新等，第三辈何昉、陈开树等南下鹏城，与深圳城管绿化的同行们一起奋斗，规划建造了国家级园林仙湖植物园、“七星捧月”的莲花山公园、荔枝公园、人民公园、洪湖公园、中心公园、银湖度假中心、东湖公园，这批专家教授及千千万万劳动者使深圳绿意盎然，光彩呈现。新世纪开始后，何昉和他的团队又把目光投向了极富生命力的绿道网，为《珠江三角洲绿道网总体规划纲要》提供了大量学术论文，这个《纲要》荣获全国优秀城乡规划设计一等奖，珠三角绿道网建设项目荣获人居环境范例奖，何昉本人于2011年3月29日，荣获人力资源和社会保障部、国家林业局和全国绿化委员会共同授予的“全国绿化劳动模范”光荣称号，获此殊荣的广东省仅有两名，另一名是广东郁南同乐大山省级自然保护区管理处工程师谢发权。深圳绿道网开建以来，何昉和他的团队承担了大量的规划设计任务，取得了炙人业绩。

广东省委在十届六次全会上发出“建设幸福广东、宜居广东”的号召后，深圳市委、市政府快速反应，果断行动。王荣书记带领一班人认真学习汪洋书记关于绿道网“一年基本建成，两年全部到位，三年成熟完善”、“将绿道网建设摆在轨道建设同等重要的位置”等精神，指示：“强力推进绿道建设，完成省下达的任务，力争成为示范市”；许勤市长强调绿道网建设要“更加贴近民生，体现民意，惠及广大市民”；吕锐锋常务副市长要求深圳绿道网要成为理念新、投资省、进展快、效果好的特色工程和亮点工程。

市政府及时成立了由许勤市长为组长，吕锐锋常务副市长、张文副市长任副组长的深圳市绿道网规划建设工作领导小组，负责全市绿道网建设的决策和协调，明确具体工作由吕副市长全权负责推动。

为了落实到位，对有关部、委进行明确分工，由人居委负责统筹牵头，市规划国土委编制规划建设方案和专项规划，市城管局负责建设实施和管理运营等工作。这个分工在珠三角地区绝无仅有，其他兄弟城市均为一个部门全部主抓主管，或是规划国土委或是城管局。深圳市绿道网规划建设三大主力齐抓共管，各司其职，强力推进，是一个经验。之前三大部门闻讯皆主动请缨，热情之高，劲头之足，可嘉可扬。

市政府及时颁发了《深圳市绿道网规划建设总体实施方案》和《深

圳市绿道网专项规划》，为绿道网建设提供了纲领性文件和行动指导依据，将建设任务分解到各区、街道，上下联动，统一协调，建立了绿道网建设责任制、督查制和问责制，纳入党政领导干部环保实绩考核范畴。市政府督查室、市监察局跟进督办，确保具体任务落到实处。

市绿道网规划建设领导小组平均每个月召开两次办公会议研究部署，强力推动，与各区领导同志一起协调解决问题。在时间紧、任务重、工作量大的情况下，特殊批准成立了绿道建设办公室，增加3人编制。为了减少资金，制定了"三不"原则，即不征地、不大开挖、不拆迁。

绿道网规划实施落地时，遇到一些实际问题，设计图纸上没有房屋、荔枝林，实施施工时要穿行，在宝安区、福田区、南山区都出现了具体情况，梅林坳至长岭陂示范段原设计中须在长岭陂水库附近占地，补偿金额数目大，现场重新勘察，合理化改线，利用4公里原特区二线关巡逻道，既串联了历史人文景观，又节省建设投资。建设期间，吕锐锋副市长在现场听取附近居民意见，放弃铺筑沥青路面的方案，仍沿用水泥石板路，受到欢迎。

东部华侨城是著名旅游生态区，茶溪谷更是闻名遐迩，省级绿道通过这里要经过高尔夫球场和别墅区，盐田区遵循"不开挖"原则，专修了一条800米栈道，在栈道上修了200米金属防护网，受到高度赞扬。

深圳绿道网的建设是民生工程、生态工程，得到沿线民众的大力支持，一些农家顾全大局，大义奉献，涌现许多可赞可颂事迹。然而，林子大，什么鸟都有，也冒出个别投机取巧之辈，事先收到信息，在绿道途经之地抢先种上菜蔬，想得到政府补偿。这里有一正一反两个事例：大鹏新区葵涌段有一段1000米×5米的绿道，经过一户农家菜地，街道干部前去做工作，这户菜农明事理，立即处理了长势丰茂的菜蔬，让绿道建造先行，后议补偿事宜，并慷慨表示：决不计较，用具体行动支持国家建设。相反，在光明新区一段1.6公里的绿道施工现场，施工单位发现有人抢种的莴笋、麦菜和豆苗，行为目的显而易见，主管绿道建设的龙跃平副区长接到反映后，带领区工务局和街道有关工作人员赶到现场，对当事人进行法律法规教育，当事人对绿道建设的意义有了清醒认识，铲除了抢种的菜蔬。

## 啊，盐田亲民栈道

这是一条破解了深圳亲海命题的文化栈道，这是一条将大海延伸到市民面前的亲民栈道，这是一条精雕细刻融于自然的艺术栈道，是深圳绿道网中的一条精品绿道。

2012年5月18日，阳光灿烂，海风轻抚。参加全国副省级城市党报总编辑联席会议的“老总”代表们参观盐田区海滨栈道后，深感震撼，交口称赞。来自北方美丽深渊城市的青岛日报社社长、联席会秘书长蔡晓滨说：“我从这条栈道看到了深圳和大海的联系，它是深圳这座滨海城市的美丽缩影。”

对于一个拥有三百多公里海岸线的城市而言，海意味着什么？经过了30多年风雨兼程的奋进和建设，许多五湖四海的人们发现，自己竟然生活在风情万种的海边。如何与大海相容相伴，如何做海的儿女，开始成为深圳人经常思考的问题。

盐田，这座被海岸线温柔包裹的城区，更加需要破解这道题。2005年初，盐田区委常委会和政府常务会开始认真研究这道题目，决心破解这道题。

习惯于国际视野的深圳人一开始就将目光投向世界上著名的海滨城市：巴塞罗那的兰布里海滨大道早已留下毕加索和达利等大师的足迹；

"插入地中海的山脉"科西嘉，因拿破仑的出生而名声大噪；法国尼斯的海边使这里变成了亲海的度假胜地；意大利的那不勒斯海湾以岩峻滩险、拍浪惊涛显著……

深圳的新移民们的思维，再不能惯性地停留在陆地上。

今天，我们要将背对大海的身姿转为面向大海，那样，才可以充分感受它的韵味。但，我们不能盲目、不能自卑、不能简单模仿。在盐田，上上下下达成共识：以市民为本。消除横亘在市民和大海之间的距离，让大海来到市民身边。市民，就是我们的明星、我们的文化根基。建一条海滨栈道的决策诞生了。

1998年10月，盐田建区伊始，区领导就赞叹盐田的海岸线，称其为"一条贯穿着颗颗珍珠的项链"。实际上，有胆识的创业者就以远见和魄力，开始了重整美丽海岸线的务实大行动。

2005年初，提出建设海滨栈道的构想之后，经反复论证，2006年开始引入国际水准的规划设计。于是，现场查勘、实地考察、国际性论证、全方位听证。围绕栈道的规划建设，展开了紧张高效的工作，短短一年时间内，有关栈道的会议进行了15次。蓝图出来了！从沙头角中英街历史博物馆一号界碑旁起，经雄踞在此的明斯克航母，到中国第一个保税区沙头角保税区，穿过世界第一大集装箱吞吐港盐田港，转过有千年历史的盐田圩镇，沿陡峭的绝壁蜿蜒前行，抚摸着人迹罕至的礁石群，来到被称为"亚洲第一大海滩"大梅沙、小梅沙。这哪里是一条栈道，这就是生动展示中国自近代被侮辱欺凌到今天民族振兴历史的光辉一页，是打开了一部南中国海滨自然生态的绝美画册。

面对大、小梅沙之间复杂的礁石峭壁地貌，设计团队冒烈日高温，攀岩踏礁，详细考察了大梅沙到小梅沙段的犄头岭海岸线。 为了保护那富有创新特色的礁石景观和岩石景观，区政府请来德国专家进行方案优化，区领导多次现场勘察大、小梅沙段岩石地貌，要求充分考虑涨潮落潮的海水落差高度、气候变暖海平面上升等因素，让这一段海滨栈道成为整条栈道景观最美、自然资源最丰富的一段，让游客在欣赏大自然的同时，感受到对环境与自然的有效保护。总之，对待这样一项工程，必须像对待美玉一样精心雕刻：不能让海岸线上千年来形成的地形地势有任何伤害；不能改变海岸边岩石的走向；工程选料要融入自然景观而不能生硬地叠加；以桥梁连接陡峭的岩隙，在平缓地段巧设驻足的观景台；依照各路段交通现状、山海资源、植被现状等情况，规划栈道的同时，配套进行街景提升。

大海，向往你的人们要走近你的身旁了，是轻轻地、小心翼翼地带着敬畏之心而来的。

把栈道隐藏在大海的波纹里、安置在岩石的褶皱中，这是盐田海滨栈道修建的环保标准，更是建筑的美学要求，既是建设，更是艺术创作。

这个有特殊地位和特殊意义的工程，先后经三任区委书记、两任区长、三任工务局长的传递接力，历时6年6个月，艰辛奋进，终告大成。

2006年2月，正对着市民广场的沙头角段栈道开工，建设者踏着海浪，凿开岩壁，打下坚桩，铺上木地板，一条漂浮在海面上宽达3米的景观栈道建成：神话中美丽图画变成了现实。

2007年1月，中英街和明斯克航母前的栈道顺利连接。

从中英街历史博物馆走到这里，不到两个小时，却穿越了一百年的历史。除了看日出日落、海鱼翻飞，更令人思接千载、浮想联翩。1899年6月9日，在英帝国主义武力逼迫下，中英签订《展拓香港界址专条》，条约规定将九龙半岛及附近海域租给英国，期限为99年。次年3月16日到3月18日，中英两国的勘界人员来到了沙头角，完成了测量和勘界，沙头角被一分为二，直至1997年。保存在中英街历史博物馆中的那张当年勘界时的照片，英国官员洛克的趾高气扬、大清官员王存善的卑躬屈膝、当地百姓的愤怒无奈，均被一一记录。而2000年5月来到大鹏湾的明斯克航母，既是前苏联作为红色帝国的国殇，又是中国改革开放博大自信的胸怀里一位伤痕累累的特殊朋友。百年沧桑，天翻地覆。

沿山路“滨海明珠”观景平台，直下200多级阶梯，仿佛在一瞬间，从喧闹都市投入大海的怀抱，站在依崎岖海礁而建的栈道上，西望盐田港成排的巨大龙门吊，东眺大、小梅沙海湾，南看香港东涌，背后是险峻奇绝的峭壁，脚下，海水在礁石中激浪排空；面前，洁白的海鸟翻飞翱翔，海水清澈，石头和贝壳清晰可见，成群的小鱼儿不时地穿梭其间。浪花溅起的水雾，渐渐沾湿你的脸庞、衣衫，那就是大海的问候。

2011年6月，全长2000多米的大梅沙海滩，从最西面的月光花园、“天长地久”巨石处，到喜来登酒店，一条隐现在沙滩的木栈道穿越而来。无论你是刚品味了大海的北国客人，还是深圳的年轻建设者，在这里，在亚热带植物气息的伴随下，你可以尽情地欣赏大海，共同交流与海接触的奇妙体会。

2011年8月，参加世界第26届大学生运动会的、来自24个国家和地区的120多名青年运动员，踩着这条栈道，参加在这里举行的世界大学生运动会沙滩排球比赛。沙滩、海风、椰林，丛山、度假屋、山道，海鲜、海泳、海涛，友善、热情、真诚，中国、深圳、盐田，这一切，都通过栈道，传递到每个运动员、观众的心里，传递到世界的很多地方。

最后一段栈道，在大、小梅沙之间，再延伸到背仔角。建设者不畏困难，在狭长的山沟里搭起施工便道，从海边的盘山公路直到海边浪花拍打的礁石，细心地画上了各种各样精确的符号，以保证不破坏一块石头，尽量保留天然的礁石和植被资源，保护好上千年形成的原始地貌。同时让栈道结构更加合理，保障景观效果。

2012年春节前夕，这项连续4年被列为盐田区人民政府十大民生实事的重点项目——19.5公里的海滨栈道全部建成，在新的春天里，来自深圳和全国各地的游人，在栈道上吹着海风，欣赏南中国那蓝天、碧海、椰林组成的美妙风情。

我们曾经欣赏过东南亚最美的海滩，也曾经产生了无尽的向往和羡慕。如今，站在自己的海滨栈道，心绪又是另一番的不同。

马尔代夫双鱼岛那长达2公里的洁白美丽的海滩，尽管也有长长的栈道，还有不计其数的海鱼供人欣赏，但论及栈道的规模和栈道带来的丰富感受，就无法与这里同日而语了，无论是泰国旅游胜地普吉岛的巴东海滩、马来西亚兰卡威的海滩和栈道，还是曾被誉为世界七大美丽沙滩之一的菲律宾阿尔坎省的长滩岛，或者是印度尼西亚的金巴兰海滩，尽管它们还是风情万种地吸引着世界各地的人们，但都已经无法与中国盐田的这条如此绵长、如此富有内涵的栈道、海岸相比了。

如今已经退休的盐田区摄影协会会长廖国强，是盐田区的“老文化”。现在，无论春夏秋冬、清晨深夜，他常常会背着摄影器材和雨伞、饮用水，行走着、捕捉着、陶醉着、创作着。他说：“在这里，有一辈子也拍不完的题材。在这样的美景前，你需要的，只是在不同的时间和不同的地方按下快门罢了。”

盐田海滨栈道，基于自然，融于自然又高于自然，朴实而不失优雅，以简单空灵之态，牵起盐田海山毓秀雄峻之境，浑然一体之美得以淋漓尽致地体现，是创造美感、缔结艺术之作，堪称一件中国奉献给世界的、经典的城市公共艺术精品。

行走在坚固的木板栈道上，脚下随时可观赏到在遨游的海洋生物。您可能在不经意间发现罕见的海底生物：墨鱼、蓝环章鱼、海蛾及交配中的鸳鸯鱼。甚至，你会觉得自己也是大海的一分子。

网民“老实的兔子”写道：“还是从都市频道的‘第一现场’中了解到海滨栈道……这条栈道让都市忙人在家门口凭海临风，畅享滨海生活、海港印象，感受渔舟晚唱，半山观港，就像在悬崖边上散步，惊涛拍岸与休闲悠然同在。”

他不仅在博客上发布了30余张栈道的美丽照片，还热情地介绍了多达23条可以到达海滨栈道的线路。

“伫立栈道，极目远眺，只见海浪拍岸、海鸥翔集、点点帆影点缀在海与天的交结处。迎着春日的细雨，可以用歌声直抒情怀，可以掬一捧海水感受春日暖意。”这是海涛社区“夕阳红”诗社王海英老人的感受，人来到海的身旁，就会激发出特殊的情感。

几代人都居住在沙头角的现社区工作站站长沙锦涛说：“虽然自己是老海边的人，但建区前，海边是边防二线，无法靠近，今天有了栈道，才真正感觉到生活在大海边的美好呀。”

盐田区渔民协会的老陈今年76岁，过去他们世代出海打鱼，连对大海的感觉也没有了，觉得“愧对先人”。现在，老陈经常带着孙子，在栈道上观海、玩海、吹海风、听海潮，仿佛又和先人一样，站在捕鱼船上，与大海对话了。

如今，海滨栈道已经成了盐田各街道、辖区单位、社区居民一年四季开展各类文体活动的理想场所。

盐田区是一个由海岸线、山海间平地、北面的山脉构成的区域。大自然最美好的景观和资源，都集中在这里。从这条神奇的海滨栈道，向北，越过狭长的城区，再盘上青葱的山峦，又伸展出更多的绿道，和滨海栈道一起，形成了一张服务市民的亮丽环网。

秉承着海滨栈道同样的理念和建设标准，梧桐山登山环道、社区绿道的完善和建设，也已进入尾声，到2012年底，盐田辖区就将形成由大海到高山的200多公里绿道网，相对于狭长的城区面积，盐田可能是全国绿道最稠密的城区之一。

在盐田区，自行车租赁点有160个，市民可以随时随地任意租用，一张骑行卡，方便百姓家，上班、上学、旅游、锻炼，都可以使用。

在巍峨的梧桐山神秘的云雾间，从西向东，四条总长23.3公里的登山环道已经成为市民和登山爱好者的乐园。从春到冬、从晨到夕，无数的市民和旅游者，上山、观景、吸氧、品茶、高歌、健体。

绿道，因盐田而美丽；盐田，因绿道而更加温馨。

刘 斌 李志利

# 珠海篇

ZHUHAIPIAN

# 绿道轻拂滨海风

## 绿道，吹来清爽的风

“温家宝总理来啦！”

公元2010年11月15日，这是一个难忘的日子。

温总理在参加广州亚运会开幕式后，来到珠海视察工作。15日上午11点，温总理在省市领导的陪同下来到车友活动场所——海天驿站。

总理在自行车绿道的出现，赢得珠海市民一阵阵热烈的掌声。

温家宝总理来到的珠三角区域绿道1号线珠海海天驿站，这里天蓝水绿，草木葱茏，风景秀丽，让人心旷神怡。

珠海绿道办负责人介绍说，绿道是一种沿海滨、溪谷修建的供人们步行、骑自行车并行的景观线路，将山景、海景串联贯通，使人们享受到低碳出行的愉悦。

中央政治局委员、广东省委书记汪洋告诉温总理，广东省建设绿道，为老百姓休闲创造了更广阔的空间，原来大家只能在公园里休闲，现在可以在户外散步踩单车。

身旁的珠海市领导补充说：珠海根据各地地势和实际情况，因地制宜正在建设滨海都市型、田园郊野型、历史人文型、体育竞技型、海岛休闲型、工业生态型六种不同形态的绿道。

“你们这是为老百姓做了一件大好事啊！”温家宝边走边听，高兴地说。

说话间，一群来自珠海市自行车协会的自行车爱好者，骑车从绿道走过来，看到总理正在绿道上散步，大家纷纷下车向温总理问好。

“你们觉得绿道如何？”温家宝兴致勃勃，边走边与车友们亲切地攀谈。“绿道真是休闲的好地方，既可锻炼身体又可欣赏风景，呼吸新鲜空气，真是享受低碳生活。”一位叫谭忠铭的车友回答说。

“这么好，那借你的自行车，我也来体验体验。”温家宝从一位车友手中接过自行车，跨上车，一口气骑了30米远。

“怎么样，技术还可以吧？”温家宝下车后笑问。

“骑得很好！”大家异口同声地说。

此时，有车友向总理介绍，车队中吴金石老人曾骑车去过西藏，10个月走了6000多千米。温家宝连忙拉住吴金石的手，问老人今年多大了。“65。”吴金石回答说。

“我可比你年龄大啊！”温家宝笑着说。顿时，现场发出一片愉快的笑声。

珠海绿道办负责人接着向总理介绍说，当天所处的是省立1号绿道，现在正在建设更多的绿道分支，形成一个脉络相同的绿道网。

“也就说，你们现在是主血管通，接下来还要打通毛细血管。”温家宝形象地说，“这样，这座城市就更有活力了！”

“总理，我们珠海还谱写了专门歌颂绿道的歌曲。”珠海绿道办负责人说完，接着就哼唱起来：“散散步，骑骑车，哼哼歌，爬爬坡，绿道绿道，你和我体验低碳好生活！”一曲《绿道，真好！》赢得现场一片喝彩。

“珠海真的很低碳，很干净，很漂亮！”温家宝总理微笑地说着。

“谢谢总理！”人群中再一次爆发出整齐而又热烈的掌声！

2011年12月，《南方日报》联手省旅游局、省住建厅推出的“广东十佳绿道旅游线路”评选结果，珠海因“香洲绿道”城市魅力风光无限和“斗门绿道”郊野风情特色浓而榜上有名，受到专家的高度评价，成为广东人文绿道的一串亮点。

## 描绘绿色“幸福蓝图”

2010年仲秋，一幅绿色“幸福蓝图”——珠海绿道网在运筹帷幄中。

这一年，珠海市在全省率先贯通省立绿道1号线、4号线珠海段，提前实现“一年基本建成”的任务目标。2011年，围绕省立绿道“两年全部到位”，实现“城市绿道网主干框架基本贯通”的建设目标。2012年以“成熟完善”为重点，加快策划和规划绿道“兴奋点”，全力打造“特色旅游”、“体育健身”、“科普教育”、“文化服务”等四大绿道品牌，彰显“城市魅力”、“郊野风情”、“海岛休闲”绿道特色。

“市级统筹、属地建设，一把手负总责”，是珠海市绿道建设顺利开展的重要保障。

市政府每年下发全市绿道网建设工作要点和绿道建设任务通知书，多次召开全市绿道工作会议部署落实。

——编制完成了《珠海市城市绿道网总体规划》，确定了2020年以前全市绿道建设近、中、远期的规划目标。

——率先出台了《珠海市绿道管理办法》，以政府规范性文件的形式确保了全市绿道建设各项工作有序展开。

——首创了《绿道，真好！》歌曲，率先唱响绿道之歌。

市绿道办加大组织协调和检查督办力度，对全市各责任单位的绿道建设跟踪落实，做好“周巡查、月通报”；各绿道建设责任单位也采取多项措施，加快推进绿道网的建设速度。

描绘幸福蓝图的人无疑是幸福的，聚汇智慧描绘幸福蓝图的人们更加幸福!

“绿道”这个新生事物，汇八方智慧，体现以人为本，将珠海文化自然遗产、生态保护区、公园绿地等串起来、联起来、围起来，促进了珠海可持续发展。“绿道”建设，带动了珠海各区乡村游、景点游、生态游、健身游。凡是“绿道”沿线的农家月收入都比其他地区农户的收入高了许多，增进了城市民众的幸福，更福及了乡村民众的致富。

绿道，拓展了城市的绿色；绿道，密切了城乡的关联；绿道，加快了宜居城乡建设；绿道，已成为珠海市民流连忘返的休闲胜地，更为八方游客提供了广阔的游憩乐园。

## 绿道，从脚下走出来……

日出迎朝阳，日落送晚霞。

绿道建设者们心中沸腾着美好的情怀!

规划建设绿道，全面展示珠海所拥有的都市型、郊野型、乡村型绿道资源，未来将成为建设生态文明新特区、凸显珠海城市特色的点睛之笔。

珠海市住房和城乡规划建设局等相关部门开展着前期工作……

为把绿道选线规划做出特色，市领导带领市绿道办和有关部门以步代车，用脚丈量，对唐家湾镇、中心城区、白蕉镇、斗门城区、乾务镇、平沙镇、鹤洲、斗门镇等地进行了沿线现场踏勘，以珠海的城市建设现状为基础，参考已有规划设计成果，因地制宜，研究制定了从脚下走出的区域绿道走线方案。

我们在相关方案看到，方案制定中特别注重借鉴欧美发达国家的成功经验，科学规划，分步推进；特别注重政府的支持和引导，以政府建设为主导，建立有效的管理机制。

建设绿道，规划先行。

珠海市组织编制的《珠三角区域绿道珠海段建设规划》，对区域绿道建设长度、线路安排、建设要求、实施时序等进一步细化，指导区域绿道珠海段的建设和实施，并为更深层次城市绿道和社区绿道提供示范样板。

值此开幕的政协会议上，对许多市民来说还有些陌生的“绿道”却频频在代表们的讨论中露脸，群策群力谋划绿道建设已成街谈巷议的新话题。

## 陋中见巧创奇迹

沿溪谷、山脊、河滨、海岸等自然状态中的风景小路等连接人工廊道，建立一种线形的绿色开敞空间，为市民提供集环保、运动、休闲、旅游等功能于一体的优美生态环境。这种设想极为符合建设低碳城市的发展要求，被“敢为人先”的广东人率先尝试。

珠海绿道，这棵春天播下的绿色种子，迅即在珠海的大地上扎根、散枝开花。

2010年1月12日，珠海市的绿道建设工作全面动员。

同年3月2日，珠海市市政园林和林业局具体组织和协调绿道网规划建设工作，落实规划，通过联席会议，市政园林、发改、财政、规划建设等部门加快审批进度，加强了资金保障，明确划定了全市的绿道控制区域和线路等。

珠海段的绿道设计思路充分体现珠海“山海相拥、陆岛相望”的城市特色，因陋就巧地在绿道沿线精心营建一批景观优美、实用性强、让居民歇歇脚的驿站景点。并努力通过绿道建设，将全市的名胜古迹、人文景点、田园村庄等主要景观节点串联起来，为群众提供了体验自然、欣赏美景、丰富知识和休闲健身的重要载体。

通过合理选线、科学规划，珠海段的绿道建设因地制宜、因形就势、因陋见巧，依托山边、水边、林边线路，不征地、不拆迁、不砍树，体现生态化、本土化、多样化，打造出了富有珠海地方特色的“滨海都市”、“田园郊野”、“历史人文”、“体育竞技”、“海岛休闲”、“工业生态”六种形态的特色绿道。

## 珠海绿色脉络的走向

珠海具有打造绿道的先天优势，然而选线与走向非常重要。

珠海区域绿道线形走向方案显示，区域绿道珠海方案选线遵循四个原则：一是可操作性，务求实现“一年基本建成、两年全部到位、三年成熟完善”的目标；二是经济性，做到经济可行；三是凸显城市特色，具有地域性；四是在建设中实现滨海、跨江、环山、城市型、乡村型等多样性。

根据《珠三角绿道网总体规划》空间布局方案，珠三角区域绿道网由六条区域绿道构成，其中，1号绿道和4号绿道经过珠海市。

省立1号绿道（区域）总长298千米，受益人口581万人。起于肇庆，途经佛山、广州、中山，由金鼎检查站进入珠海，沿会同村、北师大、唐家古镇、情侣路，止于拱北观澳平台。

省立4号绿道（区域）总长216千米，受益人口565万人。起于广州，途经佛山、中山，由斗门大桥进入珠海，沿斗门区白蕉双桥驿站、古榕驿站、井岸西湾村、金台寺，止于珠海御温泉度假村。

一条条绿线串起珠海文化、风光、景区，这是一个令珠海人自豪的幸福工程！

珠海以“一条主轴、两大板块、三区一城、若干组团”的城市空间结构，针对珠海东部滨海花园城市、西部滨江田园城市、南部低碳海岛城市的地理风貌特征，全市以区域省立绿道为基础，规划确定“四纵两横二环六岛”的城市绿道网，形成“环山滨水、通廊串联、片区成网”的绿道网络格局，总长约1000千米。这是值得珠海建设者骄傲的“四笔重彩”！

重彩一：四纵。

城1线“海天之旅”，从观澳平台至横琴长隆国际旅游度假区。

城2线“鹤洲竞技”，从竹银水库至磨刀门水道入海口交杯滩。

城3线“黄杨信步”，从水松林湿地保护区至三灶金沙滩的阳光咀。

城4线“田园牧歌”，从莲花山，经御温泉，至高栏岛的飞沙滩。

重彩二：两横。

城5线“古村览胜”，从斗门穿越中山，经会同、唐家，至淇澳岛白石村。

城6线“城市足迹”，伴行珠海大道，从东海岸观澳平台至西海岸海泉湾。

重彩三：二环。

环横琴岛竞技绿道，伴行横琴新区环岛路，沿海岸线蜿蜒延伸。

环凤凰山登山绿道，沿凤凰山南北两麓东西展开，组成环形多路登山绿道。

重彩四：六岛。

海岛生态休闲绿道，分别为大万山、桂山、东澳、担杆、外伶仃和庙湾岛绿道，充分体现珠海“百岛之城”的浪漫魅力！

## 劲书“省立1号”的恢宏一笔

这样的评价，一点不为过。

——省立1号绿道珠海示范段，是用建设者的汗水和心血铸就的！

在绿道工地，“5+2”、“白加黑” 精神处处体现！ 他们一周5天工作日，加上2天公休，7天工作不歇班；每日白天工作，晚上还要加班加点！这一种工作状态再现了珠海人的特区精神。

时不我待，一天也不耽误，他们一心扑在绿道建设第一线！

白天机械轰鸣，夜晚灯火通亮。

从2010年3月12日起，整整十天，在港湾大道穿行的车辆与在情侣路边漫步的行人，每天都目睹这样一番热气腾腾的建设景象。

省立1号绿道珠海示范段及其“海天驿站”服务区，仅用短短十天就快速建成，向市民敞开了一片更适于休闲、更宜于游憩、更显出浪漫生态的绿色空间。

回顾绿道建设的短短十天，汪洋寄语珠海的那句话“第一是干，第二是干，第三还是干”分明已成珠海人快步“升温”的工作姿态。珠海市委提出的 “这一年是珠海新一轮大发展的‘升温’之年，关键抓好落实，要在抓落实上见分晓、比高低、论英雄”，这一“干”字当头的要求，更是在这十天中得到了淋漓尽致的诠释与表现。

一个“干”字，香洲区重任在肩!

3月12日，植树节当天，下午3点30分，第一支建设队伍就进驻“海天驿站”施工点。

承担场地清理工作的拱北市政站，面对五大堆、上千立方米的乱石，要用最短的时间清除干净，以便后续施工全面展开。

5台机械开过来了，但无法进场，因为2.8万平方米的现场林木密集，而每一棵树木都不能破坏。站长董策亮和副站长陈斌召集大家商量，听到的回答是：“人工搬、机械钩、连夜干，明天清早前把现场乱石清完！”

第二天，即3月13日，早7点，当朝晖穿过海上轻雾，前来接班的队伍惊讶地发现：上千立方米乱石已经清除一空。

然而，比这更艰难的问题出现了!

“海天驿站”原是凤凰山东麓的一处临海山崖，因当年港湾大道施工削去大半山头，而遗留为突入海中的一座半岛高地。2.8万平方米的草木之下，全是坚硬的岩石，挖掘机根本无法撼动，只能用“炮机”钻碎，用人力、钩机装车运走，然后才能展开地下工程。

整整一个白天，又加整整一个通宵，南湾、香洲、拱北三个市政站轮番上阵，长350米、深1.2～2.2米的雨水、污水地下管网通道掘开了，20～60厘米直径的波纹管一一铺就了，长560米的自行车道与行人步行通道基础挖成了，所有预埋地下管线及每50米一个的预留管口做好了，从外运来的50车750立方新土全部填入了绿化基坑，环卫所的3台高压水车也参与对岸边填充的土石方加压冲洗、进行软基处理……

第三天，9支队伍全部进场，340多人和38台大型重型车辆设备，在“海天驿站”和情侣路向野狸岛桥头延伸的方向有序展开；自行车道、步行通道、停车场、观景亭、观海台、便民服务点、洗手间、乔灌木栽植及草皮铺设等地面工程，全面开工，交叉作业省立1号绿道珠海示范段，雏形初见！

多年不见的穿梭车辆、久日不闻的轰鸣机声，最多时上千人同时进场的施工场面，使原本僻静的荒野半岛一下子成为人们关注的热点。

一位市民每天都为工程的最新进展赋诗一首；一位市民发来一封热情洋溢的赞扬短信；而一位亲身经历过珠海特区30年发展历程的老者，更是感慨万千：“真好像回到特区初创的年代！”

珠海绿道的建设者们在“省立1号”的图纸上又重重挥就了恢宏的一笔！

## 争分夺秒，唱同一首绿道之歌

时间就是效率，速度体现精神。

“特区速度”曾闻名于世，今天，这壮举再一次在珠海闪现！

时间十分紧迫。

有专家评估，“海天驿站”的工程量相当于一座综合性城市公园，而同样规模的公园从破土到完工至少需要两个多月，这还不包括前期准备和采购备料的时间。但2.8万平方米的“海天驿站”加4千米滨海绿道的建设，却只有短短十天的工期！

在那些日子里，他们夜以继日，轮番上阵，人歇机器不歇，工种相互替代，就成了香洲绿道建设者十天之中的基本工作状态。所有的队伍都是“三班倒”甚至“两班倒”：换班工人不离现场，就在工地搭建的大帐篷里休息过夜；管理人员轮流带队，每人每天最多休息6个小时；一天四顿盒饭送到工地，总是这一半人先吃，那一半人后吃，吃饭也不停工；就连环卫所的清洁工，凌晨4点上路扫街，早上7点之后也全部移师工地，承担推斗车、搬材料、夯地基等辅助性的工作……

时间催促着建设者，时间更体现出不打折扣的执行力。

十天十夜“连轴转”，绿道建设者很累很辛苦。他们头一挨地就能睡着，他们端着盒饭都能入眠，但是，他们中没有一个人对整个工程猜疑诋毁。他们只要施工需要，派什么活儿，就干什么活儿，园林部门“客串”水泥工、环卫部门帮忙挖树坑、市政部门承揽运输任务……

为了唱响绿道这“同一首歌”，所有部门都承担了额外的职能、都简化了一般的程序、都荡涤了观望的心态，而在同一个使命之下凝聚出一种组织有序、团结奋战、不打折扣的群体执行力与能打硬战、敢打硬战、善打硬战的香洲干群精神！

## 绿道“火线”的战将们

一切为绿道而奋战！

年过半百的南湾市政站站长是一位坚强的转业军人。春节前他因心脏病住院，节后又向区城管局请假治疗，恰好唯一一名副手也刚辞职。接到绿道建设的紧急任务后，他悄悄取消了自己的病假，第一时间带队入场，完成了施工难度最大的地下管网铺设、卫生间、便民点建设等工程，并且最后撤离。

区建管中心副主任，家有才一岁多的孪生女儿在发烧，他自己也在感冒发烧，但他顾不上在家休息、照顾孩子，让妻子开车将他连夜送上工地，坚持和同事一起奋战到天亮。

区城管局园林环卫办主任，遇到了人生最忙的一天。他凌晨1点才离开工地，5点就要去接前来珠海参加公务员考试的妹妹，而妻子这天正好过生日，他只能请假一个小时，上街买一个蛋糕，扔在家里就回工地……

香洲市政站站长，是一位富有主动进取精神的市政方面的行家能手。他按照上级部署，率队提前完成了情侣路4千米绿道示范段的前三步铺设工艺，然后主动请缨，协助兄弟部门，将第四至第七步的铺设工艺如期完成。

任务就是使命，民意就是天意！

省立1号绿道珠海示范段短短十天的建设历程，将一种感人至深、催人振奋的“火线”精神闪现在全市人民的面前！

## “珠”的文化，“海”的浪漫

“绿道”概念起源于20世纪20年代，英译“greenway”，分为两部分：“green”即是自然存在，如森林河岸、野生动植物等；“way”表示通道。合起来的意思就是与人为开发的景观相交叉的一种自然廊道。而珠海的绿道，她的特色又该是怎样的呢?

珠海市绿道网规划建设体现“山水相间、陆岛相望”的城市特色，串联起都市公园、滨海绿廊、大学园区、历史古迹、名镇古村等旅游文化资源，形成别具特色的六型绿色开敞空间：

“滨海都市型”——依托中心城区的环境优势，重点打造城区全面覆盖、实现低碳出行的绿道。

“田园郊野型”——依托水网纵横、山川相依的生态资源，重点打造具有滨江田园风光的绿道。

“历史人文型”——依托大学园区和历史人文资源优势，重点打造具有科技文化特色的绿道。

“体育竞技型” ——依托横琴生态资源开发契机，重点打造能进行国际自行车赛和马拉松赛的环岛绿道。

“海岛休闲型” ——依托珠海百岛之市的优势地理资源，重点打造独具特色的海上绿道。

“工业生态型” ——依托航空产业园、珠海港区工业生态建设的优势，重点打造工业园区绿道。

## 城市绿道：文化休闲显魅力

山海相拥，陆岛相望，串联文化旅游景点的香洲的六条城区绿道，展现了生态休闲人文特色。

这个区的绿道建设按照“突出山海相拥、陆岛相望的城市风貌，体现香山文化底蕴，彰显滨海花园城市魅力，展现生态休闲亲民特色”的设计理念，全面启动6条约60千米的城区绿道建设，把香洲已有的文化、旅游景点等串联起来。

香洲城区绿道联网， 给珠海“宜居”加了分。

我们骑车走了一遍六条绿道。从以沿河路凤凰河两岸前行为主线，长度约8千米，以步行健身为主题，沿途景点有林伟民广场、华发健身广场、三家桥小游园等。被冠以天然氧吧之称， 以自然观光、登山健身为主题，沿将军山修建登山路径网络，修建健身小广场等，长度约9千米的2号线令人心旷神怡。

以梅华路、旅游路为主线，长度约20千米，以景点观光、文化休闲及田园旅游等为主题，途经红山路、健民路、三台石路延长段、梅界路，沿途景点有大镜山水库、古元美术馆、市图书馆、青少年妇女儿童活动中心、体育中心、梅溪牌坊、农科中心和普陀寺等， 这3号线人称

“文化之线”，让人领略到珠海绿色风光，也感受到香山文化的气息。

在前山河两岸的4号主线，长度约10千米，以河道景观、休闲健身为主题，途经华发新城、澳门回归公园等景点。

5号线围绕前山马鞍山修建一条约3千米长的登山路径，以天然氧吧、自然观光、登山健身为主题。

自竹仙洞公园起，途经湾仔回归广场、湾仔海鲜街、十字门中央商务的6号线，连接横琴大桥，全长约10千米，让我们看到大自然与现代城市交融和谐的景象。

## 乡间绿道：郊野风情出深闺

“深闺小院日初长，娇女锦绮罗衣裳。”在珠海，有许多鲜为人知的处女之地。

海边和乡间的绿道不仅仅是有树有山的绿色“道”，通过绿道可以走进珠海的民俗文化大观园。

沿线风景尽收眼底——

骑行在这里，如行进在山边、田边、河边、水边慢行道，黄杨山、黄杨河、白蕉水乡、基塘、农田、菜地、城镇郊区、自然村等都将有游客出现在骑行路上。

珠海市文体旅游局按照绿道沿线旅游景点的密度分布情况，把1号和4号两条区域绿道沿线的旅游景点大体划分成八大地域组团，1号绿道划分出五大地域组团，即“凤凰之翼”、“古镇新岸”、“淇澳听风”、“浪漫海滨”、“珠澳风华”。4号绿道划分出三大地域组团，分别是以田园风光休闲游为主的“水乡风情”；以黄杨山为中心的“黄杨诗意”和以养生休闲度假为旅游主题的“御泉古韵”。

4号绿道穿过中山市后从西沥大桥进入珠海市斗门区，途经白蕉、井岸、斗门三个镇，止于御温泉。经多次现场踏勘调整线路，最终确定的4号线长约28千米，斗门镇8千米，井岸镇8千米，白蕉镇12千米，并在4号线终点建成4000平方米的御温泉驿站。

斗门古街，它是珠海市目前唯一保存较完整的古街。始建于清雍正九年（1731年），鸦片战争之后，这里常有船只来往于香港、澳门、石岐、广州等地，商贾往来，买卖兴旺，遂成繁华圩市。

水松林是国家一级保护植物，始生于1亿多年前的中生代，被业界誉为“植物活化石”，现仅存于广东、福建等地。位于白蕉镇六乡竹洲头的水松林，面积360亩共7万株，被认为是世界上最大的连片水松林。

斗门绿道已建成彰显生态价值，传承本土特色，领略田园风光，体现山水禀赋的绿道通道。

4号绿道珠海段串联了黄杨山、黄杨河、金台寺、黄杨大道、白蕉水乡、莲洲生态保育区、斗门村、接霞庄至御温泉。整个线路结合斗门区的自然和人文要素，充分利用黄杨山、黄杨河、白蕉水乡、基塘、农田、城镇郊区、自然村等自然资源，以山间、农田边、河边、水塘边慢行道建设为主要内容，将4号绿道线建设成为郊野山水田园风光特色鲜明的绿道。

## 海岛绿道：风景这边独好

海蓝岛绿，一百多粒珍珠散落在万山群岛。

这个以绿道建设与海岛旅游、生态保护、历史文化、自然风光、休闲驿站和渔村环境相结合的岛区，分布在桂山、外伶仃、担杆、东澳和万山岛，全长56千米，投入3000万元。其中东澳岛绿道建设全长16.7千米，东澳湾至南沙湾路段作为万山区特色示范路段建设，串联了东澳渔村、烽火台、铳城等历史文化遗址及蜜月阁旅游景点和南沙湾海上活动区。绿色自行车道、凉亭、休闲椅、太阳能路灯、原生态的良好植被等成了整个东澳岛绿道的标志。

目前，东澳岛正实施玲玎海岸旅游项目开发，拟将“玲玎海岸”打造成南中国最具特色的海洋旅游度假胜地、海洋国际会议中心和海洋娱乐中心，并成为珠海市推广海岛游的示范岛屿。“玲玎海岸”项目的开发为该岛高标准建设特色绿道带来了契机，已建成的滨海绿廊风光无限，绿道与沙滩、大海、奇石、青山以及特色园林景点融为一体，展现了一幅幅美妙写意的现代山水图画。

桂山岛绿道串联“解放万山群岛纪念公园”、“文天祥纪念广场”、滨海石崖题字群、海豚湾沙滩泳场、网箱养殖区、山顶村居等特色景点，吸引了一批又一批的到访游客；外伶仃岛绿道开敞的绿岛银滩、听涛小道、盘山森林休闲道路和山顶巨石群远眺景点为游客提供了休闲旅游的人间仙境和世外桃源。

独特的“海岛休闲绿道”是大自然垂眷珠海的美好禀赋，是珠海人值得引以为自豪的风光画廊。

## 精彩纷呈美不胜收

金湾绿道通机场。

金湾区绿道网规划打造总长32.3千米的四条绿道，其中三条与“机场”有关，由湖心路至珠海机场正门大约19.3千米的干线绿道从湖心路口起步，沿机场东路旁的三灶湾海堤一直通往机场，沿途将设置三个休闲站点，绿道起点和终点各一个，另一个站点将设在吉林大学珠海学院附近，每个站点设置单车停放点、小卖部、休憩凳椅等。

金湾区绿网建设于2010年10月底完成机场东路绿道，让市民在航展前骑单车沿绿道前往航展馆。

我们沿途看到，这三条绿道都与“机场”相连，紧扣金湾区发展新型现代化航空新城的主题，让市民“骑单车看航展”，令人更加惬意！

港区绿道港口连农庄。

高栏港区平沙镇的绿道及相关配套已全部完工，主绿道长达34.84千米，设置了许多驿站节点，还有清晰的指引，让市民畅游绿道时尽享山林、河道和田园风光。

沿着平塘河东岸的绿道，一路经过我省唯一的国家级台湾农民创业园，观赏到水产养殖、花卉栽培、农产品加工、良种引进推广和生态农业旅游休闲的景观。

游完这段田园风光后，绿道延伸直至南水高栏港区的万吨深水码头，去看看港区的大发展，那里还有飞沙滩和著名的宝镜湾摩崖石刻……

高新区绿道串联大学区、产业园区、唐家古镇和会同古村，建成了校园“9公里绿道”以及“海之恋”、“旭之盼”、“石之魂”、“路之忆”等特色绿道节点，尽显历史人文风貌，打造了独特的珠海文化绿道风情。

## 绿道，创造幸福新生活

珠海绿道，穿林弄水；携手徜徉，福泽百姓。

珠海全市开展“健康共享，幸福广东”珠三角绿道骑行活动、“春游绿道，万家同乐”大型主题活动、“珠港澳首届自行车慈善绿道行”、“浪漫珠海绿道行”、“全民健身日”绿道步行活动，以及绿道“嘉年华”活动、自行车技能表演赛、航模表演赛、极限运动、风筝放飞等各类丰富多彩的绿道主题活动共200多场。目前为止，在珠海使用和享受绿道的市民游客达600多万人次，绿道游已成为广受欢迎的休闲度假活动方式，绿道的建成又同时为沿线百姓增收致富带来了实实在在的好处，“为城市添绿、为生活添美、为市民造福”成为了百姓的财源与享受。

2012年全国旅游工作会议期间，国家旅游局局长邵琪伟高度评价“珠海绿道在珠海建设国际商务休闲旅游区方面大有可为”。

“珠海绿道建设得很好，在这里骑行非常惬意！”在海天驿站，邵琪伟兴致勃勃地在驿站单车租赁点骑上了一辆蓝白相间的单车，骑行一圈，以游客的身份体验了绿道骑行的乐趣。

## 二万人绿道行，创造珠海纪录

沙滩绿道，风景美丽海风爽。

这一天，是省1号绿道高新区示范段向市民开放的日子。

驱车经过港湾大道的市民发现，在银坑叠石路段靠海一侧绿道赫然在目。此地是省立1号绿道的一个节点。这段绿道最大的特点就是，部分慢行道建在沙滩上、礁石旁，可以最大限度地满足市民、游客亲近大海、亲近自然的愿望。

从唐家湾望去，省立1号绿道珠海段有43千米在高新区辖区内，高新区建设的28千米，即从金鼎检查站进入开始，到港湾大道美丽湾路段止。

高新区示范段绿道位于唐家湾滨海地带，岸线曲折多变，海湾景色宜人，场地景观资源丰富多样。示范段绿道划分为四段，各段设计主题分别为海之恋、路之忆、石之魂、旭之盼。

绿道沿海岸线布局，最大亮点是亲海，有部分慢行道就建在沙滩上，方便市民、游客随时走到沙滩漫步，与大海亲密接触。

“让百姓共享珠海绿道，这是绿道的本质！”

从市绿道办工作人员提供的材料看，珠海市充分利用珠海海滨花园城市的特色条件，顺利完成了落实珠三角绿道网珠海线规划建设任务，实现了“一年基本建成，两年全部到位，三年成熟完善”的目标。

新年伊始，万象更新。

公元2012年一个春光明媚的上午，珠海市1000多户家庭，近2000人相聚在蓝天碧海、青山绿水的香洲野狸岛，参加“春游绿道，万家同乐”主场活动，以充满活力的精神面貌迎接新的一年到来。

“砰！”活动鸣枪起步。

便捷、环保、休闲的绿道游，丰富了各个家庭和市民朋友的生活，提升身心健康水平和幸福指数。

元旦小长假，绿道游成为珠海最热门、最生态的假期节目。

据香洲区城管部门统计，建成的海天、珠澳及香山驿站共迎来近2万名游客，人流量创珠海市绿道开通以来的最高纪录。

走访海天、珠澳及香山三大驿站，发现三大驿站都完善了单车租赁等便民服务网点。在绿道举行主题活动，成为不少社会团体最热门的选择。

香山驿站里山地极速车道、风筝放飞区及健身休闲区人头涌涌。游客中有不少是来自深圳、中山，还有湖南等地的游客。

“香山驿站最具人气！”香洲区城管局负责人说，作为珠海绿道示范段建设的海天驿站相连高新区绿道而与野狸岛相接，知名度最高，尤其适合举行大型主题活动。位于情侣南路南端的珠澳驿站仅与澳门一水相隔，独特的地理位置成为外地游客到珠海的必到景点。

## “好耶！田野骑行，特别的享受！”

斗门举办“自行车绿道行”活动，300名市民乡间田头骑行，又成一佳话。

这天，省立4号绿道迎来了300多名市民骑行。他们从黄杨山下的西湾驿站出发，边休闲健身，边欣赏乡村美景。市民大赞，“活动环保又健康”。井岸市民黄大叔兴奋不已，挥手喊着：“好耶！田野骑行，特别的享受！”

这条省立4号绿道获得2011年度“广东省十佳绿道游线路”荣誉称号，借此活动与市民一起共同倡导环保，推行全民健身。

当日上午9时许，市民在西湾驿站集合后，斗门自行车协会人员来到现场为市民进行特技表演。时而跨越人群飞车，时而表演90度急转弯。接着，神秘嘉宾“单车帝”出场，表演单轮骑车，瞬间调动起全场观众的热情。

300余名市民统一穿上蓝色T恤，从斗门西湾驿站出发，经过1个多小时的骑行，到达御温泉驿站，领略了沿途乡村绿道风情。

## 让“绿风”吹得更远

珠海，这座美丽的花园式海滨城市，这座最早享誉“国家园林城市”、最早获颁“联合国改善人居环境最佳范例奖”等一系列环境建设殊荣的年轻城市，迎来了一个规模浩大的绿色生态建设高潮。

珠海、澳门绿道将在情侣路上牵手，实现珠澳两地绿道的大团圆！

万山海洋开发区以海岛旅游项目开发为契机，奏响了打造海洋旅游度假胜地、建设最具特色海上绿道的动人旋律；大开发热潮涌动的横琴新区，建设具有国际水准、可举办马拉松赛和自行车赛的体育竞技型绿道……

珠海已启动城市慢行系统的改造工作，绿道将与主城区慢行系统有效衔接，届时，市民骑自行车15分钟可进入城市绿道，45分钟可到达省立绿道；全市公共自行车租赁系统即将交付使用，新设置的193个公共自行车租赁点和新投放的5000辆自行车，将为广大市民解决最后1公里的交通问题，为市民上班、购物、休闲、游玩带来极大的便利。同时，珠海海岸绿道在串联延展；珠海规划建设绿道“兴奋点”的有关工作已在有序推进；珠海“制度化”开展绿道活动正在大规模酝酿；绿道的吸引力、影响力和使用率在不断扩大，绿道的综合功能在不断拓展，绿道的社会效益在不停延伸……

珠海绿道，将“绿风”吹得更广，吹得更远！

邓　闪□

# 汕头篇

SHANTOUPIAN

# 幸福常倚绿云边

## 闲暇日子逛绿道

一湾碧水畔两城，十里青山挹三江。

我对绿道情有独钟，经常惬意地漫步在绿道上，已建成的绿道我都逛了个遍，每段绿道都有它的特点，但共同点都和“海”有关，有的是海与城相连，有的是海与山相连，有的是海与田相连，处处展现汕头滨海特色。

我家幸运地与星湖公园比邻，我每天早晚都漫步在星湖公园绿道上。我站在绿道上远眺：南边汕头内海湾的大轮船；东边壮观的海湾大桥、西边现代的礐石斜拉桥，双桥遥遥相望，像双虹凌空，遥相辉映；右前方翠绿峻秀的礐石山云烟袅袅，宛如一幅天然的山水画。稍近处是汕头港一台台橙红色的起重机和排列有序的集装箱。再看眼前：有人优哉游哉地散步，有人疾风似地快步行走，还有的人摇头摆脑地边走边拍手；有骑自行车的、打羽毛球的、打太极拳的、跳健身舞的……显然，各人以最合适自己的方式锻炼身体。

走着走着，远处隐隐约约传来一阵阵悠扬悦耳的潮曲弦丝，潮剧爱好者在湖那边自由自在地唱着潮曲呢！更有趣的是，在弯弯曲曲的绿道旁的亭榭、石椅、垂柳下、草地上，一对对情侣相依相偎，旁若无人，不时发出甜甜的笑声……一切是那么的甜蜜幸福。

在6.8公里长碧海银沙的南山湾绿道，一边是一望无际的大海，一边是郁郁葱葱的防护林。啊！碧波浩渺、银光闪闪，像白花似的浪花有节奏地翻涌拍岸，汇成优美的多重奏。原生态防护林散发出阵阵绿草香。海滩上，三三两两的游客，有的在拾贝壳，有的在捉小螃蟹，有的在玩水……红白相间的绿道上，一辆辆自行车从我身边掠过，少男少女们嬉闹着、尖叫着。远方是中信幸福农场、龙虎滩浴场、中信度假村、高尔夫球场……绿道两头还联结赤礁岛、虎仔山、东屿、西屿等生态景点，在这里，可看到日出日落……

礐石绿道是我经常去的地方。一天，我约了朋友在蜿蜒曲折的绿道上疾走，时而上坡、时而下坡，我走得汗花漉漉、唇干口燥。绿道两旁的草地上，三五成群的游客正怡然自得地席地而坐，边冲功夫茶边谈天说地，此情景更撩起我的茶兴，越发感到口渴难耐，心想："这时如果能喝上杯茶该有多好呀！"同伴似乎看出我的心思，笑着说："别急，一会儿就让你解渴！"

原来他是有备而来，只见他从背包里取出一块塑料布铺在草地上，接着像变戏法似的从袋里取出袖珍煤气瓶、迷你小汽炉、功夫茶具、矿泉水、茶叶，还有水果、小食，然后动作麻利地点燃小汽炉，不一会儿，三杯功夫茶便摆在我们面前，散发出袅袅茶香，我顾不上矜持端起就喝："嗯，真妙不可言！"此时，这杯茶胜过任何山珍海味。我边品茶边欣赏着天然绿林，贪婪地吸着据说每立方厘米含有上万个负离子的空气，一股幸福感涌上心头……

我回头放眼望去，前面是波光粼粼的内海湾，对岸是高楼林立的市中心，绿道上游客络绎不绝，有花甲老人、有壮实小伙、有窈窕淑女、有天真儿童，他们冒着汗，有的把外衣脱了绑在腰间，看到他们看我们喝茶的馋相和我刚才一样，我理解地招呼从身边走过的人饮杯茶解渴……

我流连在绿道上，油然产生了一种回归自然、超然物外的感觉。我想，随着社会进步、人们生活水平提高，市民对享受低碳生活日益向往。汕头是东南沿海重要的海滨城市、港口城市、粤东中心城市，荣获国家环保模范城市、国家卫生城市、国家优秀旅游城市等殊荣。在这风景独好的美丽城市里，建设绿道无疑是锦上添花、是生态文明和幸福汕头的标志性工程、是实实在在提高市民幸福生活指数的绝妙举措！

啊！汕头绿道，是低碳的绿道、和谐的绿道、洒满阳光的绿道！我走在绿道上，宛如置身于“城在山水中，家在花园里”的旖旎滨海风光美景中……

## 海滨长廊风景美

在全国诸多滨海城市中，汕头是唯一既有外海又有内海的城市。地处北回归线穿过的潮汕地区，有三条直接入海的河流：韩江、榕江和练江。三江汇流，形成独特的景观。而占地57平方公里的内海，则是大自然对汕头的馈赠。汕头与海为伴，汕头山海形胜，汕头得天独厚。

当你站在海滨长廊眺望，眼前是碧波荡漾的海水，对面是郁郁苍苍的礐石山，而连接南区的海湾大桥和礐石大桥，就像两只巨大的臂膀，拥抱着这美丽的港湾；两座大桥又如汕头向客人们伸出热情的双手，欢迎来自四面八方的良朋嘉友。

海滨长廊，一个多么美丽的名字，它寄托着汕头人对自然和生活的热爱，寄托着汕头人对城市发展美妙的展望和幻想。

早在20世纪50年代末，汕头市人民政府就萌发建设海滨长廊的理念。政府号召市民和学生填海，人们的劳动热情异常高涨，人民广场就在人民群众的手中诞生。人民广场南面，有礐石轮渡码头，有游泳健儿展现身手的石炮台海滨浴场，以及老海关钟楼等建筑物，把这沿海的建筑与设施连成一道带状的风景，汕头人民与领导者早就取得共识。

改革开放的春风吹遍大江南北，作为全国最早、五大特区之一的汕头，物质文明与精神文明建设同步前进。80年代，海滨长廊已初具规模，成为汕头的重要观光点。

一天，一辆大型旅游车经过这里，导游小姐带着自豪的笑容向客人介绍道："现在我们的旅游车正行进在海滨路上。有人说这有点像走在杭州的西湖路上，的确差不多。不过这可不是湖，而是海。一个城市靠近大海，不仅气候温润，交通方便，而且本身就是观光的对象。你们看，这片内海，相当于十个杭州西湖那么大。海滨路靠海的一侧是绿化公园，从早到晚，游人不断，是汕头人最喜欢的休息场所，在这里还可以欣赏潮剧爱好者的表演、潮州音乐的合奏。站在这里，眺望大海，心胸感到格外开阔。整个汕头海湾一览无余。你们看，远处是海湾大桥，这海湾大桥是全国第一道跨海的大桥，桥下是妈屿岛风景区，再往外出去就是外海了。大家看，这海滨长廊有许多老树，根须繁茂，显得古朴苍劲，这些大榕树都是近年靠人工移栽的。树丛中还精心布置了许多石雕，有小猴、骆驼、蜗牛、公鸡，还有可爱的娃娃石雕。路北是人民广场和体育场，中间有音乐喷泉，两侧各有一组表现海趣的艺术雕塑，造型别具一格。你们看，那群孩子，抬着巨大的海螺向海边走去，水从海螺壳里哗哗流出来……”

导游小姐说得客人心动，纷纷要求停车，他们要看音乐喷泉，要看大海螺。而更多的人则喜欢站在海滨长廊上倚着栏杆照相，有的以对面的礐石山为背景，有的则以停泊在附近的舰艇为背景。

山静水动，船行鸟飞，不同角度观赏出不同效果。亭廊雕塑，颇为精致，人们来到这里，吹着轻盈的海风，听着轮渡的船号，尤感亲切。

海滨长廊东西两段各有特色，风格鲜明，却能首尾相映，浑然一体。西段以浓荫为主，辟有“点帆”、“听涛”、“观渔”三段连廊和“品海”、“留伞”两组凉亭，以及“小淘气”、“斗鸡”和“浴后”等16组小品雕塑。全段还置有大型天然石组成的石景，种植几十种观赏树，树下铺垫硬砖。东段则以大色块、大手笔的园林造景手法，树木、花草构成了一道绿带，其间配置有亭阁、石凳、石景。

沿堤树木婆娑，繁花似锦，绿草如茵，与金黄色的廊亭相辉映。纵观海面，渔帆点点，南海烟波，尽收眼底。市民来这里晨练，晚间来这里漫步，而游客一到这里，便会长舒一口气，把心中的积郁一吐而光。

以亭廊点题，如“品海”、“听涛”、“点帆”、“叠金”等景点，具有很强的文学性，既高雅又不拗口，雅俗共赏。

20世纪90年代评定的汕头八景中，此处以“长廊观海”命名，被评为“汕头八景”之一。

进入21世纪，随着城市经济建设速度加快，环境污染的问题越来越严峻。2010年8月18日《汕头日报》报道了市委九届九次全会提出“建设幸福汕头”的新理念，这是一个划时代的战略思维，是落实科学发展观的重大举措，在全市群众中引起强烈的反响。要建设幸福汕头，城市绿道非常重要。城市绿道，不仅可以解决环境污染的问题，而且可以把城市的文化、运动、旅游、休闲、养生等功能融为一体，它将悄然改写一座城市的未来。绿道理念早已风靡世界，它能降低城市的热岛效应，改变人们的出行模式、生活方式、消费理念、城市形态、城乡结构，让人们的生活更丰富更健康，最终实现低碳和宜居的生活。“建设城市绿道，提升幸福指数”是全市人民的共识，得到了全市人民的大力支持。

2011年4月25日，市政府审议通过了《汕头市绿道网规划建设实施方案》，我市绿道网规划建设正式启动。汕头绿道的建设，将使市民置身于更加低碳、绿色、环保、生态、人文的城市环境之中，并使汕头深厚的人文底蕴，优越的自然环境和宜居宜业的城市生态融会贯通，更加彰显这座“百载商埠”、新兴特区城市的无限活力和独特魅力。

随着经济发展的脚步，汕头南区已得到进一步的开发，未来的汕头，将在北岸南岸矗立起幢幢高楼，如同香港的维多利亚港湾，向世人展示高度的物质文明。在城市化进程中，绿道更显其重要的地位，这种绿色开敞的空间，兼具生态环保、休闲游憩、保护历史文化遗产和科研教育等多种功能，在公园、自然保护区、风景名胜区、历史古迹和城乡居民聚居区之间，起着重要的连接作用。

海滨路绿道是都市型的惠民工程，自海滨路西堤渡口至华侨公园，途经海滨文化广场、人民广场、体育馆、迎宾馆、市委大楼、石炮台公园、电讯大楼、华侨公园等节点，全长5.2公里。分历史印记、人民广场、海滨画廊、潮韵椰风等部分，沿线将汕头地域文化积淀、独特的人文地理优势、开放兼容的新特区风貌激荡融合，充分展现汕头发展的历史足迹。

海滨路绿道依托海滨风光带而成，而海滨长廊早已在汕头市民心目中留下了美好的印象。在汕头所有的绿道建设中，海滨绿道是最有基础、与市民关系最密切、利用率和承载率最高的绿道。它体现了汕头开埠百年之后成长的年轮。在市政部门的精心策划下，一场海滨长廊重建工程轰轰烈烈地展开。

这条富于亚热带色彩的风光带，廊面拓宽至10米以上，设停车场、绿道标志牌、景观亭、观海平台，增植多种花木，还有涂鸦墙……海滨长廊多姿多彩。

当夜幕降临的时候，海滨长廊更加妩媚动人：整齐的路灯泛着浑黄的光环，月光如同银片从树叶的罅隙间漏下来，一对对情侣在斑驳的月光下寻找人生的美梦。清风徐引，花香袭人，繁弦丝竹，情景交融。又有多少人凭着那白色的栏杆，望着美丽的港湾、对岸的礐石山，幸福与美妙充满心田，连诗人也难以言诉啊！

## 海涛声里听海韵

建立环汕头海湾绿道之后，我又到南山湾，这里是美丽的绿道的一道亮丽风景。海涛声里，我依然还是那么激动，犹蒙一层薄纱半遮羞颜的这方净土，我喜欢她的天然未经雕饰。她让我想到青澳湾，同样湛碧的天、湛碧的海，黄金般的沙滩，还有那滚涌翻卷的浪花，哗哗哗，哗哗哗，声音由远而来，强烈地撞击我们的耳膜；岂止呢，似乎入心而壮，呼应着这涛声海韵，我们的心情怎能不激荡飞扬？此刻，面对这迷人的南山湾，这片处子般晶莹的海滩，人们早情不自禁地欢呼，那些孩子们，青春激情飞扬的男男女女，一派洒脱的天真灿烂，他们脱去鞋袜，赤足大呼小叫地走向波涛翻滚的大海。

毕竟是水乡的子民，身上不免仍有断发文身的孑遗，狎浪与水亲近的冲动，我们是多么的强烈；只是自己年近知命，矫情使自己矜持，总不好也和这些孩子们似的欢呼雀跃吧，于他们是率真的流露，于我即使老夫聊发少年狂，却也不怎么好意思，终归是秋行春令，但这却是我羡慕青春少艾之处。那天，邀我参加这个亲水活动——濠江山水之旅，前已登山岂能放过这回的近水？但还是略略有些踌躇，为什么？听说这回唱主角的是年轻人，不禁自惭形秽，似我这般的老朽混充其中，煞风景的闹了个没趣儿是必然的；可是，我也是有私心的，就是想从这些少年郎身上感受些青春的气息，那健旺的犹带朝露水灵灵的精神，不管如何，都令人感动。自己身上近来是颇觉得有了更多的暮气，十分可怕啊，做什么事情都患得患失，提不起精神。不错，创造需要激情，需要燃烧的火焰，那天他们希望我说几句话，终于我也说了几句，面对这些青春渴望的眼睛，我有些语无伦次，也有些颓然。人生原本就是过好每一天，其中的况味是我们中年之后人们的体会，原本也是真实。我们总不该用冷水去浇他们的热情，但我有些过分残酷了，这是我的错。希望他们不至于因我而有所失望。

说回南山湾，从去冬到此刻，我已来过三次，却仍然激动。这回我是下到了海滩，不远处就是滚涌翻腾的海浪，那些激荡就是海的语言，强烈而绵远，我试图静下心来听她，听懂与否是另外的事，但我得装出一副聆听的姿态，别人看来不免矫情，哪管得了他人？我看海，极目远瞩，追逐那排排叠涌，翻卷而来的海浪，远远的一线，复如巨墙，哦，准确地说是如长城，在自己还来不及多想时，这海浪早排山倒海压过来，巨响轰鸣，浪花迸射并撞得粉碎。记得若干年前，我写过一篇《读海》，写一份感动，一种精神，如今再来写，还能写些什么？不能没有感触，只是感动换成了感慨，有一部电影名字就叫做《岁月神偷》，于我们这般年纪的人，似乎更能有所触动，岁月不知不觉间就偷走了我们许多的东西，如今是“天凉好个秋”了。

不说了，还是坐船去，这就更贴近水了，这回应邀或许是一个无法抵御的诱惑。想想周作人的《乌篷船》，乌篷船是他家乡绍兴日常间的代步工具，甚是风趣。在那水乡的地方，这样的橹声水声，船来船往的招呼声，不急着赶路，就当一种游玩的心情，看岸上的人家树木，鸡犬市井种种，何其惬意；有一种夜航船，客来于四乡八里，带来种种新闻旧闻，那么，于伸足蜷足之际，却也甚是有趣。当然摇一叶扁舟，出没于白鹅的浪花，刺激有风险，似乎就更富于冒险性了。我读后不免有些向往，也曾坐过瘦西湖上的画舫，有茶食，有丝竹鼓吹，却又太嫌贵族味了。漓江的游轮呢，坐在舱里隔着窗儿看，那山水又仿佛与自己了无关系似的。然而，这回却真的有趣，坐一种普通渔船，很朴素，没篷，自己就坐在船舷上，船呼呼地击水前行，天风水色山岚，一览无遗，可谓披襟当风，一路上无边景致目不暇接，多美啊！如果说还有遗憾的，就是这船是机帆船，不如有欸乃的更有诗情画意了，但这也是人心不足啊。这濠江的景色真的如画，船越往前，烟波浩渺，那些小岛，簇绿浮于水面，莹莹绿玉，秀润可人。腥味越见其重了，已近出海口，船开始摇荡得剧烈，海风猎猎，那浩浩大海，充满未知的诱惑，探秘的神奇，但船却回转头来，兴未尽而返，奈何奈何？

由船就想到那些渔民，整日的海风烈日、惊涛骇浪，倒锤炼了他们逢乱不惊的笃定；而由他们又想到了这回去参观的马滘杨氏家庙，这是一个渔民的家族，至今还留下他们捕鱼所乘的包帆的照片：船首漆红，有大中小三帆，两船每每成对拉网。由明中叶至今，四五百年来，这个家族瓜瓞绵延，枝叶繁茂，足迹遍及海内外，已走出传统的捕鱼作业，在多个行业都有出色人物。这堂皇富丽、美轮美奂的杨氏家庙，是维系一个宗族的根。这是一个家族的变迁史，又何尝不亦见证整个潮汕，乃至中华民族发展的历史缩影？

# 心旷神怡绿道美

正是春末夏初时节，田园山野，处处涌绿耸翠，飘香留芳。周末偕同数位文友，穿越曲幽写意的汕头绿道，流连于湖光山色之间，徜徉于小桥流水之畔，让心灵回归大自然的宁谧。

作为一座优美的亚热带海滨城市，汕头依山傍海，江河交错，优越的自然条件与深厚的文化积淀为绿道建设提供了良好的先天条件。依据此地的山水结构、人文景观将绿道分为山体人文风光带与滨海特色风光带，兼顾生态型、郊野型、都市型三种类型，充分展现了潮汕滨海特色风光。今天，我们将畅游各条绿道，去体会幸福的味道！

“山是眉峰聚，水是眼波横。” 踏上山体人文风光带，但觉醉人湖风分花拂柳，引导远处青山来朝，迷蒙烟水轻波微澜，天光云景驻足徘徊。近处繁花似锦，芬芳扑鼻；远方荷叶田田，树影婆娑。云、树、花、山，相映成趣，美不胜收，一派和平、恬静的气氛和欣欣向荣的生机，让人遐想纷飞，尽情领悟，思而得之。

而沿着漫长海岸线延伸的，是滨海特色风光带。闲步绿道，谈笑之间，举目远眺，只见浩瀚无涯的海洋，在明媚的阳光下闪着粼粼波光，以温婉的笑意等待着诗人们的到来。那蔚蓝的水面，晶莹的浪花，喧腾的涛声；那金黄的沙滩，朵朵雪莲般盛开的风帆……都是谱写在天地间的动人诗行，一下子盈满了我们的心……

绿道之上，时而小草摇曳，时而蛱蝶翩翩；时而红砖厚道，时而裸沙屑石；时而华木栈道，时而弯弯小桥；时而洒脱舒展的平整顺途，时而提心聚神的九曲十弯；时而奋力向上的振作精神，时而缓缓而下的宁静从容。漫步于绿道之上，犹如体验人生的高低坦岖、急缓苦悦，别有一番滋味在心头。

美丽的景色吸引着文友们，同行者有的拿着照相机不断地摄取镜头，一会儿又斜倚山石摆摆姿势，让我们把她和美景一起摄入镜头里；有的诗兴勃发，朗声吟诵着“遍绿野，嬉游醉眼，莫负青春”；有的俯下头，俏皮地和小花打打招呼，和小树握握手，仿佛又重回天真烂漫的孩提时光；有的情不自禁地舒展双臂，似乎要翩翩起舞；有的含笑相携着手，走进芳草丛中，与大自然融为一幅和谐的画面……

心旷神怡之余，忘却了都市里钢筋水泥的丛林与车水马龙的交响。我们在山气日夕中陶醉，心灵也在这一刻臻于至美之境。“此中有真意，欲辩已忘言。”这是人与自然的和谐，是生命的感受。幸福的味道，就在这份领悟中慢慢释放，慢慢沁入每一寸肌肤……

喧嚣尘寰，繁碌人生，当紧张的生活节奏日渐黯淡着我们对于浪漫的渴望，当疲惫的脚步在岁月匆匆中穿梭于城市的角落，也许，在灵魂深处，我们仍会怀念着一份幽潭落花的逸致，或是一缕空山鸟语的闲情。感谢绿道，为我们的生命渲染一片生机盎然的绿意。

这次绿道之游，我们尽情流连胜景，品读文化，领略了“湖光山色”、“桃源探幽”、“石林奇观”、“望海听涛”、“山间拾趣”、“雄关映日”、“绿波闲情”、“花道似海”等美丽风光，感受了家乡汕头迷人的人文风貌与优越的自然地理条件，幸福汕头人的感觉再度升华。我们有理由深深相信，汕头绿道会充分发挥生态环保、休闲游憩、保护历史文化遗产和科研教育等多种功能，营造出更美好的人居环境！

生机从此盎然，幸福绿道在心里延伸……

林　璇　钟泳天　林伟光　黄学文□

# 佛山篇

FOSHANPIAN

# 一抹新翠映新城

湖光山色，融入这无尽的绿色长廊。佛山的风景名片上有它，画报书刊上有它，佛山四城三区的百姓心里更有它。它呈放射性延展，一波一波扩大开来，如城市一波一波慢慢漾开的、从心底泛出的微笑……

九曲回肠的绿道高高低低通向远方。在柳暗中遭遇花明，在曲径处见一抹新绿。它极稚嫩，简直是新芽初萌，还没满三周岁，但却又若古老文物上饱经风霜的纹络，一经一纬都带我们回到过去悠长而深邃的沧桑岁月——

经过了多少漫长往昔，那时江不叫江，本地百姓习惯把江称作海。帆樯林立的码头，留下疍家渔民赤脚的足迹和汗水斑斑的咸水歌。湿润的海风吹来陶城南风古灶的烟火，令人想起酷似《清明上河图》的往昔。江潮咬啮着沙滩，一浪又一浪，却也留下红船义军的沉沙折戟和粤剧起义将士的不屈悲号……

经历了多少花开花落，一页页历史犹如一叶叶落叶，随风而去了。而九曲回肠的佛山绿道，充满自信地通向未来——

它是在尊重历史文化的基础上实现现代传承的崭新身姿，是实现广佛一体化的细针密线，是以城市升级谋变理想城市的巧思精构，是“软”“硬”兼施，在低碳中争建粤海最大先进制造业城市、建设绿色佛山的必经之路……

在柳暗花明中享受蓝天绿地，在曲径通幽处品味抹抹新绿，冬日铺暖人肺腑的一地阳光，夏日织沁人心脾的无际浓荫，让这里变成碧城、翠都、绿蕊——它更是通向天人合一的化境，实现人与自然和谐共生的驿站……

绿道，一切的终极，是为通向百姓内心，提高幸福指数，建设幸福佛山——

## 禅城历史长廊游

所谓“道”，《周礼·夏官·司险》语“司险掌九州之图，以周知其山林川泽之阻，而达其道路”，老子说“道可道，非常道”，李白说“大道如青天”。道，连接起点与终点的路径。道上的风景，不仅在于道本身，还在道边的种种。

珠三角范围内规划的六条主要绿道，有四条区域绿道经过佛山。佛山绿道两旁绿意盎然，风光旖旎。贯穿佛山古城内外，将古朴、文化、日渐消逝的古老景观串联起来，利用蕉林、果园、村落、历史古迹、桑基鱼塘这些特有景观，完美诠释禅城的水乡特色。如果说岭南景致是大大小小令人眼花缭乱的珍珠，绿道就是串起颗颗珍珠的那条碧绿夺目的翡翠项链。

以南庄绿道为例，沿途有紫洞古墟、牛尾岗古火山遗址、紫洞古榕树、灶沙公园、南庄生态休闲区、堤外公园、堤田运动休闲公园、东平炮楼、陈氏家祠、招氏五世祠、周围尾湿地公园、上元公园、罗南榕等知名景点。绿道总长度超过55公里。2010年4月底已经建成7公里的环湖绿道，拥有良好的水乡生态，湖体面积达1500亩。绿道同时串联起南庄紫洞村、罗南村、上元村和灶沙村等古村，水乡特色鲜明，又具禅城产业文化特色。

绿道巡游第一站是紫洞村。

该村1261年建村，至今已有近800年历史。据《南海紫洞豫章家谱》记载，“迨至宋绍兴间（1131—1162年），先世讳点，及曾孙讳畲，然后迁居于保昌珠玑里，生子讳福。至孙讳佑，又迁居于南海梓桐乡”，元朝时“梓桐”易名“紫洞”。景观原有“四门”“八景”，如今村貌巨变，但古村肌理尚在。村内原有众多古庙宗祠，惜多遭破坏，近年复建了不少。如罗氏宗祠、潘氏宗祠、刘氏宗祠等，成为社区聚会、节日活动、乡亲联谊的场所。其中三华大祠堂（又称为“罗氏大宗祠”），是佛山市存留的最大的清代祠堂。该祠堂始建于清康熙三十四年（1695年），布局严谨，气势宏大，画檐勾顶，气派不凡，令人叹为观止。

紫洞从古到今有爱树、护树习俗，村委会门前的古榕获南庄“长寿树王”称号，专家介绍树龄应该在800年左右。老榕胸围达15米，依然根枝茂盛，绿叶婆娑。古树见证了古老风俗：当年每逢农历初一、初四、初七是圩日。紫洞堤围有条紫洞墟大街，如今成了旧墟遗址，仍有不少保存完好的民国风格建筑，西洋釉彩窗、雕栏围杆精致如往昔，紧锁的古老木门难掩当日的繁华景象。“当年有柴炭铺、杂货铺、米铺、香铺、当铺、猪肉铺，还有不少茶楼、客栈……”上了年纪的原住民如数家珍。紫洞墟堪称绿道巡游第一站的画龙点睛之笔。

沿绿道继续前行，紫洞大桥下西行约200米处，是牛尾岗遗迹。岗高约40米，为我省重要的古火山遗迹，属市级文物保护单位。牛尾岗由一亿五千万年以前火山喷发形成，当年喷发的纹理仍历历在目，开采面的玄武岩柱是火山标本的极品。牛尾岗近于直立的开采面就像一把巨扇，成千上万的柱子向下撒开，线条优美流畅。

在三个火山口遗址中间，三华祠堂夹在其中。过去疏于管理，遗址损坏严重。绿道建成后，保护工作已提上日程。有人提议设历史文化保护区：把石湾南风古灶、沿绿道的风景区和文物古迹，以及陶瓷城和西樵山景区都囊括进来。这一线路，与规划的绿道走向刚好大致相同。如能通过市民行走绿道，多了解这些自然遗址，加大社会对遗址的重视程度，这该是建设者们最理想的目标之一吧。

## 侨胞回乡寻地标

佛山绿道在东平河南庄段，一高耸入云的炮楼赫然入目。炮楼共四层，外墙为灰砖，四面各有三个瞭望窗，七八个“炮眼”，内部则是传统的杉木间层结构，楼身的灰雕保存完好。背景则是一幅意境深邃的江岸风致图，但见群山蜿蜒、航船星布，凉亭翼然，村居临水，古岸林木蓊郁，雕楼掩映其中。

民国初期，盗贼猖獗，百姓集资兴建了这座炮楼，专防强盗。当地很多老人家从小便在炮楼处玩耍，这里成了他们最深刻的儿时记忆。如今侨乡巨变，很多华侨还乡认不得家乡路了，这座炮楼便成了回乡的“地标”，找到炮楼，离家就不远了。

沿绿道继续向前，是规划面积9.69平方公里的南庄生态休闲区。这里将建酒店、动漫产业园、房地产、商业娱乐项目、水乡文化度假村、水上公园、小球训练基地、游艇码头、风情酒吧街等。罗南生态农庄总占地千亩，以亲水、生态、绿色为主线。观光农业、休闲度假、现代农庄是这里的生态旅游品牌。

罗南河涌有罗南榕，堪称另一个地标：两岸植被依依，古木参天，绿树蔽日，榕荫如画。而此古榕，一树成荫，意境深邃，为过往路人撑起遮天华盖。榕临河涌，绿流蜿蜒，碧水清澈，波光涟涟。盛夏时节，村民们或到河涌游水嬉戏，或坐榕下纳凉聊天。此情此景，非大都市人所能体会。

规划绿道时，历史、自然、现代三方面的景观便被先期考虑，综合在一起，成了绿道之魂。

## 新城幽径 “水绿香”

曾有人抱怨，绿道离城区太远，赏玩不便。而沿东平大桥往南，一条齐整的绿道贯穿河滨，直达佛山新城，算得上方便宜人。

新城绿道长约10公里，规划理念为“水绿香”：

——水，指绿道周边多滨水景观，路似天上路，云似水底云……

——绿，是结合周边湿地植物、绿色无际无绿崖，使生物意义上的绿意和精神上的绿意在这里合二而一了……

——香，则指沿线公园花香四溢，萦绕绿道，成为馨香之路、馥郁之游……

绿道把沿线的水域、滩涂、公共绿地等自然生态资源有机整合到一起，让人在 “不经意”间就完成了运动健身、游憩休闲、品读文化、饱览滨水景观等于一体的“绿地生态游”。

驶上东平河南侧绿道，抬头望去，鹭鸟在河面上点水，渔家在远处撒网，一幅“农家乐”秀色尽收眼底。

往东，相连有活力广场、汇景广场、花卉广场、迎河广场。广场各具特色，引人入胜的乡土雕塑镶嵌墙中。多个健身设施充溢着生命的活力。广场亭台棋布，曲径通幽，美景在在，步移景换。抬头一望，气势恢宏的东平大桥宛如飞龙，在蓝天上腾空而过，昭示人们这里四通八达。

绿道花木常开，195种花树终年常绿。多种植物让四季各呈奇资：春天木棉花开得如火如荼，夏至凤凰木如凤凰展翅，秋初复羽叶栾树胜似春光，冬来腊肠树、大叶紫薇昭示常青……而眼下，桂香如酒，令我们陶醉其间，流连忘返。

骑行在绿道上，忽而蜿蜒小道，忽而曲径悠悠，忽而奋力爬坡，忽而峰回路转。一路闻着栀子花香，不知不觉就进入碧水长流主题公园。一扇扇融入岭南剪纸元素的屏风，使用透景、漏景等造园手法，宛如将公园美景镶嵌其中，花园、绿道、东平河三景同在。屏风一旁的小喷泉哗啦啦地唱起了歌……伴着歌声的远去，各种主题广场已在前方静候。

在这些主题景观广场里，景观墙上布满了佛山传统陶艺、武艺、岭南建筑、剪纸艺术、村落文化等元素，这几乎集合了佛山全部最具特色的文化原色。只要细心看，随处都有文化元素出现，小到每一处步道、栈道、观景台、园建。

东平大桥东的东平河南岸有处低洼自然湿地，绿道刚好沿湿地而过。而今，一个水面接近10000平方米、可容纳2000人同时畅游的露天泳场已建成开放。长270米的人造沙滩和绿化景观，加上免费沙滩排球场，配合绿道骑行、打球、游泳一条龙，骑公共自行车赏完绿道，也可在那游泳，畅享清凉。

按照省立绿道建设标准，绿道附近建了2个停车场，3个自行车租赁点，3个小卖部。为方便市民停车，泳池外额外配建3个公共自行车停放点，对出路边可停放200辆汽车，泳场附近还将建公交车站、公共自行车站及出租车候客点等交通配套设施。抱怨不方便的人越来越少了。

## 花月南源饶诗韵

距绿道不远的大墩村一直籍籍无名，直到新城绿道建起，这个村子才引路人驻足。一边是像朵巨大莲花的体育馆，一边是古色古香的老村古屋。新旧对比越显饱经沧桑，却也越发耐人寻味。

在成片的青砖矮房后看到一座高高的炮楼。绿道将现代与古朴和谐地联结在一起。村里多两三层的中西合璧小洋楼，应建于晚清或者民国时期。其中精美者雕花石柱，堪称美轮美奂。而传统建筑也颇抢眼：梁氏家庙是众多祠堂建筑中比较突出的一座，此祠修建于明崇祯元年（1628年），大墩村的举人梁衍泗考取了进士，为官清廉而得到朝廷表彰，家庙原有一块“圣谕”牌匾，即为皇帝对他的嘉奖，为此还专门建了“圣谕亭”。圣谕亭建在麻石砌就的台基上，正中镶《鲤跃龙门》石雕，步入祠堂者无不肃然起敬。

绿道成了大墩村的新通道。大墩村四面环水，“井”字形河涌将村庄天然分成几部分，小坐于此，感受到小村的古老历史仍然在小河里流淌。桥大多由石块砌成，在石块的缝隙还长出了一些植物，尽显水乡沧桑。河涌围上，石耳长满青苔，见证岁月蹉跎。靠船之用的百年石耳、石级船浦头，挑着扁担的村民优哉游哉地越桥而过。碉楼、花窗、巷子口的闸门楼，向世人诉说着昨天的故事。当小舢板在密如蛛网的河道里欸乃前摇时，便仿佛划回到上一个世纪。

村民说，这里的河网与东平河连为一体，潮起潮落是村中一道别致的风景。村屋多临水而建，茶余饭后，凭栏观鱼，悠然自得。清代诗人胡成俊有诗曰："何事就此卜邻居，花月南源画不及。浣汲未妨溪路远，家家门巷有清泉。"如今大墩也像珠三角其他村庄一样，有着大片工业区，但仍然有那么多古风物能保留下来。新建绿道重新将这一切展现在世人面前，让人感到此诗名不虚传。

## 海寿岛上画中游

海寿岛坐落在南海九江与江门鹤山市之间，岛面积3200亩，号称"南海十大最美乡村"之一，来此堪称"画中游"。

以前的名字是上沙岛，又叫寿亭沙。以前岛上有个私塾，私塾先生李秀才认为岛名不吉利，提议把岛的名字改成了"海寿岛"。

海寿岛最吸引游人的是这里古朴的民风。绿道旁随处可见木船、龙舟。竹篾编织的虾笼一串串挂在树上，形如城市里最新潮的灯罩。海寿岛是一个呈鹅蛋形的江心岛，这只"鹅蛋"在西江孵化了千百年，只有在今日，才破壳而出，变成美丽的白天鹅。

初登岛岸，便可感受到远离都市尘嚣的纯净。一方方池塘在万绿丛中闪光，错落有致。村民挑着担子，满载香蕉，怡然而笑地颤悠悠走过。绿道就在海寿码头前方30米，旁边有驿站出租公共自行车。和城里一样，一小时内免费，超过一小时按时段收费。绿道路面多是柏油路，在那骑行舒适顺畅。海寿岛绿道全程约7公里，正常骑行约25分钟可环岛一周，柏油路面为去年建成。海寿岛绿道环岛一周的奥妙就在于，堤坝环岛一周，绿道就建在堤坝之上，只有自行车和小型车能通行。

正逢三春花季，花儿就开在路边，一路上都能闻到不知名的花香。这里空气清新得简直可以"打包出售"。右边始终是西江水道，江风带着香味拂过，波光粼粼的鱼塘随处可见，惬意无比。岛上绿草如茵。江滨野渡横衬，几叶扁舟静静地随波起伏。阳光下，渔民或悠然垂钓，或挥手撒网。乡间小路或绿树夹荫，或蜿蜒明灭。不时有老农弯腰路边田头侍弄青菜。偶然狗吠高低，鸟鸣互答，孩童的欢笑声，邻里的谈话声，一派田园牧歌景象。乡民散落在掩映于绿树浓荫里的古屋前笑靥迎人，更显纯朴得别有一番风味。一派绿色的静谧让游者大为感叹："这里就是世外桃源吧！"

每年9月尾农闲，也迎来国庆长假，外出打工的人陆续上岛回家，海寿村自己会组织龙舟比赛。岛上原分16个生产队，每个生产队起码有两条5人座的龙舟。赛之前，各生产队会请一些村民代表吃吃饭，聚乡情，发动大家捐款。每年筹得五六万的捐款用作比赛奖金，龙舟赛后，村民聚在一起大吃龙舟饭。如今，划龙舟的人越来越少，反倒环岛绿道上骑自行车的人多了。有游客建议，坐拥独一无二的环岛绿道，这里可以举办环岛自行车赛，利用绿道做出品牌活动。当地政府回应，这个建议非常值得考虑。

骑罢绿道一圈，总想补充点能量。如果你觉得相对隔绝的海寿岛没有美食那就大错了，因为岛在西江上，就地取材大把河鲜任品尝，而且边吃边看，美不胜收。

且看那里：竹篾编织的笼子一串串挂在树上，形如城市里最新潮的灯罩。长在江边的家长会告诉好奇的孩子，那是虾笼，西江虾顺着水流钻入笼子就出不来，成了人们口中的美味。

改革开放初期岛上办过砖厂，烧砖挖泥开塘一举两得，后来砖厂不办了，开的养鱼池塘却保留下来。于是这里有了堪称一绝的、让岛民最为自豪的宝贝："岛上现在全部都是鱼塘，每一方池塘，均可以从西江直排直灌。西江水清澈纯净，水质好，鱼当然就好。"

河鲜佳，"岛鲜"也绝——海寿岛闭塞原始，岛上种过甘蔗，也种桑养蚕，现在开地种菜。这样的菜施农家肥、无农药，吃起来格外香甜可口。这样的绿色青菜一块钱就有一大把。岛上还盛产香蕉、木瓜，不但完全无污染，而且刚刚从树上摘下，村民就用来招待嘉宾，真是上好珍品。

海寿岛的名气就这样吃出来了。岛上的鱼虾、树上鸡、跑地狗，让不少人慕名而来。十几个鱼排散布小岛西南侧，江鱼、江虾、走地鸡大把，价格远低于城里。我们上岛当日，有江对面的鹤山市民专门乘船上岛，为的就是赏西江风景、品河鲜。

岛上物美菜鲜，精神营养也脍炙人口，例如，路不拾遗的古老民风在海寿岛是平常事。

岛上没有太多的访客，唯一的出入通道就是轮渡，治安环境绝佳。岛上有三大姓——李、区、苏，三姓互相通婚，所以没有宗族之争，邻里之间和气一团。村民把摩托车放围墙内的院子里，不用拔车钥匙、不用锁门，没人会担心遗失。一位游客来岛上摄影，把电池落在村口小卖部，小卖部的阿姨自己通过层层关系，骑着自行车辗转终于找到这名游客，把电池送到游客手上，这让游客大为感激。

去海寿岛的渡轮缓缓启程，泛起朵朵洁白浪花，高楼林立的城市被抛在身后，这是一天的开始。回城区，落日余晖洒在江面跳出波光粼粼，让人恍若进入梦境，船渐行渐远，让人不禁感吟：啊，何时再来我的海寿、再来那环岛绿道肆意骑行？

绿道之为“绿”，皆因道两旁绿意盎然，顺带赏鉴旖旎风光。在海寿岛，我又一次感慨：大自然的绿意与精神上的绿意合二而一了！绿道之为“绿道”，在海寿岛上得到完美的诠释。

# 放飞心情千灯湖

南海千灯湖绿道串联沙仔围公园、全民健身体育公园、千灯湖公园、蠕岗山公园并经桂澜路连接怡海路滨水公园，是一条名副其实的公园绿道。

全民健身体育公园位于南海大道与海八路交汇处，桂江立交东北角，面积14.7万平方米。有1个可容纳近万人的中心广场、1个标准足球场、5个五人足球场、12个标准篮球场、2个标准排球场、5个网球场、30张乒乓球桌、3条健身路径、1个滑板练习场等，还有攀爬、舞狮等项目运动专区，是目前广东省内最大的体育休闲公园。

千灯湖公园自不用多说，1300余盏景观灯照映下，湖光山色、绿树溪流。接下来的蠕岗山公园位于南海城区中心，集休闲与游乐于一体，北部景区以水取胜，宽阔的北翠湖游船轻漾岸边，桥廊掩映，垂柳依依。南部以山闻名，秀丽的蠕岗山绿树成荫，丛花争艳，亭台楼阁点缀其间。园内设有山体滑道、休闲游艇、大型水上乐园等多个游乐项目。

人工湖、大掩体、历史观测塔、水上茶亭、柏树茶店、溪流、山上观景塔、南水门、21世纪岛、凤凰廊，湖光山色相辉映、绿树溪流点缀，成了这道身处城市新区的靓丽景观。

活水公园面积13.4万平方米，以千灯湖为核心轮轴，南联东平河，经一环东涌、旧佛平路涌、乌龙涌等进入千灯湖，北延穿越海八路，与汾江河相通，形成一湾“活水”。怡海路滨水公园是依佛山涌而建的带状滨水公园，全长2.6公里，结合碧水工程，在满足水利功能的前提下，恢复河涌滨水的生态系统，自然驳岸，延伸了千灯湖的景观元素进行造景。

# 顺德碧水故事汇

“碧水绕村落，荫下有古屋”，逢简村本就是杏坛镇的著名旅游景区，在这个极具岭南水乡特色的村落里，水道、老桥、石巷、粉墙，行走在这里就宛若捧读一部迷人心性的线装书，水袖般绕来舞去的烟雨风尘，直教人有恍若隔世的迷离。

千年的石板铺就了饮涧的长虹，百年的祠堂记载着人世的沧桑，逢简村的每一座石桥、每一棵老树、每一座古祠，都有着耐人寻味的故事。

逢简村现有古桥3座，其中明远桥建于1266年，历史最久；10间祠堂中最早的建于1418年，百年以上古屋15栋，百年古树10多棵。自明末清初以来逢简村还先后出了10多位进士。

逢简水乡绿道美妙，就妙在它沿着水乡河涌而建，一边流水潺潺，一边绿意蔽日，是条名副其实的水上绿道。古村历史久，流传的故事就多，几乎每个景致都有个美好传说，绿道正将这些传说串联起，纵想古老与现代的“穿越”。沿着绿道，一字排开的有金鳌桥、宋参政李公祠、明远桥、觉妙净院、巨济桥、和之梁公祠、墨庄公园、东岸公园、松鹤李公祠、乐素李公祠等多个历史人文景观。

刘氏祠堂，族人们结婚会在这里摆喜酒，大摆宴席热闹非凡，会暂时打破水乡宁静。迎候宾客，寒暄声、问候语不断。乡情淳浓，给人以安定、富足、温馨的水乡气息。村里常有青砖古屋，有的已沧桑残缺。其中一栋选料考究、设计精巧，历经多年风雨侵蚀已显破旧之态，但主体结构完好。据说屋主当年下南洋谋生，赚了不少钱衣锦还乡他修建了此屋，后来一家人出洋再没返回。

在绿道与三孔桥交汇处，常有一位体魄健壮的阿姨唱咸水歌：“今日出去又攞鱼咧，看见海面有鱼来咧，今日攞鱼真好彩啊，攞到大鱼心开啰……”咸水歌、小渔船，这久违的水乡场景在顺德逢简桥头重现。

从逢简文化广场再向前走可见掘尾龙庙，庙宇不大，却有感人故事。话说逢简古时有个读私塾的学童，上学路上拾到一条小虫，便带回私塾悄悄地喂养。小虫得到照料渐渐长大，但食量惊人，孩子每日带来的饭团竟不够它吃，天黑以后小虫还自己出去觅食，闹得近邻常有小牲口和农作物失窃，后来更夫追踪，发现空中有一团云气飘来飘去，云气最后缓缓地飘回私塾，入内察看，发现小童抽屉里盘着一条粼光闪闪的怪虫，样子很像传说中的龙。塾师大惊，要该童立即把虫放回田野。小童迫于师命，只好捧着小虫到了田野，抚摸着小虫，深情依依地道别。小童盼与小虫日后还能相见，于是拿出刀子在小虫尾巴上刻下记号。小虫也恋恋不舍，缓缓腾上空中，身躯骤然变大，成为一条巨龙，向孩子颔首作别，转身向天外飞去，瞬间天空风起云涌，巨龙不知所踪。

传说龙是在天上的，因为这条龙是掘尾的，所以不能上天，只好在深山大泽藏身。这条龙每次出行，必定伴有狂风暴雨。每年四、五月间，遇到这样天气，乡亲们就说这是掘尾龙拜山。但大风暴雨从不危害逢简地方。传说因为这里有一间祠堂奉祀的祖先中有一位秋江祖（姓梁，元末明初人），他正是当年那个养掘尾龙的学生。每年清明时节，祠堂的神案前铺一层厚厚的树叶，大灯笼挂在庭前树上，人们就说是掘尾龙前来拜祭了，以报答当年养育之恩。

沿着绿道继续往上是巨济桥，这里“御赐桂树、石桥、进士牌坊”的典故至今被村人津津乐道。村里的老人介绍，逢简村村民李昌明在光绪年间中了举人，任海阳县教谕。他进京述职时受到光绪帝赞许，赐其一株台湾进贡的金桂树。此树几经沧桑，但直到今日还未离逢简村。村中还有始建于公元1700年的金鳌桥，据传是村中大儒刘云汉得到康熙帝恩准以北京“金鳌玉栋”两座御桥的风格为参照建造此金鳌桥。至于巨济桥下在动乱时被毁的“进士牌坊”是广东四大牌坊之一，史书虽无记载，梁氏家谱却提到了此牌坊的建造。所有这一切，足见顺德绿道的非同寻常。

## 三水润出长寿绿

想来叫“海”的湖泊不算多，位于三水区的云东海却是一个。

水面宽达万亩，与杭州西湖相当。云东海绿道（1号绿道）正托于这块宝地之上，全长14公里，起于荷花世界，沿线经过南涡涌、云东海大道、砂岗公园、云东海广场、先锋林、白云路、学海路、大学路、基塘村，止于321国道。沿途有“福海无边”、“云海松涛”、“学海绿洲”、“基耕村读”四个驿站及八棵松休息平台。

笔者游走云东海绿道那天，天空小雨如烟，路面稍显湿滑。好在绿道上铺的自行车道专用橡胶粒，吸水又防滑，极舒适平整。骑车放眼望去，水天一色的云东海烟波浩渺，细雨沙沙，颇有“秋水共长天一色”的意境。

沿绿道行进，玩水还能赏山。转眼进入云东海砂岗公园，这里绿道偏不走“寻常路”：依托丘陵、缓坡，让人体味登山的韵味。阵风吹过，古松作响，漫山杜鹃，落英缤纷，真是至美感受。

14公里绿道，“不经意”将云东海做了整体提升，绿道建成后，市民发现，人行道拓宽了、山林绿道增加了、沿线树木更绿了，绿道更添山林野趣。

而建设者回忆起来，当初如何将这段绿道打造得更绿意盎然、更亲近自然、更回归生态，他们着实费了番脑筋。省立绿道云东海段提升工程于2010年8月开始动工建设，同年10月全面完成绿道示范段提升。房地产商也看中了商机，周边建设楼盘多了，房地产商强化绿道沿线的绿化建设，增加了绿道周边的景观。如丽日天鹅湖花园和高尔夫花园两个楼盘，对学海路周边环境进行了绿化改造，大大增加了学海路段绿道的绿量和美景。

如今的云东海绿道，有了云东海绿色生态长廊、活力运动长廊、人文文化长廊、魅力景观长廊。云东海绿道网规划“环状+放射”的圈层式绿道布局形态，并与慢行系统、水上绿道相结合。一环沿湖路的“水上花环”；二环环湖路的“云海花径”；三环云东海大道、南湖路、三水大道西沿线、云东海大道东延线的 “ 都市花链”； 四环学海路、彩云路的“花林野趣”及放射绿道红云路、引水道、碧云路等路的“幽林绿径”。

省立绿道重点展示段——月亮湖段绿道的前5公里于2011年10月初完工， 2011年中国云东海红牛国际铁人三项洲际杯赛暨全国铁人三项锦标赛就在这里举行。

从珠江西岸开始，江海是不少景点的特色，西起肇庆双龙湖景区，经佛山、广州、中山到珠海，不难发现此条绿道多与水有关。而在佛山境内依次穿过了云东海、三水荷花世界以及东风水库等。与水有关的兴趣点比比皆是。而穿插在其中的田园风光，更是让游人放松心情，感受亲水之美：路过新沙大桥，西南涌上浮萍点点，长堤围上绿草茵茵。走出鲁村，转南丰大道，不久便抵荷花世界。

荷花世界，是目前世界上规模最大，品种资源最丰富，集建筑、雕塑、荷文化于一体的专类园林。目前，园内可欣赏到480个珍稀的荷花品种，同时引进了各种罕有的水生植物，更种植了近100种各式各样的奇瓜异果。按不同功能划分为八大游览区，还可以荡舟在荷花丛中，采摘莲蓬、鲜藕则别有一番情趣。置身荷花世界，既可春看“小荷才露尖尖角”，夏赏“风过荷举，莲障千重”，秋览“芙蓉老秋霜”，冬观卧佛意态，也可晨窥如贵妃出浴的“凌波仙子”，日察似少女初长成的玉荷婷婷，晚探暗香浮动的“少女含颦”，夜听波音喹喋的“合欢之湖”；既可与花同眠，独抱幽香，又可静心垂钓，怡养性情；既可欣赏童话式大型歌舞，感受艺术熏陶，又可细尝“荷莲大宴”，品味特色佳肴，更可泛舟采莲，享受自然。每晚固定上演的大型歌舞《荷花仙子》，在这个凄美的爱情故事里，感受荷花的另一番韵味。

三水绿道曾有这样一个规划，沿线注入本土文化艺术元素，绿道两侧及绿道重要休闲区设置文化建筑小品。通过国际招标，利用3年时间打造100尊标志性的雕塑，分布在绿道乃至全区。作为著名的长寿之乡，建设者还计划把长寿养生文化、水文化注入文化绿道建设中，比如福禄寿的雕塑，松鹤寓意长寿，蝙蝠谐音为“福”。通过驿馆题诗、石壁刻字、碑刻展示传统文化，并与岭南文化结合起来，建成一条真正的文化绿道——长寿绿道。

随着生活方式的改变，长寿意识深入人心。在佛山，各区各市都在建“长寿之路”。截至2011年底，佛山共建成省绿道379公里，城市绿道370公里，不少绿道与城市道路无缝对接。同时完成沿线标志、安全设施、环卫设施，绿道有了公共自行车租赁点、驿站、观景平台、篮球场、停车场，佛山新城绿道旁还有全市首个露天游泳池。千真万确把休闲、体育与养生合而为一，千真万确是三水润出长寿绿。

啊！佛山绿道，你让我更加亲近了这动人的新绿！

张学斌

# 韶关篇

SHAOGUANPIAN

# 心中有绿路自宽

## 人能走多远

清清静静的丹霞山。细雨绵绵的丹霞山。云纱轻飘的丹霞山。赤壁锦水的丹霞山。

避开喧闹的省道国道，沿着一条穿越乡村、穿越山林的蜿蜒小道，信步地走着。邀一两位知友，无意探险猎奇，也无心寻胜觅景，就这样走着，在炎夏酷暑，走入山林，走进清凉的世界，这是人生一大写意。

旅行，其实是一种心情。

树无声，草无声，无声里透着温和的笑意。这叫桉，那叫槭，还有紫箕、玉竹、观光木、伯乐树、伞花木……同行的朋友对植物颇有研究。他不仅告诉我这占地面积有180万平方米的丹霞山自然保护区有数以千计的珍稀植物，而且边走边教我辨认着、轻轻地呼唤着路边植物的名字。

此时，眼前这山林不再是寂静而单调，因为我感觉到每一个名字下都跃动着一个活泼的生命。我心里油然而生一种漂泊多年的游子回到故乡的情绪，那多姿多彩的植物叠印这一张张似熟悉又陌生的面孔，沿路走来，童时的玩伴、少时的学友、邻居的嫂子、村头的大爷似乎都在身旁走过，似曾相识又素昧平生。

也许，你已离家多年，记不起一些面孔，而更多的新面孔使你陌生。但没关系，回来了，回到家园了，一切可重新开始，失忆的会恢复，陌生的终究会熟悉。这里，每一株草，都是你的亲人，你不妨洗涤心中的凡尘，平静而热烈地与之对话，你会得到很多很多。

这时，朋友指着安静漫长的小道，忽然问："你知道你脚下的这条路吗？"

"丹霞山我来得多了，不就是夏富古村的村道吗？"

"现在是绿道了。"

"哦，绿道。"

朋友又幽幽问道："你能走多远？"

我踌躇了半天，回答得很折中："那要看什么路，怎么走了？你呢？"

朋友看看天，说："绿，意味着生机，在绿道上走，能永远走下去。"

我默然。幻觉中一幅夸父追日不及、挥杖化作邓林的图画。

邓林之下，是没有尽头的路途。

## 绿道从"心"而来，往"心"而去

粤北似乎并不缺路，从古至今对路的急切渴望，带来了各形各样的路。

翻开中国地图，绵延起伏的南岭山脉起自云南，东入贵州，再折向广西、广东、湖南、江西、福建等省边界而直达于海。其间，山体雄浑，岭岭相接，尤以大庾、骑田、都庞、萌渚、越城诸山岭最为著名，统称“五岭”——中国江南这一最大的横向构造带山脉便筑起了一道天然屏障，成为长江水系与珠江水系的分水岭，构成了山峰林立、山谷纵横、云蒸霞蔚的自然景观；同时也无情地阻隔了岭南地区与北方中原的交通往来和文化、经济联络。

这不仅使岭南、岭北的气候、温度、湿度、植被有别，而且在文化、风俗、语言等方面也形成明显的不同。可以说，南岭的存在，使岭南地区与中原地区相对分离，形成了富有特色的岭南文化。

数千年来，岭南岭北的人们都渴望穿越南岭、打通一条连接南北之路。

于是，那万里巡行的舜帝，好不容易沿着崎岖山道得以翻越南岭后，欣喜地在韶石山上奏响《韶乐》。

于是，那征战万里的汉代伏波大将马援，率兵马冒险踏入“南蛮”之地，不禁留下无限的感叹：“滔滔武溪一何深，鸟飞不渡，兽不能临。嗟哉！武溪何毒淫！”（《武溪深行》）尽管如此，从湘南顺武江而下还是成为了一条运载水道。

于是，那东汉桂阳太守卫飒，毅然决然地组织官吏和民众，开凿了第一条从岭南通达京城的上京古道。

于是，那唐代贤相张九龄秉笔上书朝廷，并亲临一线指挥，修建了被誉为“海上香药之路”的梅岭驿道。

…………

这一条条路凝聚了多少代人的汗血，寄托了多少代人的希望。

然而，由于南岭无数道大山大河的阻隔，通向南岭的“坦途”一直就是个梦想。

到了近现代，汽车、火车的轰鸣声开始在南岭山谷中回响。1936年，粤汉铁路的全线贯通，韶关成为广东省第一个拥有铁路的城市；而1957年，被称为南北大动脉的京广铁路的贯通，更奠定了韶关作为南北交通枢纽的重要地位。

伴随着20世纪的阳光，穿越南岭的京珠高速公路、京广高速铁路相继建成。它们像天边两道绚丽的彩虹，起舞翩飞，连南贯北，展示着南岭的浩瀚气度，书写着岭南文明的瑰伟神奇。

从古到今，粤北对路的建设也在不断兑现梦想中的渴望。

然而，随着道路的越来越多、越来越快，城镇化的步伐加速，大自然与我们的距离却越来越远，人在高速运转中变得浮躁……

于是乎，某一天，我们幡然醒悟，能否让自己慢下来、停下来，好好想一想，一个健康的人，不仅是在扮演官员、商人、医生、法官、教师、军人、学生等多种社会角色，而且首先是父亲、儿子、丈夫、朋友等自然角色，我们要从一个依赖汽车、火车、飞机四处走、日夜奔忙的社会人，回归到一个依靠双腿的力量自主行走的自然人，后者驱使我们回到自然，回到本真，回到纯朴和谐的世界。

一千多年前科考及第应召入宫的曲江人张九龄，沿绿荫遮蔽的古道从曲江启程北上，经乐昌、郴州、耒水进入湘江，沿湘江进洞庭湖入长江，再沿长江向东绕入大运河，辗转到达洛阳，用马车、船运加上步行，昼行夜伏，前后走了29天，用整整一个月的时间才能到达当时的国家首府东都洛阳；深感路漫长误时光的张九龄大概做梦也想不到，一千多年后能用三百多公里时速当做生活速度的后人，渴望的却是用脚丈量距离的速度来生活，时代进步的本质开始还原到人本身。

人是如此，我们的城市、我们的家园也是如此，当工业化、城市化像摊大饼似的侵蚀、扩张到我们的生存环境时，我们渴望寻求一条回到绿野、回到自然、回到童真之路，于是，应运而生的，就是让人耳目一新的绿道。

而此时，“和谐”、“幸福”成为高频词，“建立和谐幸福社会”被列入政府的工作报告。对于普通老百姓来说，和谐幸福不是社论，也不是口号，是穿得顺身，吃得顺口，住得顺心，看得顺眼，走得顺路。

我们送行时爱说“慢慢走”，本质上说的是走得顺。绿道就是让你慢慢走，让你走得顺。

道由心生，道往心去。绿道又如何不是这样的来去?

## 丹山碧水　绿野韶风

这是一个能点得燃空气的夏天，朋友打电话约我，说带我去一个能感受“丹山碧水，绿野韶风”的地方。

“丹山碧水，绿野韶风”意境独特而富有美感，一下子抓住我的心。

朋友开车来接我，并告诉我上述八字其实是韶关市绿道网规划的总体意象。我当时并不知道绿道是什么概念，望文生义地以为，绿道即绿色道路也。

朋友是个爱骑自行车的“骑友”，职业则是城市建设的规划师。他自小好为人师，不放过任何“传道授业解惑”的机会，边开车边给我“科普绿道”，这才让我知道珠三角这两年正在如火如荼地大搞绿道建设，幸福指数随之节节攀升。我能理会他说的这种幸福指数，不是新闻报道不是领导讲话，而是大家走进绿道时自然而然的叫好，珠三角的亲戚已经在电话里问：“我们这儿有绿道了，你们哪儿呢？”说这话时相当的自豪，我很想回答说韶关的很多路天生就是绿道，一开始就处在绿色包围中，当然没说出来，我知道绿道是有规范标准的。发达的大交通体系一直以车为本，而追求舒适的人则选择远离大交通以求清净，绿道的出现才让人与路与交通成为相依的唇齿。看来绿道首先在概念上与人亲近。

朋友很得意，因为许多韶关人尚不知“绿道”为何物时，他已在2010年春参与了韶关市绿道网建设总体规划的编制。年末市政府成立了一个专门的协调管理机构——“绿道办”，设在市住建局。

朋友把本次规划的理念概括为：“衔山萦水，游龙串珠，枝脉渗透，绿野盈城。”我夸道：“就冲这十六字，便知道你们这群规划师不是‘冷血’的设计机器，还是懂诗情明画意的‘诗文人’。”

朋友经不得我夸，要给我讲解这十六字的含义，还说韶关的绿道规划中共要规划7条绿道，总长度达370多公里。我连忙叫他快打住，拣重要的说。朋友想了想，说：“这么跟你说吧，我们韶关有两个世界级的品牌，一个是禅宗祖庭南华寺，一个是世界自然遗产地丹霞山。我们规划1号绿道时首先就把这两个点连接起来，重点展现以丹霞山为代表的自然风光和以南华禅寺禅宗文化为代表的韶关历史文化底蕴。这是条主线，从北到南，线路走向为：丹霞山—芙芷坝—罗江—狗狮滩—湾头村—腊石—莲花山—埝菇山—石背山—曹溪温泉—宝林山—南华寺，再向南沿106国道至从化，与珠三角2号区域绿道对接。”

朋友怕我不理解1号绿道的意义，强调说，1号绿道是一条丹山禅韵观光休闲绿道，它是整条绿道网的主骨架，随之衍生出2至7号绿道，从而形成“一环两横三纵，三江六岸”的结构。

那天很奇特，城中阳光如火，暑热灼人，进入郊野，天却忽地阴起来，下起了毛毛细雨，飘飘洒洒的，在崇山绿林上飞动，凉爽的山风扑面而来，沁入心脾，那感觉像是去听一场高雅的音乐会，步入场池的瞬间，外界的燥热被关在门外，宁静的乐曲渐渐地升起，净化着人的心灵。

我没心听朋友细说“规划”，打断说：“规划规划，在墙上挂。你把韶关的绿道规划得这么好，究竟实施了没有？”

朋友笑道：“别急呀，感受绿道，首先得放‘慢’心情，现在不是时兴说慢生活吗？告诉你吧，2010年4月，就在我们在制订绿道规划时，市领导便决定，率先在韶州公园内启动第一条绿道建设，给全市绿道建设起个示范作用。”

朋友提到的韶州公园，原叫沙湖公园，那里有山有水，20世纪80年代曾建有游乐园，曾留下我诸多回忆。近几年，市里对它重新规划、建设和美化，改名叫韶州公园。但我已好久没涉足其间，自然不知道那里有什么绿道。

朋友说，按照规划，韶州公园绿道示范线总体功能定位为“都市游憩休闲之道”。之所以选择韶州公园，是因为这里有山有水，环境优美、空气清新，而且公园周边交通便捷，可以有效辐射到市区。最为难得的是，市园林管理处在具体施工建设中，宁愿绕道，也尽可能地不砍山上一棵树，不破坏山体原有结构，让绿道蜿蜒前进，自然而然地穿越山林，亲近湖泊，这不仅保留了原本的生态景观，而且使市民的休闲生活融入广阔的绿色生态空间，真正体现“绿道”的理念。

朋友建议我没事时，可到韶州公园去体验那韶关第一条双环绿道。所谓“双环”，分别是指环沙湖亲水休闲步道、环山自行车健身道，既可步行，又可骑自行车，绿道沿线种植约5000株乔灌木，让人在城里就可以体验山林漫步之感。

我被他这么一“点”，眼前幻化出这样一个画面：黄昏下的韶州公园安详、宁静，远处，青山剪影，夕阳西下；近处，碧水荡漾，和风吹拂。后来我特地在一个下午去韶州公园拣一段绿道随意走着，天上的太阳和心中的太阳一样静。

韶州公园的环沙湖绿道虽然不长，但因为强调在绿道上人是第一位、机动车不得入内的使用秩序，体现了对人亲近自然的敬重。韶关市民突然觉得，在车水马龙的现代生活背景下，绿道让人有了行走的尊严，也就有了不慌不忙的生活。绿道成了不慌不忙的标志。

汽车在五里亭省委机关旧址旁停下，由于我一直致力于粤北抗战历史的研究和创作，这个地方我是再熟悉不过了。

1938年10月，广州沦陷，韶关成为战时省会、华南抗战的中心，新成立不久的中共广东省委机关也迁到韶关，继续领导全省的抗战斗争，留下了许多可歌可泣的事迹。弹指间，时光来到2009年1月15日，在这冬阳如春的日子，中共中央政治局委员、广东省委书记汪洋到韶关考察调研。他了解到抗战时期广东省委、粤北省委曾在韶关坚持斗争的事迹后十分感动。当获悉当年的省委机关办公旧址年久失修，他立即指示做好旧址修复保护工作。他指着内墙的裂缝说道："省委旧址要保持原貌，不能全部搞成新的，甚至墙上的裂缝、灰尘，都要好好保护起来，这是历史遗迹，要让后人知道，当时的省委是在怎样一种艰苦条件下，领导人民抗战和与反动派作斗争的。"

汪书记的"点题"，激活了人们对"红色历史"的记忆。韶关上下闻风而动。2010年7月1日，中国共产党成立89周年，新修复的韶关市五里亭、始兴沈所红围和南雄瑶坑村三处中共广东省委机关旧址对外开放，为人们全面认识抗战时期的中共广东省委提供了一个平台。

不过，我弄不明白的是，这里与绿道有什么关系？

朋友笑笑，指着广场边一块黄蜡石说："瞧，那里不是刻着"韶关绿道”四个大字？”这正是丹霞绿道的起点。说到丹霞绿道的缘起，还有这样一个故事。

2011年，对韶关来说，第一件大事就是承办第七届广东国际文化旅游节。在此之前，广东国际旅游文化节已举办了六届，主会场均在广州市。由此，汪洋书记提议，将第七届旅游文化节放在广东旅游大市——韶关市，其意义不言自明，韶关自然举全市之力而办之。正当全市紧锣密鼓地筹办旅游文化节时，汪洋书记又指示，韶关山清水秀，旅游资源丰富，办旅游文化节不能没有绿道。这给市里的决策者提了个醒。是啊，韶州公园绿道尚是试验性质的，严格意义上讲，还只是一条公园道路（parkway），还不算真正的绿道（greenway）。此时已是2011年春天，而旅游文化节定在秋季开幕。

怎么办？没有绿道肯定得赶紧建，只是，此刻别说设计图纸，连绿道选点都还没定下来。但中国向来不乏“特事特办”“超常规办事”的路径，市主要领导果断拍板，要求各部门全力配合，快速选点，边设计，边建设，简化程序，一路开绿灯。

那么，又该从哪里下手，建设一条真正代表粤北文化、富有韶关特色的绿道呢？决策者、设计者、建设者们都不约而同地想到了丹霞山，这可是韶关也是广东目前唯一的世界自然遗产地——中国红石公园。新建绿道的终点自然应是丹霞山。

但对于起点，却出现了不同的观点，有的说，应是韶州公园，这样可以把两条绿道连接起来；有的说，应是风采楼，它是韶关市的标志性建筑；有的说，应该是黄金村大桥，那里施工最为便利。最后市领导综合了各种建议后高瞻远瞩，一锤定音——起点应该是新建的杜鹃公园，那里是抗战时期中共广东省委机关旧址，被称为广东省委的“祖屋”。绿道以红色历史文化为起点，以红色丹霞自然景观为终点，从红色到红色，特色鲜明，地域特征浓郁，线路结构包含了林荫山道、沿江堤坝道、田园乡村便道、景区专用通道等多个内容，非常别致，综合起来看，意蕴丰富，意义重大。大家拍案叫好。

新建的绿道被命名为“丹霞绿道”，起始杜鹃公园（五里亭省委机关旧址），穿行于丹霞山风景名胜区内，终点为丹霞山北门，全长约48公里。途经多个村庄，一路可观赏游览丹霞田园风光、夏富古村落以及矮寨、马头寨、川龙岩、田螺寨、一帆风顺、童子拜观音、上天龙、仙山琼阁、竹筏漂流、姐妹峰等景观，它以突出生态和郊野为重点，重在体现丹霞山风景区和沿线农家生态、郊野的特点，同时兼顾沿江自然景观特色，一路湖光山色美丽如画，是一条宜骑宜游宜玩的郊野型生态绿道。

当规划方案汇总到了市绿道建设领导小组办公室时，“绿道办”站到了一个全市绿道管理协调的位置去统筹协调这个全新的建设计划。说它全新，它又要在兼顾现有的从山路到国道各级“旧”路面，但它自身的路面及沿路相关设施的构成方式又独具一格，牵涉的点面很多。从部门投入的范畴看，它囊括了发改、规划、财政、城管、住建、林业和绿道归属的县区，是一项不折不扣的多系统工程。

从建设角度看，这条绿道是深入丹霞山腹地之路，沿途要穿越众多的乡村、河堤、山谷、高坡、丛林，地质条件复杂，施工难度较大，不少地方还不通车，只能靠步行。由于时间紧，任务重，工程被分为两部分同时施工，其中，从杜鹃公园到芙芷坝一段约25.6公里，由市园林管理局负责，其余的路段由丹霞山管委会负责。

市园林局负责人回忆说，工程正式开工已是8月5日，要求在10月25日无条件完成，这是一件铁任务，大家都感到压力很大。正是一年中最热的季节，室外气温高达40摄氏度，时晴时雨，大家起早贪黑，日夜赶工，从凌晨5点多起床，一直干到晚上七八点钟。

这次修建绿道，理念很明确，节约、低碳、高效，尽可能地利用原有的乡道、便道，按绿道的标准进行规划、建设，不拆迁，不征地，把原来不通或被破坏的道路修复、贯通，方便沿线村民出行。在建设沿线驿站等绿道辅助服务设施时，尽可能利用沿途可利用的固有的农庄、商店等，如芙芷坝驿站利用的是当地人新开的饭店而建，开心驿站则建在附近的三雄开心农场内，分别由饭店、农庄的老板管理，取得双赢。附近乡村还可以根据自身条件开设农家乐庄园，让绿道带动沿途经济。

由于丹霞绿道是旅游文化节的重点工程之一，市委书记郑振涛、副书记林耀明等领导带领有关部门的负责人亲自骑着自行车沿线考察，现场办公，解决建设中所遇到的困难。市委常委、副市长张志才本不是分管城市、交通基础建设的，而是分管农林水等方面的，在建设浈江防洪堤坝时，他想到了绿道建设，主动要绿道办的同志到他办公室来商谈，要求防洪大堤要建设7公里长的亲水平台，把它列为丹霞绿道的一部分。

10月26日下午，韶关市委书记、市人大常委会主任郑振涛在副市长尚伟、市直有关部门负责人以及丹霞山管委会主任黄大维的陪同下，从杜鹃公园出发，对丹霞绿道的建设情况进行调研。郑振涛在调研中指出：市区到丹霞山的绿道是我市休闲旅游的重点项目，把这条绿道建设好、完善好，能够丰富我市旅游资源。绿道的建设要结合丹霞山西南片开发，带动当地农民发展旅游业。各有关单位要加快推进绿道建设，加强沿途各种配套设施的管理，科学布局驿站和道路指引，并严格控制和规划好沿途的建筑，保护好原生态的自然风光，形成有特色的休闲旅游，增强韶关旅游的吸引力。

正是由于各方面的支持，丹霞绿道得以按时贯通，确保了2011年广东国际旅游文化节的顺利进行。

# 体验狂野型丹霞绿道

正是五月初夏，动植物繁殖生长正盛的季节，走在林间山道上，眼前是一片绿肥红瘦，耳边是啼鸣婉转，兴兴旺旺热热闹闹的，让人感受到大自然生命力的强大与美丽。朋友边开车边介绍，说：百闻不如一见，我们还是从起点出发，一路感受丹霞绿道的迷人之处吧。

越野吉普车在弯曲的山道中疾行着，两边密集的树木，以不同的姿态站立着，迎接着我们。

我刚看了《青年文学》中的一篇小说，小说里的一个孩子认为，每个人其实都是一种植物，都有一个名字，你是伯乐木，我是观光树，他是广东松。我觉得挺有理。在大自然中，人和动物、植物，应该是相亲相爱的，有一种“亲和力”维系着。认识到这点，人才不至于去破坏生态，伤害自家的兄弟。一个资深记者说得好，一种动物或植物，不论其多么微小，不惹人注目，但它们本身就是一个小小的宇宙。今天，一个科学家所要进行的工作，很可能被从前的一条小虫用更先进的、更廉价的、更没有污染的办法完成了。而这条小虫又极有可能被我们某个早晨一个不经意动作毁灭了。我想说明的是，人和他周围的一切都应该是相亲相爱的。

山背后有人家。透过树枝叶缝，只见路边的山脚下散居着一个个村落，黑瓦泥墙，木楼灰面，沁露着某种质朴、简单而贫乏的生活。我正遐思着，汽车拐入一个岔道，穿过一排泥墙瓦面平房，停在一个半山坡。这是黄竹村，在这里有个绿道驿站。

黄竹村虽说只是村道边的一个小村庄，却位于鹧鸪石和萝卜岭前往丹霞腹地的交汇处，又是丹霞地貌区与南岭丘陵红土区的分界地带，到了黄竹村，往前看就是一片典型的丹霞地貌了，连下一个村寨的命名都是典型的丹霞式的：矮寨。丹霞的很多山头都以寨命名：巴寨、小寨、马头寨、田螺寨。在这里设个驿站，有点地理分水岭的含义。

朋友说，黄竹村村委会支书唐月英是个思维敏捷的女同志，她听说这一带的绿道可能要设置驿站时，首先在意的不是搞一个驿站难不难，而是意识到这是个机会，意识到绿道建设这么个时髦的玩意儿对村里的发展将会带来很好的效应，因而她抓住这难得的机遇，要求在黄竹村村委会设立驿站。为此，她发动农民清理村头乱搭建的窝棚和乱堆放的建设垃圾，主动把村委会办公室的厨房和厕所让出来，作为驿站的配套设施。听说自行车赛队伍要经过村里，她和村民一起于凌晨四五点钟就起床，烧好开水，煮好番薯、玉米和鸡蛋；自行车队经过时，她拉起欢迎标语，组织拉拉队迎候，场面令所有在场者感动。

我一听，感到一个女支书有这样的言行真是难得，想见上一面，谁知不巧，她外出办事了。在驿站，我们却遇到了一支自行车越野队，6男2女，大多数是年轻人。

他们都是野外旅游爱好者，曾组织好几次如此的越野游活动。为首的老张，一米七几的瘦高个，沉着干练，是自行车越野游的“发烧友”，曾创造过只身骑自行车游全国的纪录。他喜欢玩自行车，能像玩杂技般在自行车上玩出好多玩样来，后来干脆在市区开了个山地车销售店，专门为爱好者服务，生意之余就组织“同志们”出来“玩”，所赚的钱全花在“玩”上，用他们的话来说“不会玩，毋宁死”，不管肩上担负着怎样的责任，他们绝对不会牺牲自己的生活乐趣。

“骑客”是绿道的最大受益者。据老张介绍，20世纪90年代末，韶关“玩自行车”的只有百来人，到绿道修好后的今天，韶关的“骑客”已增加到上万人。2010年12月19日，韶关市在韶州公园双环绿道举办“莱斯豪苑杯”园林绿道自行车公开赛，标志着韶关市第一条具有自行车专用功能的绿道正式启用。

2011年广东国际旅游文化节于11月5日在韶关盛大开幕，作为旅游文化节的系列活动，丹霞绿道自行车体验游启动仪式隆重启动。市领导与200多名自行车爱好者参加活动。上午9时，骑行队伍从碧桂园商务广场出发，浩浩荡荡向丹霞山进发。“丹霞绿道行，韶关好心情”的旗帜迎风招展，这种活动传达的当然是一种象征意义，在它的背后是让人的生活也向着更健康、更活力、更自然的方向转变，更多的人选择更加健身的方式投入到旅游休闲活动中。

老张年已不惑，生活方式却让人想起“新人类”这个词。“新人类”是日本作家界屋太一的发明。它指的是出生于20世纪60年代、成长于七八十年代的一代新人，他们没有经历过战争、饥饿和瘟疫，他们受到正常的教育，享受富裕的生活，感受飞速发展的技术文明，他们以不同于父兄的方式成长，以自己的方式影响时代。或许这些“骑客”，即是所谓的“新人类”。绿道也以极快的速度把市民转变成绿道人群。

我原本到郊野是想避暑，享受一下“绿野韶风”的，没想到在这里与这些“新人类”来一次全接触。观察“新人类”的“疯”，这很容易让有过插队、参军等经历的人想起那种不分彼此的集体生活。不过，“新人类”对这种集体生活已不存在那种乌托邦式的情结，他们把乌托邦式内容留在一些特定的情景之中，如一起运动一起做各种好玩的事，他们关注玩的过程是否Happy，但一旦离开这个特定的群体特定的情景，他们对人际关系没有抱太多的日常期待。我从中得到的是一种生活观念的冲击，现代人是矛盾的，既想回归自然又想超前生活与众不同，不定型就是其经典形态。

就像韶州公园的绿道让步行者有了“行走主权”感一样，韶关的绿道让韶关“骑客”第一次有了道路归属感，尤其像莲花山绿道，路面上与“广东绿道”印在一起的，是一辆自行车。

尽管在韶关类似莲花山绿道这样的绿道给“骑客”带来了全新的骑行体验，但对于那些“实力派”的“骑客”来说，像珠三角那样都市休闲型绿道就太“温和”了，难以找到征服自然的兴奋点。这种不兴奋是有理由的，相比起已经“城漠化”的发达地区，制造出一条真正能绿起来的绿道是件很不容易的事情，“绿” 更多的是带着某种象征意义，而对于韶关来说，亲近自然的天然绿道比比皆是。就说四面环山三江穿越的市区，市郊的萝卜岭、古河林场、赤水村、山子背、小阳山、鸡公山、火山、大岗山等区域的路段都是天然的绿道，就更别说长线一些的九峰山、大瑶山、车八岭、北山、深渡水、百顺、南岭国家森林公园、云髻山、称架山等著名的森林路段了。每年都有数百港澳骑客来韶关“骑山”，就因为韶关有太多的天然绿道。他们向政府建议，在规划建设绿道时，考虑一些更加“原生”的路面，让大家有可能体验更“野”的乐趣。

告别“新人类”，我们继续前进，不久就进入丹霞主景区，这实际上也是一条进入丹霞地貌分布区腹地的通道。锦江在道路的左边蜿蜒南下，两岸竹林叠翠，有龙啸云天的上天龙巨峰，有两情相依的姐妹峰，还有形态逼真的十八罗汉、拇指峰、童子拜观音石等。这段绿道穿行于风景如画的景区和村风纯朴的田野，春季稻绿，夏季荷红，秋季果黄，冬季则一片闲适，房舍高低相间，果林山林错落，完全是一幅乡野休闲图。形形色色的绿道行人到了这没有不停下来观赏照相的，连吃饭也觉得选择这样的地方才是养身养眼养心之处。

“一水浮青碧，千峰竞翠微”，这里的声、色、味、光、线、形，这里一切的一切，都透着民族音乐的节拍、中国诗画的神韵。即使是临江的一座座矗立的赤红的山峰，也似一个个恬静淡泊的逸客隐士，或垂江独钓，或采菊东篱，或举杯邀月，或眠琴绿荫，不知不觉间，写尽“万古丹霞冠岭南”（赵朴初诗句）的意境。

丹霞绿道中湾头到黄竹芙芷坝路段，要经过一条漫过路面的溪水——鹧鸪水。

鹧鸪水，一个多美的名字。

实际上这段路是韶关“骑客”最钟情的一段路，它的大部分路段隐藏在竹林和树阴下，在炎热的夏天，骑行在这段路上完全是一种享受，到鹧鸪水这段路则是“骑客”的娱乐路段，鹧鸪水漫过路面约半尺深，胆大的“骑客”往往会加力冲过这段约50米长的“水道”，先过去的会在对面等着看热闹，谨慎点的就脱鞋扛车涉水而过，当然也有意外跌坐“水道”上的，那也就成了大家几天内的笑话。

到了这段路的时候，“骑客”也默认了这样的规矩：以休闲的速度骑行而不玩竞速，这段路穿越萝卜岭、新桥一带的乡村，劳作的村民、放牧的牛群较多，经常要互相避让的。尤其是遇到牛群，牛儿们“牛”得很，两头牛并排就能把路堵死，所以“骑客”只能靠在路边让牛大军先行，这种让步也令“骑客”开心。周日下午还能遇到成群背着柴火回学校上学的学生，这是他们这一周给学校煮饭的能源。这时候的“骑客”干脆停下来，兴味盎然地跟学生们聊天照相。绿道的多种含义里，是不是也包括了这些人与水之间、人与牛之间、人与人之间的自然联系。

## 沿着绿道走入自然深处

从丹霞绿道回来，朋友告诉我，或许丹霞绿道是韶关绿道中的“粗粮”，目前韶关最“精品”的绿道应数韶关国家森林公园内的莲花山景区绿道。它和丹霞绿道一样，同样是2011年广东国际旅游文化节的绿道建设项目，同样赶在文化节开幕前完成。他建议我，如有兴趣，可找该项目的负责人、森林公园管理处的陈伦鹏工程师聊聊。

陈工一直工作在韶关林场，也就是现在的韶关国家森林公园，跟他在山道上交谈时，几乎要用小跑的速度才跟得上他。他告诉我，韶关国家森林公园的前身韶关林场成立于1918年，当时叫中正国营林场，1949年10月后由人民政府接管，1993年6月经原林业部批准成立国家森林公园。全园现树种主要有马尾松、杉木、樟、枫香、木荷、壳斗科等。主峰莲花山海拔山脉层层展开，状似莲花，登峰俯瞰，韶城景色尽收眼底。就像白云山是广州的“市肺”一样，莲花山公园由于地处韶关市东南郊，距离市中心二公里，一直以来就是市民健身休闲娱乐的传统场所。因其保持着良好的森林环境，是韶关市的绿色生态屏障，被誉为“市肺”。现在韶关市人大、政府拟将公园建设成为韶关城市发展过程中的永久性自然生态保留地，并开展以森林生态旅游、绿色生态示范、科普和人文教育为主的生态公益性城市型国家森林公园。

陈工带着我来到莲花山绿道旁的一眼山泉处，告诉我这叫“神仙水”，每天一大早都有不少市民背着大桶小桶来此取水。绿道修通前是少数“知情者”来取水，绿道修通后，所有行山人都成了知情人，来取水的也日益增多，以致现在有时取水要排队等候。

住在山脚的陈工二十年来一直都是“神仙水”的饮用者，十年前还没多少人光顾的泉水，现在因为“养身”和“口感好”而成了稀罕物，经常有上百人上山取水，这个时候就出现了排队取水的庞大场景，对“神仙水”相当有主人意识的老陈也加入了排队的行列。“取水队”一开始就自然生成了一个排队规矩，可以以桶代人排队，排在后面的人会自动把排着队的桶向前移，即使桶移到取水口主人还没到，这个桶也还排在泉边，什么时候主人来了，依然有取水优先权。民间古朴的自然秩序跟当今和谐的发展要求在莲花山绿道是如此暗合。

作为森林公园的工程师，陈伦鹏很为自己的公园得意，早在2006年，韶关森林公园做的未来二十年发展规划中就有“绿道”的影子，只是当时在名词上不叫“绿道”而叫“自然廊道”，参照的模板跟“绿道”的参照系同出一辙。

2011年春，韶关市规划局的四人设计小组受命设计莲花山绿道，其中就有年轻的工程师易天华，说他年轻真不是含糊地把他放在“年轻”这个阶段，而是他真的年轻，才走出学院两年，他就接过了设计任务——莲花山一段6.1公里的环山绿道。也许在一个设计师的履历上，说不上是什么大手笔，但作为广东国际旅游文化节的典礼工程，又是韶关第一条绿道样板工程，它的意义也就超出了这条绿道本身。

绿道在国外的历史已有百多年。从19世纪下半叶出现的把公园连成片的绿道，到今天成为国际绿色运动的绿道，尽管观念内涵在不断变化，但本质却只有一个：让人舒适、方便、靠近自然。莲花山国家森林公园森林覆盖率高达76%，这是最优质的绿道条件，绝大部分路段都处于树阴之下，韶阳楼、华南虎繁育基地、万寿寺、听涛阁、茶亭古道、神仙水等众多人文及自然景观散布在森林之中。莲花山紧靠市中心，来往交通便利，他把这些优质元素通过沥青路面、具有森林特点的木质人行边道、木质栏杆、木质驿站串成了一串绿色的珍珠。建成半年后的绿道，很多生硬的“建筑痕迹”已经被植物遮盖，行话叫“软化”。

黄亚洋在韶关林场工作快30年了，很长一段时间都是在护林、伐木、种树，那时候山上没有可通车的路，上山下山走的全是防火道。那时候也没有负离子、热岛效应这些时髦的说法，只觉得沿着铺满落叶的山路走在树林里特别舒服。韶关天热的时间很长，夏日里出市区办事购物，回来时一走过铁路涵洞后，顿时觉得温度就降低了两三度，人立马舒适起来，那种归家的亲切感和自豪感油然而生。

由于莲花山公园邻近市区，有韶阳楼和广东地区最大的华南虎哺育中心这个卖点，加上这里森林林相完整，林木树种多样，景观林丰富多彩，同时还拥有市区最大的以山泉水为源头的游泳场，这里吸引了众多市民和游客。2011年秋天，一个叫做“绿道”的东西出现在莲花山，也带来了鼎盛的人气，尽管林场成为森林公园后有了来游玩赏景的人，但大都是游客，自从有了绿道后，来的就是行走的人了（韶关人叫行山），一个月的人数相当于没有绿道前一年的人数。据统计，一个国庆节黄金周，就有20万人，而人数最多的一天是重阳节，有8万多人。莲花山绿道可谓是让市民受益最大的绿道。

韶关一位作家喜欢在莲花山绿道“行山”，一部以绿道为故事背景的电视剧也在行山途中产生了，剧名就叫《相逢在绿道》，其中的第一场是这样描述的：

森林公园绿道。

年轻人奋力向山顶骑行。车轮碾过“广东绿道”标志。

绿道旁的泉眼，一老人接水，将一个贴有“2012”标志的水箱固定在小拖车上，登小道，进入绿道。小拖车碾过“广东绿道”标志。

女人拉着儿子的手在绿道上快步行走，年轻人从她身边迅速超过，女人羡慕地看着年轻人远去，儿子盯着山地车，车上贴着一张古鲁姆的大头像，儿子挣脱妈妈试图追骑行者，追了几步就停下了，回头看着妈妈，妈妈开心地笑着。母子俩的脚步跨过“广东绿道”标志。

年轻人与老人相向而行。年轻人下意识地看看老人运水的水桶，老人下意识地看着年轻人的山地车。

母子俩与老人相向而行。小男孩盯着水桶，然后向老人招手。

小男孩："奶奶好。"

老人："小朋友好。"

三人擦肩而过。

2012年5月，这部电视剧就在莲花山绿道拍摄，连故事的选点都没费周折，全是作者"行山"时看惯选好了的地点。

一个黄昏，我独自来体验这里的绿道。

莲花山绿道定位为山地绿道，这在珠三角地区比较少见。它主要由"三站一点一线"构成，从国家森林公园大门口左侧开始蜿蜒而上，沿途设有大门口驿站、听涛居驿站、大荷树古栈道驿站和韶阳楼综合服务点，形成环山绿道线，全长6.3公里。在绿道设计、建设上充分考虑了人性化的一面，如考虑到绿道是盘山而上，坡多弯陡，特地在急转弯处设置了凸透镜，在陡斜的危险地段设置了用芬兰木做的护栏；为保护园区生态环境，一般不允许机动车辆上山，只开通电瓶车提供给需要的游客。

巧的是，公园内新修的绿道正好与当年的古道（又称茶亭古道）相重叠。西汉以前，由于南岭的阻隔，从岭南到中原，一直没有一条能供车马行走的像样的驿道。直到东汉建武元年（公元25年），桂阳太守卫飒才下定决心，组织官吏和民众，开山挖石，开凿一条从岭南通达京城的驿道，这条路从现在广东省英德的浛洸、曲江，经乳源、云岩、梅花（老圩）、关春、管埠、老坪石，至湖南宜章、临武，最终到达西京。遥遥上万里，卫飒所修的是最难行的粤北段，计程160多公里，其中有一段正好经过现在的森林公园。古时的长安称西京，人们把这条通向西京的路称之为西京古道，这其中透露着岭南人对京城、对主流社会和文化的渴望，也揭示了中国的政治经济中心从西北高原向中原迁移。可以说，这条古道，是古时传递和发送信息的"京广高速公路"。当时，西京古道在莲花山山坳建有茶亭一座，茶亭一带残留有不少石刻碑记，这里还是清代曲江二十四景“莲花樵唱”的所在地。可惜，我找了半天，除了发现一段残存的青石路外，只找到一面早已倒塌的残墙，让人嘘唏不已。但绿道又因为它而有了神秘的古韵。

莲花山的顶峰有一座仿古建筑——韶阳楼。韶阳楼是前几年市政府为提升韶城文化品位而建造的，如今成为市区的新地标。我登上五层高的韶阳楼，迎风而立，俯瞰夜色下的韶关城，而脑海中仍然挥之不去的是对绿道文化的联想。

沿着绿道，到山野去，到大自然中去，21世纪的都市人日益接受了这种放松自己绷紧了一周的脑筋的形式；放松身心，投身自然，回归自我。越来越多的人乐意在大自然中重新找回自我实现的信心。野营、探险、回归自然，这些已经不再是人们可望而不可即的事情。

如果说高速公路、高铁让韶关走上了快速发展之路，那么，绿道让韶关走上的是一条舒适之路。市绿道建设办公室工程师丘神曾介绍说，2012年市政府加大对绿道建设的投入，并将建设百芙绿道作为为民办的八件实事之一。

在粤北山区，生态资源丰富，许多优越的山野、人文资源，由于人力、物力、时间所限，仍未被充分发掘。如丹霞地区尚有超过五分之三的地区被遮蔽在绿荫之下，未被人识。又如乳源、曲江的洞穴资源，五指山、大东山、秤架、车八岭的森林资源等，可谓多数量、多层次、多类型。作为一个地区的旅游业，如果单一地保持着一个层次的客源，则其发展的持续性是有限的。如今，不仅在广东，在全国，都在讨论着如何拓宽旅游的层面。而绿道的修建，作为一个低投入、可持续性强、人们心理趋向的结合点，已成为旅游界焦点所在。粤北地区有其独特的资源优势，只要给予认真的考察，耐心的营造，并得到各方面的重视配合，必能形成一个以韶关为中心点，面向珠江三角洲及港澳、海外地区的开展探险旅游活动的大营地。

正是出于上述考虑，韶关的绿道建设，应根据自己的特点与优势，把着重点放在郊野型、山地型绿道建设上。其目的是让人们走进森林，全身心地亲近大自然，普及人们的生态环保意识，锻炼人们吃苦耐劳、团结友爱的品质，培养人们勇于挑战困难、超越自我的精神，以及在探险活动过程中科学、严谨的态度。在一个发展的社会中，这样一种“探险”精神，将是社会持续发展的动力所在。

粤北南岭山区较完整地保存着面积较大、分布较集中、原生性较强的具有代表性的中亚热带常绿阔叶林，是世界同纬度地区极少见的“物种宝库”。因此，韶关的绿道建设，可以和探险旅游结合起来，组织专业人员实地考察，设计出一条“有惊无险”的绿道探险旅游线。有兴趣和有体力的游客，可在专业导游的带领下进入森林腹地露营。

当然，到大山里体验绿道，不仅是“猎奇”，而且是向大自然学习，更重要的是对你生命意志的锤炼和科学精神与集体精神的培养。在我国著名环保记者唐锡阳与其美国籍夫人马霞所著的《环球绿色行》一书中，有一封马霞致大学生“绿色营”的一封信，有助于让我们理解其真正意义：

你们向大自然学习，希望不只是看看奇花异草、珍禽异兽和美丽的风景，更重要的是体验大自然，感知大自然。这需要虚心、细心和耐心。……所以，希望你们不仅仅从望远镜中搜索广阔的景色，还应该调过头来，好好观察一下脚边的小花小草，你们就会被生物多样性的类型、姿态和颜色所倾倒。这些千变万化，无疑都是宇宙间丰富多彩的最好论证。

…………

你们年轻人对世界总是充满着好奇心，其实，这种好奇心我们也有，但被不必要的凡夫俗事所掩盖了。这种对世界的好奇心，总是和灵感创造力结伴而行的；没有这些，世界上就不会有伟大的作家、艺术家和科学家，大自然不仅为我们昭示着奇异，还孕育着真理和力量。

沿着绿道，踏着铺满落叶的路面，我们走向自然，走向真理，也走向我们自己。

马克思在论述“解放”的本质时说：“任何解放都是把人的世界和人的关系还给人自己。”

这位18世纪的哲学老人似乎说的是绿道。

王也笑

# 河源篇

HEYUANPIAN

# 龟峰一望秀苍苍

我喜欢泰山的巍然，黄山的飘逸，华山的险峻；喜欢大海的博大，草原的辽阔，钱塘江潮的壮怀、激烈，万绿湖水的纯美、碧蓝。

但我更爱绿道的宁静、舒坦、安逸，因为她就在我们每一个人的身旁。不管节假日或茶余饭后，不管晨日或夜晚，不管烦恼或喜悦，你都可以驮在她柔软的双肩上，在她敞开的怀抱里尽情倾诉，尽情释放。

每天清晨，当大地刚刚苏醒，我便驾起陪伴我20多年的“小五羊”，从城的深处出发，到文化广场去体味绿道的愉悦。我穿越过纵横交错的路网，在绿道上自由翱翔。时而享受着飞越的满足，时而品尝着优哉游哉的自得。

我从红星路至大同路来到茶山公园，前面就是喷程169米高的亚洲第一音乐喷泉。20年前，这里还是一片荒山野岭。喷泉下游100米处的新丰江岸，便是“一水环城郭，龙津古渡头；招招当日落，泛泛正舣舟”，旧时的龙津古渡，往昔新丰江北岸东埔人与南岸河源城的唯一通途。

我骑着“小五羊”从大同路口进入沿江路往东走，行走在紫荆花树簇拥的沿江路上，左侧是茶山公园、会议中心、市政府，右侧是一年四季清澈见底、碧蓝碧蓝的新丰江。新丰江上游，离市中心七八里的新丰江峡口处，有一座广东最大的新丰江水电站，有一个水域370平方公里、蓄水量139亿立方米、四季常绿的华南最大的人工湖，国家AAAA级旅游胜地——万绿湖和被称为北回归线沙漠腰带上的“东三奇”——桂山风景区。在新丰江的市区段靠岸处的水面上，架有一条从宝源桥—小江桥—东埔桥—珠河桥，足有5公里长的亲水步道。喜爱观赏水的河源人，每日晨起夕落、工余之时，都会漫游在亲水步道上尽情地享受水的清灵，洗去心灵的烦忧。

“小五羊”穿过珠河大桥引桥的桥拱，便缓缓地进入文化广场的绿道。这是一条2010年建成的绿道，西起珠河大桥，沿着新丰江堤，东至河源体育馆，再折入东江岸往北，直至东源县城，全长6公里。绿道的西端是广场的一大片绿岛，有乔木树林、石林、假山、池水和古老的乡村水车。此时已有三五成群的城里人漫步于绿岛的小径上，绿叶如盖的榕树下，有不少老者在练拳或做晨操。江岸边的步行堤道上也有一排一排的晨练者，脸朝江河，或伸臂弯腰，或凭栏远眺，尽情地享受着阳春三月早晨的清新、甜畅。

绿道像一条红色的彩带穿行于广场的树林和绿草之间。绿岛上绿草如茵，林木葱茏。绿道上浓荫遮盖，听不见城市的喧嚣，没有废气与尘埃，你可以大口大口地吮吸着绿叶释放出的新鲜空气，感受着晨风吹来的江河的甜甜滋味。“荫浓烟柳藏莺语，香散风花逐马蹄”，我尽量地控制车速，不时有三五辆车在我身边擦过。绿道两旁，时而榕树婆娑，时而绿椰擎天，时而垂柳依依，时而樟树亭亭。鸟儿在树上鸣唱，花儿随风飘香。

忽然，晨风送来柔婉的音乐声。前面广场中央的舞池中，上百名身着阔袖宽衣白色舞服、腰系红色绸带、手执大红羽扇的木兰舞爱好者，正随着音乐的旋律翩翩起舞。红色的羽绒扇与绿岛上一树树火红的木棉花融会成一道红色的风景线，让人陶醉，让人流连。

2010年，来自全球20多个国家和地区、15个省（市）6000多位客属代表，也是在这片广场，举行了世界客属第23届恳亲大会盛大的开幕仪式。

广场左侧，是市少年宫和艺术馆，还有篮球场、排球场、网球场、门球场等体育设施。

体育馆外侧，是东流的新丰江与南流的东江交汇处，绿道的一个驿站就设在这里。我把车停放在驿站的车场里，洗了个脸，买了瓶水，在此稍作休息。我步出江边，依栏眺望，宽阔的江面上，随着去年渔民上岸定居，已看不到昔日渔舟晨唱。展现在眼前的是“阳春二三月，草如水同色”，满眼碧绿湛蓝的景色，浩渺江水与两江四岸的翠绿染成一体。朝阳慢慢地在东岸梧峰山的山脊爬了上来，霎时，江水由蓝变红，由红变成金黄；而后，江面上泛起层层耀眼的金色纹浪。那斑斓壮丽的景色，让白居易“日出江花红胜火，春来江水绿如蓝”的诗章变得如此亲切。

站在江岸上，水天同一色，心胸豁然开朗，身上的负重和烦恼一下子被宽阔的天地吞噬尽光，脆弱的心灵变得强大起来。

隔江相望，那一边是老城区。在那高楼耸立的江岸上同样有一条建于2010年、5.2公里长的滨江绿道。沿着绿道自北往南走，那是江河、古树、古塔、恐龙遗址组合而成的恐龙之乡的古老河源景象。在那“龟峰一望秀苍苍，塔古参天岁月长；日临宝级影高下，风送慈铃声抑扬”龟峰古塔下，你可以浏览有1.6万多个各式各样恐龙蛋化石、恐龙骨骼化石和恐龙足迹化石组成的三位一体的恐龙博物馆。记得去年中秋之夜，曾约了几位好友畅游滨江绿道，绿道两旁那绚丽的夜景，至今不忘。五光十色的霓虹灯、广告灯、彩灯似千万双美丽的眼睛，交相闪烁，使一座座高大的建筑物流光溢彩，璀璨夺目；来回穿梭的车流，似一串串流动的彩色珍珠，一组组欢快跳跃的音符，使得这座古老而又年轻的城市显得格外美丽动人，生气勃勃。八点一刻，一轮皓月穿透云层，盘在东方的半空，把大地照得如同白昼；一座座高楼上空的万家灯火如同数不尽的星星点缀在明月的夜空，使天地融为一体。原来静寂、辨不清容颜的江水，在明月的映照下露出了端庄、娴静的面孔。建于南宋的龟峰古塔，屹立在东江岸边的龟峰山上，在霓虹灯装扮下倒映在江水中，月光映照着静静淌流的江水，江面上闪烁着层层银光，远处山峦如黛，近处"火树银花不夜城"，水在江中息声缓流，人在绿道信步而行。此种境界，让人宁静，让人思乡，让人思念故亲，令一切邪恶的念头消失。在如此美妙的情景下，我却显得笔拙词穷，就连张九龄的"海上生明月，天涯共此时"，以及唐诗佳句"清风明月本无价，远山近水皆有情"那些绝妙意境也难释其全了。

观完江上日出，我回到驿站骑上车继续前行。这时，绿道已由原来的新丰江河道东行转入东江河道由南往北行走。

东江，这条为香港同胞源源不断输送着生命乳汁，受益于惠州、东莞、广州等珠三角地区，被香港同胞称为母亲河的东江，不仅浸润了河源这块"客家古邑·万绿河源"的热土，成就了赵佗从龙川县令到南越王的梦想，而且还孕育了无数本土精英，人杰俊豪。如，唐代东江第一进士韦昌明；宋代岭南第一进士古成之；明代两广巡抚李焘；清代，以"三十六字"官箴[①]文化传世，遐迩闻名的颜氏"一门三世四督抚、五

① "三十六字"官箴：吏不畏吾严而畏吾廉，民不服吾能而服吾公。公则民不敢慢，廉则吏不敢欺。公生明，廉生威。

部十省八花翎”的颜希深、颜检、颜伯焘；还有“客家人”人文理论奠基者清代进士徐旭曾。东江河源，是太平天国起义将领冯云山、石达开的祖籍地，又是民主革命先驱孙中山先生先祖生活了150多年的入粤始祖地。东江不仅铸就了河源是“岭南文化发祥地之一”，而且培育了河源成为“中国革命策源地之一”。中国革命早期的杰出的无产阶级革命家、人民审计制度的奠基者、中国共产党最早一批党员中的阮啸仙就是东江河源孕育的骄子。河源是中国共产党开展革命活动最早、最活跃的地区之一。东江河源是一块被党史专家谷安林称之为“让人流连的红色土地”。

我骑着车沿东江岸边继续往北行走。江水南流，绿往北移。前面1公里处，一条长虹横跨东江两岸，那就是东江上的胜利大桥。在江的东岸有前几年建起来的一座大学城。

晨风把东江大学城广播体操的播音传到了绿岛，传到了绿道。此时2万多名学子正在大学城那里做着晨操，承载着河源明日腾飞的希望。绿道再往前，广播体操音乐在继续，那铿锵而富于感染力的旋律是那样熟悉而又疏远，但却那么催人前行，催人奋进。

到了胜利大桥，桥下的绿水缓缓南流，岸上的绿道徐徐往北一直延伸。

绿道在延伸，生命在成长，希望、幸福也在成长。

早在2007年以前，河源当时的经济仍处于广东省最落后的地区，被河源人自嘲为“前有标兵，后无追兵”之时，也有不少企业家来到河源考察、商洽，希望入户河源。但河源人不为眼前利益所动，不以牺牲环境为代价换取暂时的发展，始终坚守“绿色崛起”的信念，坚持“既要金山银山，更要绿水青山”的发展方针，自觉肩负起保护好香港和珠三角诸城市饮用水源——东江这一条生命之河的历史使命，先后拒绝了

400多个不符合环保准入的项目落户河源，使东江水质长期保持在国家Ⅰ类、Ⅱ类水平。近年来，河源市委、市政府又大力践行“把河源建设成为山水园林城市”战略思路，在原有桂山森林公园、野趣沟山林公园的基础上，新建了“笔架山”、“梧桐山”、“客家文化公园”、“七礤湖”等山林公园；2010年新建文化广场绿道、滨江绿道、西环路绿道、万绿大道绿道，绿道总里程28公里。根据市委、市政府规划，到2015年，全市要建成绿道404公里。

绿色环境优势，终于造就了河源的绿色崛起。近10年以来，河源在全国先后获得了一系列荣誉和美誉，如“中华恐龙之乡”、“中国优秀旅游城市”、“中国绿色经济十佳城市”、“中国十大特色休闲城市”、“中国生态环境保护最佳范例城市”、“中国饮用水资源开发基地”、“港澳及海外华人心目中最适宜居住和创业的城市”、“中国节能减排二十佳城市”、“中国环境综合治理先进城市”、“全国最具发展潜力金融生态城市”、“全国卫生城市”等。2009年，在中国科学院开展的“中国城市综合增长竞争力”测评报告中，河源与清远、鄂尔多斯三个城市并列第一。

优越的绿色环境，不仅使河源甩掉了在全省经济排位中的“后无追兵”的帽子，使河源步入了经济发展的快车道，还赢得了新一轮经济发展的大好机遇。近两三年来，一批年产值几百亿、上千亿的大企业、好企业纷纷落户河源，使“后发河源”铆足了飞越的后劲。河源人民深信，在第十二个五年计划期间，河源的经济总量翻一番的宏伟目标一定能如期实现，经济繁荣、幸福和谐的“万绿河源”就在不久的明天。

古锦标

# 梅州篇

MEIZHOUPIAN

# 森林围城唱休闲

每一座城市都有她独特的气质，这种气质的养成，不但需要城市硬件设施上的建设，更需要内在软件的支持，那就是文化。梅州的气质休闲悠然，这与当地客家文化的古韵密不可分，所以当你踏上这片土地，会发现她其实并非第一印象那么平铺直叙，她的九转十八弯是需要细细品味之后才能慢慢领会。假如去走走绿道，在不经意的漫步中就能获得更多意外的惊喜。

## 城区绿道　别样休闲

如果把一座城市拟人化，那么繁杂的道路就是她体内纵横交错的血管，只是城市的飞速发展让这些原本健康的血管产生了堵塞，于是绿道这个带着清新气息的线形绿色开敞式空间应运而生，并且很快就像网络一样发展开来，城市在绿道建成之后开始了蜕变。大环境硬件上的提升，赋予了城市更多的思想内容，让她的文化内涵在生态文明建设理念中得以充分体现。

从2010年9月开始，梅州城区便开展了城区剑英公园、文化公园、嘉应桥头儿童公园、归读公园及滨江公园的绿道建设，五条绿道干线形成交错相通延伸的网格，在城市的人流密集区，建成连接各区域、全贯通广覆盖的绿道，给人们提供了休闲康体的绿色通廊。

嘉应桥头儿童公园原有的沿街400米围墙早已经拆除，从桥头拐弯走下来进入绿道，便立刻与车水马龙的鼎沸市声分隔开来，儿童公园的过山车轨道与自行车绿道并行，公园与街道因为围墙的拆除而融为一体。夏季的清晨，天气已经开始炎热，但走在绿道却能感觉到丝丝凉意，透水红砖铺设的小道两旁便是参天的大树，应该是玉兰吧，其浓郁的香气充盈一路。城市管理部门在原有绿化的基础上，增加了桂花、鸡冠刺桐等开花的乔灌木。阳光被树叶筛下斑驳陆离的光影，独自一人步行，沿绿道而下，内心那份安宁令人无比惬意。

道旁是长满绿苔的巨石，还有枝蔓延展的藤萝，孩子们就在不远处坐碰碰车，嬉戏声时远时近，这样美好的园地，太适宜一家三口在周末时前来散步了。而傍晚时分这里更是享受天伦的天堂。走累了，孩子们可以去玩沙子，而年轻的夫妇或是年迈的老人便坐在路边的木椅上，有什么时光会比此时此刻更加美好？时间在这里是放慢了脚步的，没有繁琐世事来纷扰，仿佛是一隅世外园林。

走着走着，便看见一只蝴蝶飞落在路上，忙停下脚步，用相机拍下它颜色瑰丽的翅膀，又不禁担心，它这样悠然自得地在路上休憩会不会受到误伤？不一会它便展翅而去，大约是我的相机惊动了它。只可惜没有骑自行车来，不过在这绿色的便道上，通过脚部的力量，在林间穿行，感受低碳生活的惬意，这其实就是最好的有氧运动了。

梅州是个生活节奏并不快的城市，相对而言也比较闲适，工作之余人们都去找属于自己的运动方式，大妈们往往选择在广场上跳舞，大爷们在旁边打打拳或下下棋，年轻人现在也走出健身室，不再只与器械为伍，而投身于发掘城市美的有氧运动中，他们自发组织自行车的自驾游，或环城骑行，又或骑到更远的县区去。绿道便是自行车旅行的最好去处了。

由嘉应桥头儿童公园绿道走是一条路线，剑英公园的绿道又是一条路线。当我第二次走上绿道时，终于结识了单车一族，与他们一起骑行体验绿道。七八个自行车运动爱好者都是全身武装，戴头盔，统一的运动短打，型号不一的跑车，相约集结在剑英公园绿道边，人一齐便吆喝着出发。戴银灰色头盔的胜武是领队，他车头插一面小旗，冲锋在前，队员们呼啦啦地不甘落后，踩着傍晚的余晖运动去。

领队的身份是一名法官，紧张的工作让他在下班之后选择了自行车运动，队员们的情况大多相似，有教师、公务员、白领，也有在校大学生。我想，不论他们从事什么职业，是什么身份，都是因为热爱自行车运动而走到一起，都是因为热爱亲近自然、崇尚低碳生活而选择了绿道。

傍晚的绿道上已经开始有三三两两的人出来散步，我们则迎着晚风踩车前行。剑英公园原也有长约2000米的围墙，也都拆围建绿了。道路绿化令人耳目一新，还增加了桂花、大叶紫薇、红千层、宫粉紫荆等开花的乔灌木，极大地丰富了公园景观。路面铺设的是透水砖和沥青，绿道标志与设施也得到全面完善，至今已建成长约3公里的休闲廊道，并将剑英公园办公楼侧原来三口臭水塘，结合廉政文化进公共场所活动，建设成“廉政林”。举目远望这片特色廉政林，竟也有了“千里莺啼绿映红”的意境。

令我感到意外的是，途中竟碰见了两位骑行的老人，他们同样全身装配，而且驱车的速度并不亚于我们这些年轻人，只有拥有健康的体魄才能有如此旺盛的精力啊！他们的加入，说明老年人也开始身体力行，参与这项新兴的康体运动了，想来绿道建设的确是一项民心工程，得到了广大市民的高度认同，看来梅州市民已经积极响应号召，积极投身于其中了。

文化公园位于梅城的老城区，一直以来都被厚厚的围墙与外界隔开，里面绿树成荫，鸟语花香，与外面嘈杂的街道、广场泾渭分明。绿道建设以来，城区全面拆除了行政区内有独立办公楼的38家机关事业单位共6000多米的围墙，包括文化公园的围墙，以及往日令人感觉森严的市政府办公楼围墙，拆围建绿使公园变得如此亲近，里面的花鸟与外面的世界相互融合，浑然一体，在机关上班的干部职工似乎就身处在公园中一样，而路人仿佛不是走在嘈杂的大街上，而是行走在绿意充盈的园林中。人们心中的那堵墙随拆围建绿消失了，隔阂也在无形中消失，人与自然、人与人也变得更加和谐，这不正是我们所一直期望与追求的吗？

绕城一圈，回程途经滨江公园，驻足在公园绿道边，观看精神矍铄的老人手拿竹板敲打着唱五句板，什么“竹板打来闹洋洋，一脚踏进猪肉行，今日老板系大方，奔理（给了）猪尾奔（给）猪肠”。这些充满民俗风情的唱词听来却也别有一番风味，看着老人们兴高采烈的歌唱，恍然间有岁月静好之感。

夜晚的公园是休憩散步的人们当主角，信步走去，随时可遇跳“广场舞”的妇女，唱山歌的老人，或者溜冰滑行的后生仔。新建不久的归读公园与滨江公园相似，一到晚上，才是活活泼泼的生活原相，才是尽享天伦的天堂。而今绿道与公园融为一体，骑车之余更能体味真实生活中的客家风情，就像是刚出锅的客家味窖粄，怎么品味都有它独特的筋道。

骑车族一般选择在清晨或是黄昏时分运动，无论清晨还是黄昏都是一天中最好的时光，四通八达的道路，四季常青的绿廊，城区的绿道最适宜于这样短时的骑行，不少摄影爱好者携着相机骑行，把新梅城的人文景致定格在快门中，这也许是对梅城发展的最好记录。

## 剑英绿道　红色情怀

在梅州的绿道版图中，剑英绿道是极其重要的一个。如果城区的几个公园已不能满足你远游的心愿，那么应该来走一走剑英绿道，也就是省道S223线。

省道S223线梅城至雁洋段是我市第一条按一级公路标准建设的公路，全长22.03公里，该路段是梅城重要的红色旅游公路，是梅州城区通往叶剑英纪念园、雁南飞旅游度假村、雁鸣湖旅游度假村和灵光寺、阴那山等重点旅游景区的交通要道。剑英绿道将田园风光、湖塘山色、竹林幽径、农家风情、红色文化融为一体，充满野趣。三三两两的骑车族在空气清新的绿道上前行，沿途丰富的文化景观让绿道成为了客家文化的展示长廊。

说起梅州，很多人都知道叶剑英元帅，很多人也能说出雁南飞旅游度假村、灵光寺等著名景区，但是对她的历史风貌、人文地理又有多少深刻的认识呢？恐怕连梅州本地的年轻人都未必真正了解。所以周末当领队吆喝着去走剑英绿道时，我们都雀跃响应。

剑英绿道宽敞笔直，路面干净平整，绿道两旁或是山丘，或是村落，骑行其中仿佛沉浸在诗情画意中。省道的行车不会少，但并没有城中的拥挤感，而且山中空气清新，氧离子丰富得令人呼吸都充满愉悦，身心在距离大自然这么近的时候才能无比的放松，我们仿佛成为诗行中移动的省略号。

剑英绿道因叶剑英元帅而得名，所以这趟骑行便显得意义非凡。来到雁洋镇，必然去叶剑英纪念园瞻仰这位英雄。对于那个战火纷飞的年代，我想每个人都会有一种红色情结，我们怀着虔诚的心情走进纪念园。

1987年一代伟人叶剑英元帅逝世以后，为了纪念叶剑英同志，政府重修了叶帅故居，并又在故居的左侧动工兴建叶剑英元帅纪念馆，于1989年10月22日竣工，1989年叶帅故居列为省级文物保护单位。原国家主席杨尚昆亲笔题的馆名浑然大气。整座纪念馆为现代园林式建筑，庄严典雅。二楼设有五个陈列室，陈列面积500平方米，展线长135米，分别有照片、题词、文献手稿、办公用具、文房四宝等文物，以5个阶段、20个专题展示了叶剑英元帅光辉伟大的一生。在这里，我们可以看到伟人曾经生活的简朴农舍，触摸到他高尚的灵魂，正如叶帅晚年诗中所抒发的浩然正气："放眼高歌气吐虹，也曾拔剑角群雄。我来无限兴亡感，慰祝苍生乐大同。"特殊的年代虽然已经远去，但这样的红色情怀却是我们年轻一辈最需汲取也是最需坚守的精神高地。

叶剑英纪念园带动起的正是红色文化绿道精品，让走上剑英绿道的年轻人在舒展筋骨之余，还能时时瞻仰缅怀客家英雄先烈，于是被赋予了更深的内涵，它成为提供文化养分、唤起年轻一辈对红色年代记忆的一种方式。

观瞻叶剑英纪念园之余，我们也关注起绿道文化建设，同行的车友们侃侃而谈："剑英绿道环境优美，叶剑英纪念园为这条绿道增添历史特色，如果梅州能有更多像剑英绿道这样的骑车路线就太好了！"

剑英绿道途经的雁洋镇雁下村在梅州极负盛名，因为它至今保存了30多座清朝康熙年间至清朝末年由李氏十三世祖李伯龙公裔所建造的土木结构的古民居，至今已有300多年的历史。古民居建筑风格淳朴简约，极富独特的客家特色。“英裕公祠”，因建造如蛇形，也称“蛇形堂”。从1682年至今，历经三百多年的发展，英裕公祠的子孙后裔已开枝散叶，繁荣昌盛。骑行至此，“骑驴”大多会停车前往古老的民居群，在斑驳陆离的围屋中感受客家文化的变迁，历史的沧海桑田可以让社会发生翻天覆地的改变，但不变的却是一颗赤子之心，在深沉不语的古老建筑面前，我们原本浮躁的心灵得到宁静的皈依，这大约就是厚重的文化力量吧。

剑英绿道另外一个显著的特点是与梅州著名的旅游特色区相为贯通连接，雁南飞旅游度假村、雁鸣湖旅游度假村、阴那山、灵光寺等都别具魅力，如果时间足够，还可以到度假村转转，去灵光寺烧个香，不过瘾的还能去爬阴那山，赶上5月雁鸣湖旅游度假村的杨梅节还能进去吃个够。这些对于以度假放松为目的的“骑驴”而言足够了。

有谁能真正代言 “骑驴”心中的绿道？因为只有他们真正体验才能道出梅州的绿道感觉。梅州一位“骑驴”在微博上这样描写剑英绿道：“整个剑英绿道大约长30公里，全程临江而建，干净整齐，美景目不暇接，绝对是‘骑驴’的天堂。”

## 泮坑绿道　客家文化

除了剑英绿道，梅州城区最具代表性的恐怕要数泮坑绿道了。

梅江区泮坑郊野生态型绿道位于梅江区三角镇泮坑景区内，全长2.61公里，目前已全部铺设了彩色沥青路面，设置了驿站便民服务点，并对周边生态景观林进行了改造。绿道周边的泮坑长廊以书法雕刻和瓷艺画形式展现了客家历代文化名人的书画手迹精品，诠释了生生不息的客家文脉，长廊内外是用石刻浮雕形式展示民间故事的客家典故文化墙、客家民居大观园、“三乡”主题雕塑园、谢志峰藏品节香楼雅集和客家历史文化名人书画手卷造型组合一起，构成了六大文化板块。

泮坑绿道已成为集多种客家文化元素于一体、充分展示客家特色文化的精品，是了解客家名人历史、欣赏客家名人作品、体验客家生态文化的重要场所，也是人们生态观光、人文休闲、健身娱乐的天然氧吧。

百闻不如一见，这样的胜地自然不能错过。我们约好由三角镇进入泮坑，走一段村道便能看见铺了彩色沥青的自行车绿道了，其时，道旁村民果园中的龙眼树已结出小小的果实，可以想象，等到果实丰收的季节，农民们就是沿着这条绿道把水果运出城中去的，就如一位“骑驴”所说的那样，绿道其实也是农民展销农副产品的一个绿色通道。

骑行至泮坑长廊，我们纷纷下车休息，因为这条长廊就是客家文化的浓缩，不少车友停下来观摩长廊中的名人书法或绘画。我也跟着他们一起陶醉在客家古典文化中不能自拔。几个车友围在一幅诗词前评论不已，走上前一看，是清代曾荣科所作的一首诗——《兴宁罗浮百花径》：“绝涧崎岖度，平林倏自通。豁如空碧界，香在积青中。接叶云扶树，寻花蝶驭风。秋思谢楚客，此地春无穷。”诗中所写的是兴宁罗浮的景致，而放在此处却也恰如其分，或者自然的美，处处都是相通的吧。

文化长廊中还刻画了充满童趣的童谣，如《七姑皇》、《菱角子》等等，我们念着幼时的歌谣都不禁会心一笑，仿佛耳际还有昔日稚嫩的童音。除了品诗读词，这条文化长廊还有古代客家先贤们的书法手迹和客家谚语选编，我惊讶地发现居然还有介绍大埔客家古民居群的画幅，要知道，大埔的客家古民居可是闻名遐迩的文物保护单位，如建于1567年的德昌堂、建于1910年的铺德堂，都是原图与配文的说明介绍，翔实细致。等走完长廊，骑车的疲惫也都一扫而空，心头更多的是盈盈的充实。

泮坑还有香火旺盛的公王庙，而我觉得烧香倒在其次了，最重要的是要去公王庙旁的小溪洗脸，尤其在骑行之后，喝一口山泉水，让清甜的泉水沁入心脾，再洗一把脸，能把心中的积垢都洗得一干二净。车友们有的则放下单车，到放生池里喂鱼，撒下一把鱼食，五彩的锦鲤便翻滚着打作一团，热闹非凡。

听说泮坑还有一座六杠楼，那是镇东楼乡土建筑群，规模不小，是客家民居文化的一个缩影，我闻声寻去。它是省级文物保护单位福禄岌民居群之一，于1917年由旅居马来西亚华侨熊举贤、熊景贤等昆仲兴建，时任广东省政府主席吴铁城亲书楼匾。镇东楼坐西南向东北，为三进三层列杠式单元组成且连贯相通，共有24个厅廊、12个天井，每层有52间房，它结构独特，主楼突出，整体建筑气势恢宏。镇东楼对于研究近代梅州华侨史、民俗史、客家建筑风格和工艺有重要的价值，它已经在2010年被列为广东省文物保护单位。与所有年代久远的围龙屋相似，曾经的辉煌在斑驳陆离的雕梁画栋中隐约呈现，而时间把一切蒙上灰尘，人去楼空，天井处散落着碎瓦与石块，空置的房间墙壁上长了绿苔，活色生香的市井气息已被寂寥取代，只留下旁侧的一室人家在安静淡泊的日子里守着。这一趟意外的探索实在是骑行的收获，唤起了我们脑海中逐渐被淡忘的客家文化，这其实也是对自我认知的一次更新吧，只有身临其境才能有如获至宝的感知。

泮坑绿道因弘扬文化古迹而得名，称其为文化绿道名至实归，现代生活中的喧嚣，工作的压力，在经过与自然原生态和客家文化的浸润后都得到最舒畅的释放，绿道让都市人返璞归真，这无疑也将会是众多“骑驴”出行或运动的主打方式，正如一位车友所说的那样：“城市的低碳意识越来越强烈，而绿道是低碳行动的最佳延续，它甚至可以形成一种文化，带动整个城市的人改变既有的过于依赖和损耗能源的生活方式。”

梅州绿道网的建设方兴未艾，从相关建设部门我们了解到，下一步他们将逐步完善绿道的相关设施，包括绿道周边绿化、驿站建设、自行车租赁管理等。在今后的城市建设中，绿道将作为绿色人居的一项重要指标，规划部门将把城区各个旅游景点通过绿道串联起来，力争形成绿道环绕整个梅州城区的格局。在拥堵的日子里我们向往闲适实用的绿道，向往绿道文化带给我们心灵上的慰藉。梅州绿道的建设逐步繁荣，会让梅州人犹如生活在森林围城中。我想，让城市美丽自豪的资本并非高楼大厦那样的“石头森林”，而是这座城市花园般的绿意盎然，那才是永恒的生机。

丘晓玲

# 惠州篇

HUIZHOUPIAN

# 青春黛绿是天堂

去年夏天，一个新鲜词汇跃入惠州市民眼帘——这便是“绿道游”。背上行囊、戴好头盔、踩上自行车、一起加油……约上三五知己，骑行在惠州的绿道上，眼前满目葱茏，耳边是鸟儿清脆的叫声，路边不知名的野花，惹得无数蜜蜂、蝴蝶翩翩起舞。雄浑壮丽的海洋风光、冷峻奇特的高山姿色、漂流灵动的东江画卷、温柔秀美的湖泊风景……惠州绿道把这些绿色资源串联起来，为游客构建了一条独具特色的绿道景观廊道。

进入红花湖绿道，两旁的绿化早已郁郁葱葱，弯弯曲曲的生态绿道一路延伸，将红花湖包围起来。在绿道入口处，记者时不时看到前来骑车的市民，有一家出行的，有和好友结伴而来的。沿着绿道骑行，不仅成为惠州自行车爱好者新的活动方式，也逐渐成为惠州市民假期出行的新选择。

经过惠州的3条省立区域绿道在区域层面展现了惠州丰富的山、海、江、湖等生态资源，串联了惠州具有区域意义的风景名胜区和旅游区。市区绿道则充分融合了本地文化，凸显惠州特有的组团式山水城市风貌和人文特色，让人们在享受城市便利生活的同时，呼吸新鲜空气，沿溪流河畔畅游，在田野山林中漫步，享受惬意的闲适时光。

以“景景通”和“镇镇通”为特色的惠州绿道串联起了全市所有的镇和重要的景点。骑行在惠州绿道内，当地特有的自然风光和人文特色在各条绿道上依次呈现——田园风光野趣不断，历史遗迹感念怀古，喧哗与宁静相得益彰，绿道构成了惠州这座城市独特的风景。

一条绿道，不仅拉近了市民、游客与大自然的距离，让人们充分感受到大自然独特魅力，也带旺了沿线的农家乐和乡村游，让沿线村民尝到了甜头。“自从绿道开通后，每天营业额节节攀升。”横沥一位张姓农家乐店主乐呵呵地说。

惠州市绿道办相关负责人告诉记者，在绿道建设的同时，惠州还特别注重挖掘和发挥绿道的综合功能和效益，特别是绿道网在旅游、城市环境以及新农村建设等方面的作用。

如今，红花湖绿道已成为市民喜爱的休闲、健身、游憩之处。红花湖绿道从启用到现在接待游客近10万人次。各县区已启用的绿道也为旅游增光添彩，同时也给当地村庄的发展带来实际收益。大亚湾霞涌旅游区黄金海岸乌山头绿道、惠东县巽寮旅游度假区绿道、惠城区黄沙洞温泉度假区绿道、博罗县罗浮山绿道均为当地旅游区带来了更旺的人气，还带动了当地农家乐的发展，如大亚湾绿道附近的农家乐营业额比以前增加了20%。

“绿道的规划建设，为我们提供了致富的渠道。”绿道沿线一位市民的说法代表了大多惠州人的心声。绿道为沿线村镇提供了绿色经济发展机遇，农民可以围绕绿道开设绿道驿站、农家旅馆、农特产品市场，搞活农村物业，促进农产品流通，提高农产品附加值，沿线农民多了条增收致富之道，变绿道为“财道”，实现“绿色崛起”。

## 美哉，东江绿道

沿着东江，绿道顺着江水的走势，逶迤延绵。3号绿道西起博罗县石湾镇罗浮山东江大桥，沿着东江而上，一路经过博罗县的园洲镇、龙溪镇、罗阳镇、县城、惠博大道、市区江北、惠城区汝湖镇、仍图镇，过广惠高速公路东江大桥后，进入东江对岸的水口镇、横沥镇，结束于矮陂镇。绿树、鲜花、水波、船只、村庄、人家，缓缓地展开了一幅流动的东江画卷。

清晨，这片绿意，成为了夏季的底色，在这之上，配上竹林、红花、野菊、藤蔓、紫荆，构成了一幅淡雅清新的水墨国画。这是生命的原色，充满着自然的絮语。山幽林密东江畔，溪流鸟鸣绿道边，几家宗祠散落在竹林间，因不是时令，木门紧闭着，可是依然传递着一份温暖，令人感知到一个家族延续的安定感。“舟船如野渡，篱落似江村”，岔路口，发现了一条小路，路的尽头是一潭静水，还有一处虚掩的柴扉，顺着还略带湿意的泥地轻轻地走近，透过稀疏的木栏，一片浅黄的稻田映入眼帘，一同静静地生长的还有甘蔗、玉米。头顶上的一枝特别的枝叶吸引了我，那叶片如同放大了的含羞草叶儿，晶莹剔透如绿色的玛瑙，让人不由得驻足，静思……

晨曦在江边微笑，五月，爱情开始滋长蔓延了，绿道与东江，如同一对恋人，不离不弃，时而稍远，时而紧密，一直如影相随，河风轻拂，河水的情话，轻柔、甜润、絮絮叨叨。晴江远眺，青山在远处，汀洲上，一群白鹭翩飞，掠过水面，划破了一份寂静，小憩的水牛惊醒了，开始在对岸的河滩上嬉戏、打闹。偶有船只轻轻划过，涟漪圈圈中，阳光的光影中，在斑驳阳光下，开始了一场夏日相遇的念想。

“田家少闲月，五月人倍忙。”路旁的玉米地，拽住了我们的目光，也拽住了我们的脚步，一个个硕大的玉米，穿着绿色的衣裙，顶着黄黄的穗须，绽放的笑颜，着实招人喜爱，见有农人在田间忙碌采摘，忙选购了一些，急急取下几颗玉米芽放入嘴中，一缕清香甜润滑过鼻翼，渗透心底，临别时，和蔼的阿姨还在相约：“下月，再来，花生该熟了。”

这是一条绿意铺满的小道，卸下繁杂的束缚，远离尘世的喧嚣，竹摇清影罩幽径，独品一缕江风，一缕花香，一份自在，心渐渐沉静下来。“竹深树密虫鸣处，时有微凉只是风”，顺着小径前行，我们跟着一群词语行走，跟着一首首诗歌行走，跟随一个个心境行走，诗一样芬芳的日子，浪漫了这个闲暇的日子，心中回荡着的田园小曲，浅唱着似水流年中的深深眷念。

暖风和煦绿波间，手握这季的清凉，摇醒了岁月的微梦。我祈望这条绿意铺满的小道，能抵过岁月的侵蚀，通向每个人的心灵，为这片土地上的人儿带来一片永恒的安慰。

## 啊，那块“绿翡翠”

此刻，我放飞我的意念和想象，去感受和描述我身临其境的这么一个地方：它多像翡翠啊，一块巨大无比的“绿翡翠”，用行内人的话来讲是“色翠绿、种质佳、水头好、通透、绿色自然耐看……”

这块“绿翡翠”就镶嵌在惠州大石壁（山名）与红花嶂（山名）之间。

然而，她是湖泊哩，是山间水库形成的湖泊。在江湖环绕、被水“宠幸”着的惠州，她似乎并不起眼，就那么静静地卧于这座古城的西南角，在五月轻风的吹拂和初夏阳光的照耀下，安详地泛动着温润的光泽。

终日忙忙碌碌为生计而奔忙的人们，一日得闲携家人踏青来到这山间，蓦然发现竟欣喜不已，愉悦之情油然而生：“什么时候，我们城市有了这样好的去处？”

如今，我就置身于这“翡翠”中，我要看看，仔细地看看，让我的双眸贪婪地尽掠这令人心动的美色。

“翡”，是她充盈清澈的湖水啊，那是上苍的赐予，她从天上来，她是上天慷慨洒下的雨露和甘霖，大石壁、红花嶂之间的群峰无数涓涓的细流汇聚成湖；她不忘带着苍天的问候，带着山川的“体温”，也带着对土地深深的依恋，融入这1900万立方米的库区，水深达27米。啊！好壮观、好浩渺，这原本僻静的山间，在人们巧手的凿刻下，一块巨大的“珍宝”就此显现在世人的面前。

“翠”，是她葱郁的群山啊，亚热带的气候，浩瀚南海吹来的季风和带来的水汽，令这“翠”剔透韵浓，熠熠生辉。环绕湖泊的400多个山湾啊，弯弯曲曲，曲曲弯弯，形成28公里的绿道。绿，浸透着这里的每一寸土地。这里植被丰富，林木茂密，分布着不同纲目、不同科属的灌木和乔木。远看，环湖的大小山峦已被那浓得化不开的绿披上一层厚厚的绿衣衫；近看，那曲径通幽的花丛小路，两旁栽种着黄蝉、木槿和山毛豆等花木，在这丽山秀水的爱抚中，尽情地绽放着红色和黄色的花朵。

一辆辆“电瓶车”（旅游车）开过来又开过去，载着环湖的游人。沉浸在美色中的人群，时时发出“啧、啧”的感叹和赞美声。还有一些背着背囊的“驴友”，宁愿花上半天，坚持步行走完28公里的环山绿道。他们更喜欢把心融入山水间，去细细品味和欣赏那至柔至润的“翡”，那至纯至正的“翠”。

许多慕名而来的人只仰慕她的美色却不知她的“使命”，她其实是当今惠州西湖活水的源头。从20世纪60年代末以来，由于环境和气候的改变，惠州自古以来天然和纯净的水生态已在不断地发生着令人担忧的变化。20世纪90年代初，惠州市政府根据群众的意愿和要求，在这比西湖水面高出数米的地方，有计划地逐年植树造林，不断地改造、优化这座山间水库（这里本来是一个天然的山间湖泊）。至今20年过去了，环山28公里道路全部实现硬底化，道旁种植了园林花木近万株，使之成为名副其实的绿道。此地也成为集蓄水和旅游观光为一体的风景区。这里，每年可为西湖注入475万立方米的活水，为西湖换两次“血”，有效地改善了西湖的水质。为“雕凿”这块“绿翡翠”，为使惠州西湖“一片湖光万顷蓝”，惠州人多么费尽心思呀。

山间，那块“绿翡翠”已经成为这座城市的一张旅游新名片了。喔，忘了介绍她的实名大号，她除了红花嶂的地名，就叫——“红花湖”。

## 罗浮绿道美煞人

银蛇，在山谷飞舞；像哈达，在田野飘扬；像飞龙，在城乡穿越。

她，沿水而行，依山而建。碧绿的湖水，滴翠的山峦，娇艳的鲜花，清新的空气，“一行白鹭上青天”，一幅美轮美奂的美景与她同行，鸟儿用鸣唱为她伴奏。这就是罗浮绿道！

她，无处不绿。狭长的身躯披上绿彩，像一条绿色的长龙在罗浮大地爬行。她，忽而松林尽染，灌木成林；忽而榕树婆娑，翠竹摇曳；忽而田园风光，果木飘香；忽而盈盈江水，杨柳垂岸。这如画如诗的美景，尽收眼底，美极了；沁人心脾，醉极了。

绿道，没有震耳的喇叭声，没有刺鼻的油气味，没有辣眼的泥尘灰……踏入绿道，满目苍翠。你，无论走到哪里，绿色都跟随着你。行走在绿道上，城市的喧嚣浮华瞬间褪去，紧张的神经渐渐松弛下来，全身浸润在这片野趣横生的岭南画卷之中。

在绿的中间有万紫千红。那朵朵鲜花在绿的衬托下争奇斗艳，红的、紫的、黄的、粉红的、淡黄的，都想与绿争高低。花的叶子是绿的，绿在花的身上欢笑，花在绿的怀抱中撒娇，她们亲密无暇，拥依相伴。

远处吹来的风是绿的，她轻轻拂在脸上，是那么清闲与凉爽；那欢声笑语是绿的，传到耳里，是那么清脆与动听。

绿道之上，时而红砖叠合，时而水泥铺就，时而明修栈道，时而长桥卧波，时而平坦顺途，时而九曲十八弯，时而爬坡向上，时而飞奔而下。

绿道，又一个新名词在改革开放的前沿南粤诞生。她是改革者成功之作，是人与自然和谐之结晶。梦想在荒山绿野中，在碧波荡漾的江河湖泊边，在烟火袅袅的村庄旁，变成现实。

天晴时，骑着崭新的自行车，穿越在绿道上，充满豪情。道旁，那亭亭玉立的“盆架子”伸出嫩绿的枝头向我致意，那腼腆娇艳的红花向我点头微笑，那徐徐的凉风、和煦的阳光让我陶醉不已。在丝丝细雨中，手擎雨伞，漫步在绿道上，人在绿中，绿在画里。绿叶依然向我招手，红花依然向我微笑。沿着这绿色的道路走，仁者可以享受到山之乐，智者可以体会到水之情。因而，绿道是我、是你、是大家乐山亲水之益友。

“莫笑农家腊酒浑，丰年留客足鸡豚。”曾几何时，一种新的休闲旅游方式出现，规模不一、风格不同的“农家乐”餐馆，犹如雨后春笋遍布于罗浮大地。于是乎，沿着绿道旅游已经成为城里人一种新的休闲方式，每逢节假日，他们偕老带幼、成群结队畅游绿道，到“农家乐”吃农家饭、品农家菜、住农家屋、赏农家景、购农家物……

这绿道，没有始点，也没有终点。她像一根项链，把珍珠般的乡村城镇连接起来，这串串珍珠，彼此交织，熠熠生辉。流连罗浮绿道，我仿佛穿过时间隧道，上下三千年，纵横五万里，深深地为罗浮山的历史文明感到骄傲。

有人说，罗浮山是几千年消亡的缚娄古国所在地。早在两千多年前，罗浮（博罗）曾经创造过辉煌的远古文明。银岗古窑址的发现，公庄青铜器的出土，横岭古墓场的重见天日……改写了整个岭南古代的文明史，那“蛮夷”、“蛮荒”的说法，从此不再有。沿着这绿道去寻找，就能领略到岭南文化的辉煌与灿烂。

绿道融入文化古道之中，沿着葛洪、苏东坡等历代文人墨客走过的路，蜿蜒而行，仿佛听到了清脆的青铜敲击的音乐和古战场的嘶鸣声，一瞬间，我又看到了葛洪采药炼丹的身影，听到了苏东坡对荔枝的吟诵，听到了朱明洞孺子朗朗的读书声……

绿的面前是无限风光伴随的无限遐想，绿的后面是沉思与默默的记忆。作为曾经的绿道建设者，我的内心是多么感慨与喜悦。行绿道，风情万种，赏心悦目；叙绿道，情景交融，感慨遥深。这是一个绿道建设工程参与者的肺腑之音，因情注绿道，故将其述之。

## 哦，红树林里的绿道

早就听说，大亚湾管委会投入巨资兴建规划面积15万平方公里、极为罕见的、位于城市中心的属南亚热带湖泊湿地大亚湾红树林公园；园内自然湖泊，流通淡澳河，与碧波荡漾的南海相连，随着朝潮晚汐的变化，湖泊中的水时咸时淡；漫步红树林公园，即可观赏到南国红树林特有的旖旎景观，又不惊扰底栖动物、鸟类、昆虫、藻类的生长繁殖，非常神奇。如果从空中俯瞰，郁郁葱葱的红树林公园，就像一颗熠熠生辉的绿色沧海明珠，镶嵌在南海大亚湾畔。

去大亚湾红树林公园时，与一场春雨不期而遇。远远望去，迷迷蒙蒙中只见一片广袤无垠的绿海，海峰处显露出一顶顶青翠的树冠，枝繁叶茂，堆绿积翠，那是专门从海南引进的水柳。甫一踏上蜿蜒的赭红色木廊架，刚才还挟风裹雨的狂风立刻温驯得像小绵羊，雨滴也温柔成像云像雾的水烟，轻纱一样笼着红树林公园；绿色的树、红色的花、白色的鸟，随风轻摇，一副宁静秘谧模样；清澈的湖水边，偶有几只半青半橙的招潮蟹，缓缓横行脚下，神态惬意安详。红树林果然不愧是“天然海岸卫士”，再凶狠的风浪在它面前都得化作绕指柔。

公园占地总面积约30公顷，只在南岸滨河一带，设有观景平台、廊架、观鸟亭；公园的大部分，东部红树林岛屿区与湖岸区，是鸟类、鱼类、小动物栖息的家园，游人只能隔水相望。雨越下越大，我索性撑着伞赤脚走在湿漉漉的栈道上，许是因了雨水的浸润，木道格外滑，小心翼翼地走在上面，倒像踩在柔软的地毯；一种久违的惬意，从脚底升起，涌上心头，想起来了，那是快乐的童年记忆，那是无拘无束自由放纵的感觉，情不自禁和着海风与雨水在雨伞上“淅淅沥沥”的旋律，哼唱起《三月的小雨》。

长约1800米的廊架，像一条敦煌舞蹈里的飞天彩绸，在脉脉清流的湖泊中迂回蛇行。染雨红树林，云烟氤氲，分外旖旎，恰似一幅泼墨山水画卷，人行其中如进画里，步移景换，美不胜收。廊架两旁铺天盖地绽放着秋茄、木榄、老鼠簕花，洁白的、粉紫的、水红的，朵朵含香带露，在油油的绿叶间随风摇曳；一阵海风吹来，咸腥中似有一股淡淡清香沁人，突然拍额幡悟，原来古词中那句“花正发，雪飘香”中的“雪”是形容“花”像雪一样皎洁啊。

正陶醉古人的诗意中，啥时雨霁天晴了也不知道。耳旁传来悦耳动听的鸟鸣声，此起彼伏，好似斗唱一般，寻声引望，不见鸟影，唯见满目浓绿——“云深不知处，只在此山中”，无端地想起电影《绿巨人》里的洛克。大亚湾红树林公园，既为底栖动物、鸟类、昆虫、藻类提供了生长繁殖的优良环境，也丰富了居民休闲娱乐活动，让劳碌奔波的人们，从此多了一个放松心情、放飞心灵的精神家园，不正像一个见义勇为的绿巨人吗？只不过，它战胜的是自然灾害和环境污染这个人类的天敌。突然，一道白色闪电从眼前掠过，原来是寻食的白鹭回家了。望着迅疾淹没在树林里的白鹭身影，想起那首《忆江南》：

一叶扁舟云水来，
几只白鹭晚风翔，
景色比天堂。

申 平 刘 雯 苗理洁 毛锦钦 李运花□

# 汕尾篇

SHANWEIPIAN

# 绿道漫步思万千

## 汕尾绿道随想

早就听闻汕尾市区的海滨路建设了绿道，为南方这座美丽的海滨城市增添了一道靓丽的风景线。在以港口为依托的滨海旅游城市，绿道建设显得十分醒目，如在这四季如春的汕尾，无论白天还是黑夜，绿道为古老而神奇的城市增添了无限生机和活力。

很多时候，漫游在崭新的绿道上，人们总会被这美丽的景象感动，然后化作浪漫的诗篇，如汕尾中学老师、诗人柯宜超就写过这样的诗句："夏夜凉风海面生，纷繁吹尽得闲情。许身融入波涛里，细品潮声琴剑鸣。"是啊，我也有同感，漫步在汕尾海滨的绿道上，也能感受到"崭新绿道勇横空，化作飞龙路路通；海天一色山川秀，欢笑人家日子红"的清新意境，那份诗意，真的让人流连忘返。也许百闻不如一见，那么，汕尾的绿道究竟怎样呢？

只要你亲自来绿道走一走，就知道它的美丽和精彩。

汕尾滨海的绿道是汕尾绿道规划的近期工程，就在环品清湖的滨海路。它以市区罗马广场为起点，途经凤山公园、林埠山公园、青山仔驿站、滨江公园、奎山公园、大鹏山公园、玉台山公园、汕尾市职业技术学校、林伟华中学、琉璃径水库，直到赤岭水库为止。一个风和日丽的春天，我无意中从绿道经过，就深深地被它迷人的风采吸引。只见一路依山傍水，鸟语花香，既有海天一色的渔家风情，又有曲径通幽的凤山览胜，还有许多名胜古迹、公园、学校等，可谓汕尾特色的“红、蓝、绿、古”尽收眼帘，心也随着跳跃的色彩联想翩翩，穿越时空……

众所周知，汕尾市海陆丰是历史文化名城，是彭湃烈士的故乡，是全国13块红色根据地之一，是一片神奇的可歌可泣的红色的地方。这里历史悠久，人文荟萃，远在5000多年前的新石器时代，先民就在这里的沿海一带聚居繁衍生息。公元前221年属南海郡博罗县，东晋咸和六年（331年）始建海丰县，清雍正九年（1731年）从海丰县析出陆丰县，1988年海陆大地设立汕尾市，同时从陆丰析出陆河县。这片古老的土地，地灵人杰，俊彦辈出。明代崇祯年间，礼部都给事叶高标、刑部主事郑洪猷、湖广御史林铭球，三人“一科三进士”，海陆丰名播朝野；同一时期，江南御史李实、户部主事黄守谦、知府姚恭、知县姚敬等也颇有作为，海陆丰因而一时闻名遐迩。到了清代，吴佥、彭礼、颜廷、洪晨孚、黄智略等人也一举成名，曾出现“十里三进士”之奇观，海陆丰可谓风光无限。轰轰烈烈的“五四”运动之后，海陆丰的部分进步青年学生，以天下兴亡为己任，纷纷离开家门，走出国门，立志求学，寻求救国济民道路。特别是彭湃同志回国后领导的海陆丰农民运动，开创了中国第一个县级苏维埃政权，从此，海陆丰的名字与彭湃紧紧相连，“红宫”、“红场”成为红色革命的摇篮。“为有牺牲多壮志，敢教日月换新天！”“天上雷公，天下海陆丰”是海陆丰人敢为人先的具体表现！

在这片人文景观得天独厚、地理环境奇特优越的地方，孕育出三大稀有剧种的白字戏、正字戏及西秦戏，还有渔歌、滚地金龙、皮影戏，麒麟舞等，更孕育出许多优秀的文艺体育科技等方面的人才。如著名战地作家丘东平的作品在中国文坛独树一帜，曾得到郭沫若先生的关注和充分肯定；著名音乐家马思聪生前曾任中央音乐学院院长、中国音乐家协会副主席，全国人大代表、全国政协委员；著名民俗学专家钟敬文在民俗和民间文学研究方面独有建树，成为我国提倡用人类学、民俗学、民族学的观点来研究民间文学的首批学者之一；著名核潜艇专家彭仕禄是彭湃的儿子，领导和参与我国第一代核潜艇的研制工作获得成功，1985年荣获国家科学技术进步特等奖；著名医学家柯麟为中国共产党建立地下工作网、开辟秘密交通线、收集情报、打击叛徒等作出了重大贡献；改革开放以来，中共广东省委书记、广东省军区党委第一书记谢非，在中共十四、十五大当选为中央政治局委员，1998年3月，在九届全国人大当选为全国人大常委会副委员长，为广东的经济社会建设作出了卓越的贡献；“江山代有新人出，各领风骚数百年！”在这里，没有列出的名字还有许多许多……

“人生自古谁无死，留取丹心照汗青。”在这片风云际会、神奇的边陲土地上，有文天祥、林则徐、刘永福在碣石湾、红海湾留下抵御外寇侵略的光辉一页；有周恩来、叶挺、徐向前、聂荣臻、何香凝等老一辈无产阶级革命家和红军二师、红军四师等先烈们为了国家的独立、民族的解放，在莲花山、大南山浴血奋战……伟人的足迹虽然随风沙远去，但海陆丰人民追求翻身解放的斗争没有停止！海陆丰人民为革命立下的历史功绩，在潮起潮落的沙沙声中，演绎着一个又一个美丽的传说！

穿越在美丽的绿道中，我真的感到很幸福很满足，我们能这样快乐而诗意地生活着，全赖先贤们为我们铺就的阳光大道啊！因此，我不得不时时停下脚步，低头鞠躬，向引领各个时代风骚的弄潮儿致以深深的敬意！感受着这仅仅建设20多年的汕尾市，实现了经济社会发展的历史性跨越；感受着昔日的一个小渔村，今日一跃而成一个中等城市所焕发的迷人魅力。

“好山好水，天下汕尾。”如今的汕尾市，基础设施完善，教育医疗齐全，人文环境独特，山海风光兼备，海湾沙滩风光如画，岬角岛屿天涯独秀，奇峰峻岭气象万千，温泉览胜奇妙多彩，被专家学者誉为“粤东旅游黄金海岸”。特别是近几年来，汕尾人民尽情地放飞了新的梦想，用铿锵的誓言、无畏的行动在自主创新中完全放开了手脚，让所有的能量尽情喷发——喷发出汕尾港荡气回肠的时代大手笔，喷发出“八大工程”、“三大基地”、“四个汕尾”，喷发出“中国民间文化艺术之乡”、“中国水鸟之乡”、“中国青梅之乡”、“中国最佳投资价值旅游品牌城市”！穿越在多情的绿道中，我不得不时时放慢脚步，领略那些过去没有的、如今却像忠诚卫士一样守护着这个年轻的港口城市的景象；我不得不驻足在罗马广场那史诗般的牌楼前，感受着汕尾的昨天、今天和明天的发展；我不得不驻足在凤山那舍己救人、具有伟大人格魅力的妈祖的雕像前，感受着古老传说的深远影响；我不得不驻足在那为守卫祖国边疆而牺牲的烈士陵园前，感受着先烈们为国勇敢捐躯的惊天动地的英雄壮举；还有那崭新的健身广场、林埠山公园、青山仔驿站、滨江公园等等。这就是汕尾，这就是我的故乡。这样的改变，怎不让人们由衷地发出赞叹？

穿越绿道，就像穿越在时空的隧道中。作为得风气之先的广东，经济成就令世界瞩目，为深入贯彻科学发展观，促进广东经济的可持续发展，中共中央政治局委员、广东省委书记汪洋于2010年在广州、东莞开展绿道网建设专题调研时，高屋建瓴地提出全面启动珠三角绿道网建设，并要求将绿道摆在和城市轨道同等重要位置，建设“两道工程”，实现“一年基本建成，两年全部到位，三年成熟完善” 的重要指示。汪洋书记那高瞻远瞩的决策，已成为广东加快发展的动力，如今，我省的绿道建设，正为社会各界逐渐认可和赞扬。为认真贯彻汪书记的重要指示，汕尾市委、市政府对绿道工作非常重视，准确把握我市发展成为滨海旅游城市的实际，充分挖掘和利用自然优势，将市区建设为“珠三角旅游度假的后花园”。“我市重点在‘宜居城市’上下工夫，大力加强城市建设，发展城市经济，塑造城市文明，致力建设‘海在城中、城在山间’、显山露水的现代化宜居滨海新城”，为汕尾市的绿道规划和建设指明了方向。为与全省步伐一致，我市还提出遵循“统一规划，制定标准；分区建设，按期完成；以人为本，各显其能”的建设原则，建立有效的规划实施保障机制。第一是由市人民政府带头，成立绿道实施领导小组，督促检查和考核各地的绿道建设工作。第二是制定建设实施计划，增强绿道规划的可操作性。第三是建立信息系统，为实现广东省绿道网的信息化管理提供统一的空间信息平台和有效的技术保障给予支持。第四是把建设纳入财政预算，由同级财政视财力情况列入预算安排；同时，还积极探索引导社会资金参与绿道建设的模式。第五是规划土地支持政策，尽量不占用地方的建设用地指标。第六是还规定了绿道的维护管理。这些措施，为绿道的推进铺垫了坚实的基础。

海边明媚的阳光让人陶醉，我相信生活在汕尾的人们是无比幸福的。绿道起源于美国，如今已风靡全球。据悉，为尽快将汕尾绿道网融入珠三角，我市还特委托广东省城乡规划设计研究院，依据《汕尾市十一五规划纲要》、《广东省委办公厅、广东省人民政府办公厅关于建设宜居城乡的实施意见》、《珠江三角洲绿道网总体规划纲要》、《汕尾市城市总体规划（2003—2020）》，科学规划，精心编制《汕尾市绿道规划》。为实现区域一体化，特拟建成一个串联汕尾市首尾，并对接珠三角绿道网的 “两横两纵一环”的市域绿道系统。“一环”指围绕汕尾中心区、海丰公平水库和陆河河口镇形成的绿道环。“两横”分别为依托海滨公路沿汕尾455公里的海岸线展开的滨海绿道；沿汕尾中心城区外围展开的体现汕尾人文特色的景观绿道。“两纵”分别为汕尾市区、海丰县城、莲花山绿道；陆丰市区乌坎港、陆河绿道。

市域绿道总长度780公里，途经80多个发展节点，并与珠三角、惠东、揭阳等地接驳，推动汕尾市加快融入珠三角的进程。市区绿道总长度210.07公里，途经40多个发展节点。近期建设的绿道，主要为城区罗马广场沿红海湾大道至遮浪旅游区绿道带和品清湖内环城区段，建设长度64.58公里，途经20多个发展节点；中期绿道网建设，主要为品清湖南岸至海湾大桥绿道带和城区罗马广场再至马宫段绿道带，拟建设绿道49.62公里，途经10多个发展节点；远期绿道网建设，主要为海湾大桥、捷胜、红海湾绿道带和红海湾大道至大湖段、莲花山段绿道带，拟规划远期建设绿道95.87公里，途经20多个发展节点。由于汕尾市村落众多，道路密集，如果对汕尾市天然的绿道稍加修饰，再加以利用和规划，串联成网，有望很快与珠三角联网的。

在《汕尾市绿道规划》中可以看到，我市的绿道规划建设是与世界接轨的，它以“生态化”支持构建区域生态安全格局，保持和改善重要生态廊道及沿线的生态功能与景观，让绿道充满“乡野的气息”；以“本土化”充分挖掘和突出地方人文特色，尊重地方风俗习惯和民族景观特色，让绿道展现“地方的风情”；以“多样化”结合地方资源环境等基础条件，展现不同的目标和主题，体现多样化，让绿道呈现“多样的精彩”；以“人性化”突出以人为本，完善绿道的标志系统、应急救助系统，以及与游客人身安全密切相关的配套设施，让绿道洋溢“人文的关怀”；以“便利化”充分采用“大集中、小分散”的方式设置，方便居民使用，还根据各地的实际，尽量结合现有的滨水路径、乡村小道和道路两侧等设施进行布置，既易于施工建设又方便日常维护管理。

“路漫漫其修远兮，吾将上下而求索！”“五个化”正谱写着和谐绿道的新风貌。漫步在滨海路的绿道上，我的眼前泛起无数斑斓的光环，心也在那美丽的光环中编织着无数美妙的梦！在那未来的“一心、三环、五带”总长为210.07公里的途经40多个发展节点的绿道网络里，一定会在崭新的环境中变得更加自信从容！请看那宏大蓝图吧：“一心”指妈祖文化广场起点中心，市区内所有绿道网络以妈祖文化为中心起点向各景区延伸。“三环”指“品清湖海岸线绿道环”、“城区、捷胜、城区绿道环”和“马宫、红草、红海湾、捷胜、城区、马宫绿道环”。“品清湖海岸线绿道环” 依托汕尾品清湖的海岸线展开，沿途展现汕尾丰富的滨海自然风光；“城区、捷胜、城区绿道环”通过绿道连接城区、捷胜、东坑和跨海大桥，有浓烈的渔家文化色彩；“马宫、红草、红海湾、捷胜、城区、马宫绿道环”通过对市内城区和各行政地区的连接向参观者展现出汕尾市浓厚的自然景色。“五带”分别为“城区妈祖文化广场、红海湾大道、遮浪旅游区”绿道带；“城区罗马广场、捷胜、红海湾旅游区”绿道带；“城区妈祖文化广场、金町旅游度假区、马宫”绿道带；“城区妈祖文化广场、莲花山”绿岛带；“城区妈祖文化广场、大湖”绿道带。通过“五条绿带”的建设带动沿线经过地区的资源开发和经济发展，展现多方位的旅游资源。根据汕尾市绿道网总体布局，结合汕尾市绿道连接的各发展节点，重点安排慢行道、标志系统、基础设施等配套设施及服务系统等，以提供休憩、指示、停车、卫生、安全等服务。漫步在未来的梦想中，感觉真好！

“万里鹏程初展翅，百年大计大家为。”从海滨的绿道归来，我的心既喜悦又惆怅。虽然汕尾市绿道建设的蓝图已经描绘，但因为当地财政困难的原因，许多皆完善的项目还未能完善，许多皆修整的路段还未能修整，真是匆匆复匆匆，匆匆是飞快的速度，匆匆更是那路途的短暂。据了解，根据汕尾市现在的基础和自然景观，还有许多工作要完成，真的是“万事齐备，只欠东风”，希望未来的工程能得到省委、省政府的扶持，尽快让汕尾的绿道网与珠三角地区连通起来。更愿汕尾市人民为了更加美好的明天，用豪情迈开前进的步伐，用青春扬起理想的风帆，用智慧把握时代的脉搏，用信念托起明天的太阳，以实际行动认真贯彻落实 “深汕合作、海岸经济、宜居城乡、人文环境”四大发展战略，以“抓铁铁留痕，踩石石留印”的狠劲和“任尔东南西北风，咬定青山不放松”的韧劲，切实转变工作作风，团结一致，顽强拼搏，实现经济社会新的腾飞，建设美好家园，如期将汕尾绿道网融入全省绿道网络中。

## 红土地上绿道网

正月初九，由于筹备同学会，凌晨两点钟，我和一位同学从陆丰回到汕尾市区。车经碧桂园至罗马广场路段，但见在璀璨的路灯映照下，右边耸立着座座代表城市品位的高楼大厦，左边的品清湖送来大海的气息，宽阔的路面光滑如飞机跑道。忽然发觉我长年居住的这座滨海城市陌生了。是什么时候，它变得如此美丽?

第二天，我又专门在昨夜经过的路段游览了一番。放眼细看，宽阔的道路边两条两米宽的绿化带，满栽的阔叶树已成林，绿化带中间夹着一条三米宽的自行车道，再进去还有人行道、无障碍道和综合慢行道。骑着自行车在绿道上，真有一种置身于大自然优哉游哉的感觉。

作为记者，我了解到，这一切变化都和汕尾市的绿道建设有关。据汕尾市绿道办的有关同志介绍，汕尾的绿道目前仍处于规划阶段，只有市区碧桂园至罗马广场路段等几个路段初步建设完成。

绿道具有文化功能，可以将各类有代表性的文化遗迹、历史建筑和传统街区串联起来，使人们可以更便捷地感受历史的风采；同时，可以彰显城市的文化魅力，提升城市品位。

海陆丰是全国13个革命根据地之一，有着优良的革命传统。从境内现存的古迹来看，这一传统可以追溯到南宋末文天祥。而海丰文天祥公园就是汕尾绿道网上一个节点。

文天祥公园位于海丰县城北面的五坡岭上，坐西北向东南，占地960平方米；前面分五层34级台阶，台阶上面是一幅长20米、宽13米的月台，中心建一重檐攒尖顶，通高9米。亭内后侧再置一庑殿顶小石亭，高3.9米，内竖一碑，高2.7米，宽0.9米，刻文天祥画像。该亭为纪念南宋民族英雄文天祥当年方饭五坡岭时不幸被捕而建，故取名“方饭亭”。

明代正德十年（1515年），为赞颂文天祥的浩然正气，由邑生吴子昌提请广东提学章朴庵恩准，令海丰知县杜表、县丞陈义、教谕林右、训导万秉和等协力同心，于五坡岭上建立“表忠祠”。不久，惠州守备陈祥又建“忠义牌坊”于“表忠祠”之前（祠之南面），又建“方饭亭”于祠之后。惠州知府甘公亮从其家乡庐陵取得文天祥画像，勒像于石，并于画像石碑上题刻其《衣带铭》：“孔曰成仁，孟曰取义，唯其义尽，所以仁至。读圣贤书，所学何事，而今而后，庶几无愧！”石亭两旁嵌刻“热血腔中只有宋，孤忠岭外更何人”的对联，相传为明代状元林大钦所写。亭前月台还树一碑刻：“一饭千秋”四字。

明、清两朝曾多次重修此亭。后来，“表忠祠”和“方饭亭”被侵华日军飞机炸毁。现存的方饭亭是新中国成立后重修的，但文天祥的画像碑刻是原有的。

文天祥的爱国主义精神影响着一代又一代海陆丰人，他们不断反抗压迫，寻求自由。仅有清一代，就先后爆发了郑亚长、徐凯率众响应郑成功南下勤王、反清复明的斗争；苏成、苏利领导的反抗清廷“移民缩界”错误决策的农民起义；三点会会首黄履恭、马逢九、黄殿元响应太平天国起义而聚众造反等，其阵容之整肃，声势之浩大，如南海浪潮，大气磅礴，汹涌澎湃，不可遏止。“天上雷公，地上海陆丰”这一雅号，正是闽、粤大众对海陆丰人“敢为人先、爱拼才会赢”的认可和嘉许。

绿道串起的爱国情怀，当然离不开红宫红场。红宫红场位于海丰县城人民南路中段，是中国大革命时期，以彭湃同志为首的共产党人领导海陆丰人民建立的第一个苏维埃政权的革命活动场所。

红宫原为明代学宫，于明洪武十二年（1379年）海丰知县郑源所建，其面积为1850平方米。现存建筑有灵星门、拱桥泮池、前殿大成殿（又称“文庙”） 和两厢配殿。两厢配殿现保存许多革命文物。大成殿是红宫主体结构。1927年11月18日至21日在这里召开县工农兵苏维埃代表大会，成立海丰苏维埃政府。会场四周和街道墙壁都刷成红色，会场内用红布覆盖墙壁，中国第一个红色政权在此诞生，因此把学宫改称“红宫”。此后，革命政权的许多重要会议都在这里召开。红场原为明代“社仓”，清代时称“东仓”，清末倒塌成为草埔，因此当时称该地为“东仓埔”。占地22000多平方米。海丰苏维埃政权成立后，彭湃同志号召在此地兴建红场大门和司令台。整个大门上装潢浮凸线花条图案，门额上浮塑“红场”两个大字，两边浮塑“铲除封建势力，实行土地革命”对联，红场中央设有传声台。

红场中央彭湃的铜像于1986年塑建，10月28日彭湃烈士诞辰90周年时揭幕。铜像坐北向南，垫座由花岗岩石制成，高2.3米、长2米、宽1.7米。正面中间碑板铸塑徐向前的题字；垫座上面的铜像高3.2米、重2吨，由广东美术学院雕塑家雕塑、佛山市球墨铸造厂铸造。旧址现辟为红宫红场旧址纪念馆。

1927年12月1日，中央政治局委员彭湃和红二师等领导在这里召开5万多人参加的“海丰人民庆祝苏维埃政府成立大会”。次年元月，南昌起义部队红二师与徐向前率领的广州起义部队红四师在这里胜利会师。1961年，国务院将“红宫红场”列为全国重点文物保护单位。

红宫、红场及保存的革命文物，犹如一篇波澜壮阔的革命史章，向人们展现革命先烈抛头颅、洒热血、前赴后继、浴血奋战的光辉事迹，激励着后人沿着先烈开创的道路奋勇前进。

对于历史人们不会忘记，而绿道当然也不会遗忘。在绿道网串起的爱国情怀中，不能不提到观音岭。观音岭位于碣石镇北与金厢交界之处，因岭上有观音禅淙堂（水月宫）而得名。岭下海滩长达8千米，海中距岸100米处水深才1.5米，距岸200米处水深2米。沙白、水清、浪小，是一个理想的天然游泳海滩。岭前奇山众多，有周恩来、叶挺同志当年抢渡香港下海处的龙石，汕尾市境内最大的摩岭刻“镇海石”，明钦差大臣成大猷、郑岳山刻“镇海石”，“扬威止水”于镇海石上。该处以“神、海、沙、石”兼备而闻名，中国书法家协会主席启功先生题“粤东旅游黄金海岸”于石上。

“龙石”是纪念1927年南昌起义后周恩来、叶挺、聂荣臻等老一辈革命家挺进潮汕地区，周恩来在这里乘船渡海往香港的史实。书法家赖少其赋诗刻于龙石上，诗云：“洲渚夜如釜，遥天一砥柱。抢渡竭石湾，猛如下山虎。”周恩来当年乘船出海的地方如今建有纪念亭。纪念碑镌刻王首道所题的“周恩来总理渡海处”。

也许还该在此郑重提上一笔，2012年5月9日，来自世界各地的音乐名流齐集汕尾，为纪念马思聪这位“爱国的叛国者”、伟大的音乐家诞辰100周年而再一次奏响《思乡曲》。

汕尾绿道串起了海陆丰大地的旅游胜地，书写汕尾旅游“神、海、沙、石”的特色。

汕尾绿道的出发点——罗马广场，其背后即凤山妈祖旅游区。凤山顶上塑建的妈祖石像，高16.83米，重1000吨，由468块来自妈祖故乡福建莆田的优质花岗岩雕刻而成。旁有石刻“天后圣母”四字，是我国著名文学家冰心所题。旅游区内还建有凤仪台展厅，展示汕尾渔家民俗风情；有海陆丰戏曲脸谱园，展示中国稀有剧种正字戏、白字戏和西秦戏脸谱；有妈祖圣迹造型艺术馆，展示妈祖一生的动人事迹和美丽传说；有恐龙世界园、十二生肖园、儿童乐园；有占地4万平方米的中山公园，园内有柴铺井园、辛亥革命纪念亭、古炮台等景点。与凤山旅游区相连的有鼎盖山、屿仔山和品清湖。站在凤山顶上既能俯瞰汕尾市区的全貌，更能环视凤山景区周围的山水景色。凤山有“金凤展翅”之称，东面小山似铁锅倒盖，称鼎盖山；向东伸展隔一小海峡山冈称屿仔山；环山下是方圆22平方公里的品清湖，当霞光映照时，它宛如一面圆镜，山色倒影，蔚为壮观。

沿着汕遮公路直行，就是著名的遮浪旅游区。遮浪岛又称南澳半岛，是红海湾与碣石湾交接处突伸入海的一个半岛，素有“粤东麒麟角”之称。自然景光十分迷人，山、海、湖、岬角风光旖旎，有唐公墓、郑祖嬉纪念庙等古迹。

遮浪南澳岛，不管风向何方，总有风平浪静之处，遮浪因而得名。半岛两侧、东西海面，景象迥然不同。东海面波涛滚滚，巨浪排空，如万马奔腾。西海面风平浪静，波光粼粼。

遮浪岛海域，礁岩多姿多彩。《岸边激浪》、《南海潮》、《年轻的朋友》、《天涯并不遥远》、《快乐岛奇遇》、《蜘蛛梦》、《马戏情未了》等20多部电影、电视片的海岛外景在此拍摄。这里的海域，水浪动静适合帆船、帆板运动，故为国家和省体育水上训练基地。1996年亚太地区帆板锦标赛暨奥运精英赛、1998年省八运会帆板赛在这里举行。

目前，我国唯一一所尼众佛学院——广东尼众佛学院也在汕尾绿道的节点上。它位于陆丰市清云山定光寺内。定光寺原名清云山（又称罗堂庵），建于明崇祯年间，距今已有360多年的历史。清云山山清水秀，鸟语花香，山中古树繁茂，环境幽雅。山门壮丽，佛殿庄严，金碧辉煌的天王殿、大雄宝殿等古建筑群，长廊、台阶环环相扣，依山而建，更显得气势雄伟。殿内供奉的佛、菩萨、罗汉、天王像等均为石雕，多姿神态，栩栩如生，在中国寺院中较具规模，享有“岭南一树独秀”之称，更是朝山拜佛、修学用功的理想之地。称宏慧于1995年创办“佛学僧伽培训班”，1996年成立“陆丰市定光寺佛学院”，初具成就。1998年8月，经陆丰市人民政府、广东省宗教局、广东佛教协会批准晋升为“广东尼众佛学院”，随恭请中国佛教协会会长赵朴初惠赐墨宝。

广东尼众佛学院学制为9年，设预科2年、本科4年、研究班3年。现有6个班级，在校尼众学员230多名，尼众法师20多名。当地兼职教师8名，定期授课与辅导外地法师、教授20名。学院建有教学大楼、学员宿舍、图书馆、电脑教学室、教务处、编辑室、斋堂、禅堂、医务室等教学设施。学院开办佛学、英语、电脑、书法、文史、哲学等课程。学院按照“学修一体化、生活业林化”的管理方针，建立健全各项规章制度，实行规范化管理与教学，树立了良好的学风和道风，是中国规模最大，也是广东省唯一的尼众佛学院。 广东尼众佛学院是培养爱国爱教、具有虔诚佛教信仰和较高佛学创立与发展能力人才的佛学院，它必将为中国的佛教事业谱写出一曲教育兴教的新篇章。

汕尾绿道串起的还有闻名遐迩的玄武山旅旅区。它 1993 年被广东省人民政府公布列为省级风景名胜区：区内元山寺于 2001 年被国务院公布列为全国重点文物保护单位。

玄武山位于陆丰市碣石镇北郊，面濒南海，滨于碣石湾，是粤东一处历史悠久、风景宜人、文物荟萃、驰名海内外的游览胜地。主要胜迹有元山寺、福星宝塔、古戏台、三台保障、太平石、麒麟石、起龙岩、龙门石、自得居、四美亭等。

元山寺有860多年历史，始建于南宋建炎元年（1127年），明洪武二十七年（1394年）改建，万历五年（1577年）由碣石卫总兵侯继高主持扩建。元山寺依山建筑，布局为多单体建筑四合院，有山门、前殿、中殿、正殿、配殿、廊庑和僧舍等99间，建筑工程结构严谨，重门叠拱高脊飞檐，雕梁画栋传统瓷贴，显得宏伟壮观。寺院、石塔、戏台相襟，是一组聚集各种结构和雕塑工艺的古建筑群，大大体现中国建筑工人的高度才能，闪耀着中华民族智慧的光华，是陆丰市规模最大、文物保存最完整并富有历史、科研和艺术价值的名胜古迹。

元山寺僧人自明代万历以后衣钵相传25代，因为自宋以后奉祀“玄天上帝”，至今还有“武当飞来”的题匾，因此神像兼有释道汇流特点。元山寺留传至今成为闽南语系海内外民众的信仰中心，在海外华人和港澳、台湾同胞中享有盛誉，是一个辐射径很大的“保外乡”著称的古寺。

福星宝塔拔地参天屹立于玄武山上，冒于古榕浓阴之间，历来为船舶进入碣石港的导航标志，起着“佛灯引明”作用，人们登塔远眺南海，帆影点点历历在目，素有陆丰八景“碣台观海”之称。福星宝塔始建于明万历六年（1578年），清同治四年（1865年）改建，毁于1970年初“文化大革命”期间，1981年重建。全塔为花岗石垒造，精雕细琢，是一座巨型古艺建筑。塔的东侧有庞然大石，其雄姿轩昂俨然麒麟，名为麒麟石。西侧“起龙岩”，有鲤鱼跳龙门之传说。龙门石耸立于“起龙岩”前，岩石经久风化，形态苍老斑斓，据国家地质专家鉴证为一亿年前产物。四美亭、自得居也环绕于塔的旁西，有良辰、美景、赏心、乐趣“四美”的雅称，游人们常在四美亭聊天谈趣，观赏秀丽风光。

古戏台始建于明万历年间，清乾隆年间重修，毁于1969年，1986年重建，造型古朴，气势雄伟，各种木雕石刻、人物花鸟栩栩如生，千姿百态，是一座工艺精致的明代建筑。碣石自明代洪武二十三年建卫之后，常有朝廷钦差、官员、游客到玄武山巡狩、聚会、游览所留下的摩崖石刻、碑碣和匾额。明代嘉靖年间抗倭名将俞大猷率部歼灭倭寇，凯旋时在玄武山东南丽古城垣处的望海石上题刻“万世太平”。万历六年碣石卫总兵侯继高主持扩建元山寺时题刻“起龙岩”。万历十年参戎郑谦山巡道成雨泉、姚龙聚会于山亭之上，共商抗倭大计，撰文共立“三台保障”碑记。万历八年碣石卫指挥任光灿等撰文共立“建碣石玄武山寺”碑记。清光绪十六年镇碣使者邓万林在麒麟石朝東陡壁上题“山不在高”，尤是对玄武名副其实的评价。清同治六年皇帝钦赐匾额“威宣岭表”和“诏书”，道光十九年民族英雄林则徐题送匾额“水德灵长”，光绪十三年黑旗军首领刘永福题送匾额“灵声满道”和清代期间镇守碣石卫城的总兵、提督、官员题送匾额40余面。此外，还有北宋“崇宁通宝铜炉”、明代“宣德铜炉”等珍贵的寺藏文物；华侨、港澳台同胞和国内虔诚人士奉送的重3.5吨的“北极真武”金亮铜像和重4吨的鼎形大铜炉，以及泰国佛教会奉送的“释迦牟尼”大佛铜像等。

欧美及东南亚20多个国家和地区的华侨以及港澳台同胞前来观光，络绎不绝。

绿道具有生态、社会和经济等功能，绿道网建成后，汕尾的市貌将彻底改观，汕尾的城市品位将得到大幅度的提升。可以想象，当整个绿道规划建设完成时，汕尾将变得更美！

陈泗伟　沈洛羊□

# 东莞篇

DONGGUANPIAN

# 流淌流韵更流芳

## 寻找幸福的蝴蝶

一扇门，推开它，一个孩子在阳光下奔跑，他在追赶一只蝴蝶，那是很多很多年以前的我们。很多很多年以后，我们还在匆匆的人流中奔跑，穿梭在欲望的有色花园里，只是前面没有蝴蝶，我们尽力让自己看起来并不是在奔跑，我们隐藏了生活的紧张带来的恐慌，收敛了因时间流逝包裹的想象力，让生活看上去秩序井然。不知道什么时候，不再有人愿意推开这扇门了，许多问题我们不再思考，因为忙碌的我们已经没有时间回味生活，我们总是想走下去又想永远停留在某个位置，某一朝的野心勃勃最终让我们心灰意冷，甚至于我们从未获得过自由的意愿，直到有一天，一只蝴蝶从门缝里再次飞入，恰好触动了我们的神经，于是，开始有人在思考，为什么会有蝴蝶？它生活在哪里？那是个什么样的地方？

城市的规则与封闭，在显示人工能量所造就的安稳与秩序的同时，也束缚了回望山野的自在心灵。于是，有人选择释放身体里蛰伏的自然之性去亲近山水。

作为广州与香港之间水陆交通的必经之地的东莞，经过改革开放三十多年，现已成为中国经济发展最快的地区之一。制造之都、富可敌省、广东第四极，东莞获得诸多荣耀的同时，其以廉价土地“黏合”港台资本和内地廉价劳动力为生存根基而产生的问题也接踵而来。一篇有关东莞经济发展分析报告中指出：其一是先污染后治理，付出沉重的环境和生态代价，难以相应地提高生活质量。其二是多分散少集聚，村村点火，户户冒烟，直到 2001 年才兴建市级园区。其三是高消耗低产出，导致土地空间、能源水源、人口重负和环境承载“四个难以为继”。在一定程度上，东莞是珠三角、广东乃至全国经济发展的一个缩影。

亲近自然到底能为我们带来什么？幸福感从哪里缺失的，又要从哪里把它找回来？心灵的力量要靠什么来滋养？

这是一条总长700多公里的幸福绿道。自2010年建设以来，东莞投入8亿多元对它进行了大刀阔斧的修建，其中省立绿道3条里程长225公里，城市和社区绿道500公里，成为贴近市民生活、引领城市慢行系统、提升城市品位，集生态旅游休闲的高度融合的幸福之路。东莞近年来的发展众所周知，但东莞人不愿意摆阔。低调、沉稳、进取是这座城市的一大特点，其实，谁都感觉到了东莞城市环境的变化，包括这条绿道，它变得越来越长、越来越宽，有越来越多的人正享受着它带来的幸福感，矗立在我们面前的这座城市，俨然一幅美好的生态画卷。

某一天，我有幸跟随振翅的蝴蝶，在东莞人的精神后花园里，梭巡这条绿色长廊的另一种微观人文。

这条路上都有哪些人？他们在做什么？他们幸福吗？

有人提醒我，别小看那些穿着大短裤、背着牛仔包的年轻人，也别小看趿拉着大拖鞋、提着纸袋子的老人家，兴许他们就是哪个上市公司的大老板或者跨国企业的幕后总裁，身价千万甚至上亿，这就是东莞人，崇尚简单、朴实、自由的生活；这就是东莞，一座夹身于广州、深圳大城市之间，却以庞大的制造产业傲然于世界经济之林的城市。《东方光芒》一书中有这样描述："30年前，东莞和中国2000多个农业县没有任何区别，如今东莞却创造出超过六个省的GDP的奇迹。从一个农业县到一个世人瞩目的现代化大城市，东莞的横空出世恰似一个神话。"在东莞的发展道路上奔跑着数千支来自各行各业强大的产业生力军团，他们携裹在经济浪潮中似一轮永不停息的马车滚滚向前……

然而，在休闲的绿道上，我要与生活在这里的人们交换的却是一段完全属于他们自己的自由空间，这里面有在岁月面前不愿缴械的老人，有学着长大的少年，有笃定于把最宝贵的记忆留在影像中的农民工，还有蹩脚的恋人们，他们表达的全是真实的自我，这些于我，无疑都是可以触摸到的时光，生命本身就是一场派对，一个个故事，一小块一小块地融化在文字里，足以让时光开口说话。

"应该把那些捣蛋的孩子带走，他们不能在这里，这些花刚刚种上。"

我面前这个灰头土脸的男子，叫阿坚，刚开始他并不喜欢大家这么叫他，他是湖南人，他们那里不会像广东人"阿呀阿"地叫人，"阿"在湖南语里有"吃"的意思，不过，时间一长，他也习惯了。他来东莞有五年了，他说他是园艺师，有十年的从业经验，但可惜职业证丢了，相比他的证，同事们似乎更相信他的手艺，当他指着一条正在修建的绿化带说，这里如果不填土，栽上一种叫青莓的花，不用花钱就可以把这个弯拐得很好看时，所有的人都相信他，包括工头。当其他人都在休息时，他把其他地方多余的花种在了这里，因为离设计图有差异，工头有点担心，阿坚说他认识上面那个搞图的，他们都是湖南人，还少花了钱，回头搞杯酒就行了。

阿坚担心的是孩子，这里每到下午放学时，就有一帮孩子如约而至，这条小径点缀的小小鹅卵石就成了他们的玩物，工人们把石头嵌进水泥里，孩子总是要想尽办法把它们一一抠出来，等做完另一个工程回来，就发现一片好看的石子拼图变得支离破碎，常常行走在这一带的老人家告诉他，是一伙孩子们干的。阿坚说，看来这里安置的围幕对顽皮的孩子不起作用。

阿坚不是监工，他的身份只是个普通工匠。可是，今天他在拐弯处种的是花，花离那片石子拼图只有半米远，他隐隐地担心花的安全。

暮色将至，城市披上了一抹黛色，有工友的老婆从家乡带来了好酒，有人用牙咬开了啤酒瓶，冒着丝丝白气，晚上六点半吃晚餐，工友们没有见到他。此时的阿坚坐在小径边的斜坡上，沉默着，他前面那片地上是今天下午刚种上的花，果真被踩倒了两株。

当他从很远的厕所返回时，孩子们已经跑远了，这个地方出现了一对恋人。他们没发现他，因为在拥抱，两个人光着脚踩在光滑的鹅卵石小径的拐弯处，拐弯处因为添加了青莓花，显得格外清秀，头顶是一片绿荫，恰好安放此起彼伏的青春荷尔蒙，这对恋人的接吻开始于黄昏谢幕时有蓝光的那一刻，吻得很激烈，女孩也就在这一刻一脚踩上了花，阿坚立刻感受到疼痛，他轻喊了一声：“啊。”

听说，阿坚15岁时就在家乡谈过一个女朋友，算早熟了，那女孩子还不到18岁就打定主意要跟他浪迹天涯，他俩外出打工、同居，很亲密的交往，这种亲密的交往在若干年后的结果是：阿坚甚至不知道她现在在哪里。他最后一次见到她，是在月台上，他的火车赶往广东东莞，她的火车却去上海。月台上，他们没有聊天，阿坚从此把这段记忆塞进了行囊，对他来说，这是从内心里感到一个时代的终结，那个时代，被他称作：青春。

说起爱情，他说，只有年轻人才会讲爱情。看来，他把自己过早地排除在年轻人之外了。他的床头，至今还留着以前写的日记，墙头上贴着徐静蕾的大小海报，那些纵横着徐静蕾娟秀的个性签名的语句，俨然是这个内敛、含蓄男子的外在表达。与平日一样，无聊地蹲坐在石头上的阿坚，似乎向我图解着一场过早倾心、又无疾而终后元气大伤的无奈与恍惚。他的幸福在哪里?

他总算说了一句不一样的话："人不能总是想着将来，我活在现实中，这很重要，东莞这几年都需要建设，有活做，像我这样有经验的园艺师总有机会。"这就是底层的民工生活经年积累的足以应付日常的心态。他眼望前方，计算着从眼前到想象的距离。据统计，东莞有近六万名农民工参与了绿道建设，这些农民工里有那么一批人因为绿道的建设工作而成为工程的主流人员，从而改变了人生命运，他们寻找人生机会，举家迁居，成为新莞人，在东莞这片土地上为它的兴衰代代生活下去。

我以为人活在现实很重要；活在现实，知道自己要什么，不要什么，能干什么，不能干什么，这也很重要。有机会就能找到幸福。而况，有无数交叉小径的绿道不仅改变着东莞的生活方式，也将改变许多类似阿坚这样的工匠们的希望，从一个未知走向一个未来，正因如此，这条绿道被赋予了更多意义上的人生承载和城市未来的想象空间。

有条线路，是从道滘滨江公园驿站起经万江莲子坊跨曲海大桥、沿东江大道至东城大王洲驿站止，绿道全长约10公里。我打算用半天时间把它走完，这听起来很像是一次孤独之旅，记得前几年我还常一个人去旅游，那时候是享受一个人的自由，现在完全不可能，因为累。一天的享受被挤在晚餐后的那一个半小时里，拿着饼干抹加上水，给斑点狗小B当零食，夏日的早晨，小B也变得懒散，我的自行车铃声响起，它还迟迟不出，没带上它，思维容易断线。

这一刻，就看见了一只鸟。突然想起，2008年逝去的东莞诗人吾同树写的诗句："一只鸟\在层云上飞\那疲倦的身躯\迷茫的眼神\只能被云朵的灰色遮蔽\或许云有多么脆弱\然而\它无法穿透\它的力气已将用完\内心的虚弱\更能感觉天空的缥缈\努力地扇动翅膀\依旧没能绕过\雷电伏在云的周围\它爱的人都在下边\大地上熙熙攘攘地过往\它们无法飞起\沉溺其中……"他的诗歌魅力比他谋生的专业讨巧多了，有些名字很容易被想起，哪怕我们私底下其实并不愿意以这种方式造访他们。

清晨阵雨过后，婀娜多姿的江滨道又换了一副容颜。东莞的木鱼歌《金丝蝴蝶》里有这么一段歌词："一帘红雨杏花天，触目风光最可怜，偶从帘外观春色，见得银塘新水戏文鸳"，恰似此景。桥边散漫着水汽，天空还没完全打开，绿道旁的大道上已人来人往，不过，快不一定先到终点，慢也不一定最后到达，慢就是快，快亦是慢，在快与慢的思辨里，有个声音对我说："小姐，你把车挪一下。"

他也盯上了我头顶上盘旋已久的那只鸟。

他的名字叫王石，看他的脸就是典型的农村人。王石很喜欢这条路，因为这里能看到家乡的那种鸟，家乡话叫这种鸟为"姑姑"，"姑姑？"我说，"怎么不干脆叫奶奶算了。""行，你叫奶奶嘛。"王石笑了，"前几年没修绿道前是看不到的。"

王石有一个跟工作要求截然相反的业余爱好：用手机拍照片。我看了他的手机，居然是IPHONE 3，他说是山寨版的，我问他从哪里看得出？他想了半天，说："不知道。"他用这款山寨版的IPHONE 3给他的家人传了无数张照片，现在他的家人以为他生活在天堂一样美的城市，这里有家乡的鸟，还有干净的林荫，自行车道和公车道是分开的，每走一段路都能找到行方便的地方，而且绝不收费。于是，因为他工作、生活在这里，这个美丽如画的城市也跟他远在千里的家人结上了千丝万缕的关系，成了她们在邻里间至今咀嚼不尽的资源。

王石的工厂以前离这个公园其实很远，现在，上了个坡就是绿道，他徒步走上半小时，也就闻到了公园的绿草花香。今年夏天，王石的两个孩子放暑假，他准备接她俩来工厂，不过，偏偏上个月他失业了，因为西方国家的经济危机，东莞倒了不少厂，现在他在到处找厂。从农民到工人，这个家庭他依然占有绝对的话语权，允许他纪实或编造，允许他夸大或矫情，不管现在的状况如何，他决定把女儿们带来这里，这就是她们梦想中爸爸的厂——绿色的厂。

“我拍的照片，有一些都给县委招工办的人拿去做宣传了。”

大雨即将倾盆而下，天空滚滚浓云，路人急于寻找躲避处，王石钻进了桥下。那只鸟就在这刻飞上苍穹，王石顾不得豆大的雨，拿起手机就拍。三分钟过后，他一身湿漉漉地回到桥下，还快乐地说：“这张最好，拿给村宣传办的显摆。”“拍的什么？”他笑眯眯地回答：“你奶奶。”桥下躲雨的众人开怀大笑。

王石告诉我，下次在东莞再见到他，说不定他就是个小老板了。我期待着。

一条路演绎着万千世象，我很想问王石下一步打算做什么老板，现在觉得幸福吗？不过，好像没这个必要。生活，会捕捉、会珍惜，就是幸福，有些人什么都懂，只是不会做；有些人看似不懂，却什么都做了。

我选择阿匹作为寻找幸福的目标，是因为他代表了绿道动态的存在。走在绿道上，我在一个人群团簇的地带发现了他，那里传来阵阵掌声，一帮正青春的大男孩在练习车技。

我无法理解，这个大男孩为什么在车技秀表演正盛时，突然离群而去。站在人群中的他，脸模糊一团，呈现不稳定的构图，似乎有无法克服的矛盾和隐秘的感情纠结。车技的高潮结束后，他表情严肃，一直沉默。他默默地等待整个表演结束，有意思的是，来了个漂亮的女孩，于是，他的目光变得意味深长起来。

同伴叫他阿匹，一听这个名字，我脑子里冒出来的是“阿司匹林”。阿匹，是个表面内敛，却绝不轻易妥协的人，这样的男孩内心缜密，情感表达看似朴实，最易伤人。他们自建的小车技队还没有统一的名字，有人提议叫：愤怒的河流、阳光派、丁字路口，也有人提议叫：酷十三，阿匹冷笑道：“怎么不叫十三姨？”他一说话，没人开口了。

这13个人在这里聚集齐练车技有近一年时间，如果这里面没有出现女孩，所有的运动会失去很多韵味和意义。今年在队友的提议下，增加了个两个女孩，事情的变化，恰来自于团队里新进来的那两个富有灵性的女孩子，阿匹喜欢A，A却喜欢B，B喜欢的C却喜欢阿匹，听起来有点复杂，团队中的旁观者也无一幸免地被卷入这场四角恋。练习（或者说表演）结束后，阿匹不愿意看到A跳上B的自行车，于是，他独自驾车走了。

A微笑的样子十分美好，她整个人的调子也是相对明亮偏暖性的，有人说她会抽烟，放在这张脸上似乎也可能理解。大家约好了第二天的排练，可谁去跟早早走掉的阿匹说？A跟阿匹住得最近，她望着B，B望着C，C望着A不说话，整个气氛瞬间冷下来。“他不会回家，他一定在车铺。”

只有我捕捉到阿匹真正的去向，他既没回家，也没去车铺。他一个人行走在城市边缘的绿道上，偶尔耍耍车技。不知道从什么时候起，我的生活就离爱情渐远了，每天重写续写除了工作还是工作，看到他的身影，我完完全全陷入了对爱情故事的感动中，现在的他们，不就是曾经的我们吗？每个人都曾在某个时刻，像他一样走过一条爱情的单行道。

10分钟后，事情有了变化。三年前，这一带没有开通绿道，从道滘到万江的交通工具只有车，他们13个人即使有共同的爱好，也鞭长莫及，只怕老死不相往来，因为有了绿道，把他们的关系重叠交叉在一起，宛如交响乐里的重奏。现在这个重奏发出了回旋音。两个男孩骑着车快速地冲了上来，其中一个载着A。我猜A有话要说。但是独自骑车的C拦在了A的前面，两个女孩第一次发生了冲突，C变得冲动，而A的身体也在颤动，这一切，骑车在前面的阿匹什么也不知道。我怀疑，A是不是也爱着阿匹，这又何苦呢?

后面的画面有些怪异，两个女孩各自骑了车向阿匹飞驶过去，我心底一沉，别出什么事。结果，她们越过了阿匹，一直拼命地往前骑，一场自行车拉力赛就此展开。13个人都到齐了，吆喝声此起彼伏。

旧时代，有多少爱情就匆匆葬送在“距离”这个问题上，像艾丽斯的《沙堡》里写的，当收到男人的信，再次回归旧恋情的女人重返家乡时，等待她的只有一辆已经变旧了的自行车。不得不感谢城市的发展和交通的便利，最直接的表现是人们的生活圈子在无限扩大，因为绿道的修建，东莞人们的生活从以前的一公里活动范围变成了现在的几十公里，让一切可能发生的故事短距离化、现场化了。恋情情势的急转直下，就变成一种致命的诱惑。我以为男人的动人之处在于他的无力感，女人的动人之处在于她的破坏力，好歹总有人能打破僵局。阿匹果然追上了疯狂飞驰的她们。这一刻，伴着清凉的风，夜月恰到好处地来了……

阿匹用了最为简单的方式表达他的选择，他将A抱上了车头，两人就这么一溜烟骑走了。

我整晚沉浸在对这件事的臆想世界里，音乐放得很响，那些关于18岁初恋的影像鱼贯而出，感受着它们的癫狂，重新体会成长的喜悦。在我眼里，他们是幸福的，不管结局如何，他们都能实现情绪的快速交换，至少心里的声音再次被打开时，他们的自行车肯定都还来不及变旧。横贯东莞东、南、西、北的绿道上，每天又上演了多少个爱情故事，又有多少辆来不及变旧的自行车呢？一辆自行车从交通工具变成了生活享受，从匆忙往前行变成了闲适的生活形态，它的历史抑或代表了一座城市发展的历史。

——想了就想了，说了就说了，忘了就忘了，爱了就爱了吧。

## 聆听绿的声音

幸福是什么？接受生活变迁，传递和谐、愉悦，学会感激，找到平衡……幸福的概念太多，那么，是不是有不满意就会不幸福？是不是有缺憾也会不幸福？

一座城市有千千万万像这样到处寻找幸福或者忘记寻找幸福的个体，当局者该如何了解他的子民生活得怎样呢？下结论的方式有很多，做报告、找数据、调查问卷。而我想，一座城市的文化张力，远不是几张填满了枯燥数据的报告材料可以做出总结的，它的基本指数在于市民对城市的想象力要远远大于它的写实技术，也就是说，带给市民想象空间越多的城市，它的幸福指数就越高。

市民最实际，那些有意制造的幸福在他们身上是不会买账的，好比好戏登台，一出场必须是高潮，否则会被退票。市民也是最真实的，当越来越多的人了解到护理身体比服饰漂亮更重要，精神生活永远饥渴时，这座城市就已经充满了求知、表达、向上、感性的文化因子。东莞致力于打造文化名城，用实际行动为市民办实事，落实千百条文化惠民政策，绿道文化也就以其独特的韵致，成为东莞最温柔的“内里”，代表着从经济之城到文化之城的从容演化。事情就是这么简单，有时候，很严肃的答案，恰就藏在一如平常的蓝天白云、青草绿地间。

## 鸟头，摄影小部落

绿道上跃着不少以摄影为业余生活的个人或团队，随着绿道的延伸，他们的摄影主题也日渐丰富。

今天的鸟头（QQ名）起得很早，戴着一顶LV的鸭舌帽，他所带的设备中，唯一跟大家不同的是，他总塞着随身听，他所听的歌曲自然是一成不变的属于他的摇滚时代。

鸟头，东莞本土人，海归派，今年39岁，他2010年组建了一个民间摄影小部落，倡导“精神的摄影”。这个部落游历了东莞大部分的绿道及其周边，很多成员为企业老板和公司董事。刚开始，只是他一个凭着爱好去做，每做一期摄影，鸟头都邀请朋友来与大家分享，后来，人以类聚，就成了部落。

摄影与自驾，这是不同于上班、加班、打麻将、泡夜店的另一种生活，他们离开城市的压力和物质诱惑，自在地到乡村野趣中寻找一种更合理的生活方式，鸟头说：“这是有质地的生活。”书面定义：低碳生活。因为还有企业，还有工厂，还有家庭，还有股票、期货、黄金和收藏，他们不能完全脱离本职身份，只能立足于现实与理想，在这之间进行着长时间的心理拉锯战，从某种意义上讲——摄影与自驾俨然成了自我的反省。与其他执着于光影世界的艺术家们不同的是，这群人对时事政治经济都十分关心。亚洲金融风暴时，他们的摄影活动就成了评点金融的沙龙，鸟头说那时候连拍的照片都充满了悲壮感，他拿出其中一张：偌大的广场，一根鸟毛都没有，只在尽头的一米阳光处能看到半条翅膀的影子，这张照片取名为：风暴过后。

开门见山、凭窗望水，这是从异国回乡的鸟头孩提时代熟视无睹的景致。长期的都市生活经历，让他收获了对家乡美景的理性认知。他希望把自然变成工作、生活的一部分，于是他把企业搬到了松山湖工业园区。他说在这里他的许多工作、创作跟策划灵感都可以从大自然中借鉴。鸟头在博客中写道："世界很大，我们很小，城很大，生活中的微观世界却依然可以如此美妙动人。"

这次的活动不同以往，鸟头带领的是他自己企业里的摄影团队。内部发起的这个团队，今年才刚刚组建，成员都是初学者，也免不了有为了老板的喜好而投其所好者，但只要报名，鸟头都照单全收。东莞镇镇通绿道，美好的景色近在咫尺，组织摄影再不用兴师动众，一项高雅项目也不再陌生。广东四大名园——可园、茶山的古村落、燕岭古石场遗址、同沙仙湖、松湖花海等好山好景，均被绿道一一圈点。像是过去的经典，如今突然被打开了的宝藏，膜拜者便纷至沓来。将城市和社区绿道建设与公园升级、环境改造相结合，让绿道更加实用和亲民，据悉，单旗峰公园的绿道投入使用后，每天就有5000—10000人次在使用。

鸟头分明把摄影当做与员工交流的另一种方式，他带着员工在林荫道下自由穿行。离绿道不到10米远的地方就是工业区，早晨的晨雾里还弥漫着工业的味道。工业意味着主宰、强势、反智性生活；绿道意味着知性、美好、自由；老板意味着个人主义、金钱符号、伪装、不善良；员工意味着乌托般理想、天真、缺少把持的维度。这些世界如今融合在一起，是很少见的例外。但，无须困惑，正如电影人说：我可以和你一起跳舞，直到母牛回家，而最好的世界是，我宁愿和母牛跳舞，直到你回家。

东莞的企业工人大部分来源于外省，外来人口在东莞总人口数中占七成，他们的生活方式显然很大程度上代表了东莞的生活方式。这些外来人口中80后、90后又占了很大比重，他们比一般人更容易获得如何享受生活前沿的信息，他们迫切需要一个提供展示其精神世界的广漠舞台。尊重他们的精神世界、提高他们的审美趣味、将企业文化与外来文化进行充分融合无疑是许多企业家要做的。环境形态、意识形态克服了重重障碍，最终拥抱在一起，这就是城市和谐。

鸟头有很多私密故事，只是一个也没说。最后，我问他为什么如此热衷于摄影，他说：记得家乡的景，记得所有的人和事，记得我来过——就这么多。我仍然觉得世界充满着不确定，他拍摄的这么多地方，某一天可能会变，他带领的员工，某一天也可能离开他而去，而他，守候着家园，守候着绿色，守候着故事，守候着一个城市变迁。看到他，就承认“守候”其实是对一座现代化城市发展历程最洗练最直白的表达，一切都将继续，只要你留心，什么时候都能带领着你的团队找到欢乐。

“东莞市茶山村南社村，建于南宋初年，距今已有800多年历史。村内古建筑众多，四周绿树成荫、地理独特，一派桃花源风光，村庄呈合掌对居，明清期间初显繁荣，人才辈出，为茶山一大村庄。东莞的乡村里，保存着许多明清建筑，其中最完整的地方是在茶山的南社……”5月19日，邀我同行的DA出行前在他的博客里写了这么一段话：远处轻烟袅袅，一大片稻田散落。近处村落里亮黑色的屋顶，散发着古色古香的味道，看上去很美。村子很小，四面都是田地。这样一个古村，此行除了我们，没有一个游人，一种莫名的孤独，跟随着我们，随时准备乘虚而入。

我一直以为DA只是个旅行爱好者，他的真实身份是画家，中国的古村落，他去过侗寨鼓楼群、东南锁钥二十八不镇、呈坎村、石桥村、新叶村……据不完全统计，中国境内的古村落数量已经从2005年的5000个左右下降到如今还不到3000个，这些同时整合了物质与非物质文化遗产的古村落，在物质形态上正以惊人的速度消失。DA来到茶山之后说了一句话："东莞古村落的修缮保养工作算是成功的。"不单是修缮，我想，绿道的建设也是让古村落从岁月里苏醒的重要因素，是绿道让尘封的历史远远越过那些残缺的屋垣，在广袤的时空中得以伸展。有资料显示：东莞绿道周围串联的重要景点多达200多处，其中长安莲花山、大岭山森林公园、可园、企石茶山和石排古民居更成为旅游胜地，人们可在休闲与健身之余体味东莞城的深厚文化内涵。

DA一直在用铅笔快速素描，他捕捉的全是村落里微观的细节，他说："我们倾其一生换得的，也不过是死亡，相对于死亡，任何再有意义的最终都毫无意义，生命就如白驹过隙般脆弱，一切都来不及思考，只有留下的才是永恒，只有细节的才是文化。"就好比绿道文化，讲大道理大材料谁都会，而真正的文化内涵是闪现在绿道里的品位生活和集体喜悦。

我们行走在时光里。在这古人希冀、千秋伫立的身后家园，百折不挠的中华子民一代又一代地繁衍。那些刻在石碑上的荣光，铭记的是曾经的过往，是古村落斑驳而未褪色的岁月，池塘边的翠榕垂柳，叶婆娑，枝低垂。池塘边的人家，檐高耸，影冷清。山墙有多高，水影也有多深，岁月的痕迹，都在倒影里模糊了。少了人烟的家，难敌岁月的侵蚀。梁木曾经漆亮，终究会腐朽；屋檐上的草，翠绿过，如今还是枯黄。此时的阳光不刺眼，撒在一层层的门楼上，这景象已被摄影师们无数次地捕获，橙色的阳光贴着黑色墙瓦，像古铜色的花边，而在四方古墙下，沸腾的人间生活正围绕着它展开。

他在东莞画古村落已经有几个月时间，还好，他几乎没遇到过任何阻碍，他把东莞形容成一个顽皮的孩子，人多、事多、钱多，正是这样一个城市，始终保持在发展进展中做自己的导演，演绎着精神文明和物质文明的高度融合。DA对许多事还保持着怀疑态度，包括东莞在“非遗”这块所做的努力，他认为应该还原古村落的原生态，让生活在这里的人们学会自然沉淀，别看现在的修缮工作做得很好，但实际上也意味着一段历史已经终结。我问他：“那么你觉得有什么可以值得推广的呢？”他想了想说：“绿道吧，没有唾手可得的幸福，但至少让我们寻找历史变得唾手可得。”

——然也。

到目前为止，绿道建设景观节点400多处，景观小品300多个，串联沿线旅游景点及兴趣点340多个。历史可以湮没所有物化的存在，却湮没不了人们的记忆。不管以什么方式亲近它，古村落，如今依然静卧在城市文明的侧旁，任由疾奔的社会经济呼啸而过，当黄昏带来现实的脚步声时，我们总算从历史中回归了，而此时，整个傍晚光线游离的村落，已在回忆的尘埃里若隐若现，发出岁月剥离的声音。我相信，这些声音被再次打开时，总会在不经意间感动世人。

“真正的速度是看不见的，就像风起云涌，日升月落，就像你不知道树叶什么时候变黄，婴儿什么时候长出第一颗牙来，就像你不知道什么时候爱上一个人。”

阿文平时偶尔会做驻唱歌手，莱克则在东莞一家外企做高管。他俩业余都是背包客，都是独行侠，一辆自行车可以骑上几天几夜。莱克和阿文是在万江到麻涌的某个绿道驿站认识的。那天下着大雨，阿文在驿站支起了帐篷，莱克觉得这不对，这样驿站空间会变小，没法满足很多要暂时歇脚的人，莱克用很不地道的中文讲了好几遍，阿文拉开了帐篷，一口流利的英文让莱克诧异半天，最后，莱克进入阿文的帐篷讲起了他的游历故事。故事由此变得舒展开来。当单纯碰上复杂，总能发生一些铭刻心灵的故事！

他俩都有结实的肌肉，健美的体魄。阿文参加了一个网上自发组织的绿道自行车拉力赛，拉力赛刚开始时范围很小，但风气这种东西却可能在短时间内迅速蔓延开来，大概这就是所谓潮流，很快参加拉力赛在那一年风靡一时，时常可以看到一队一队专业装束的车手在一声号令下集体开拨，巧的是，莱克又在这条路上。

台湾商人从20世纪80年代就开始向大陆发展，而东莞是当时台商企业的聚集地，阿文的父亲就是最先进入东莞石碣的第一代台湾商人，八零后出生的阿文，仅对中国北京有印象，她一直拒绝来东莞生活，直到2009年，父亲的一场大病，她不得不硬着头皮适应东莞。至今她还常哼唱台湾的歌谣，她现在偶尔驻唱的酒吧里还有胡琴、月琴、巴乌等传统乐器，层层叠叠的音效与吟哦式的唱腔就是台湾标志的声音，唱起来就跟一幅水墨山水画一样，颇有文化的韵味。因为父亲的病，她停止了参加拉力赛，而莱克的爱情拉力赛才刚刚开始。

我们以为莱克要面对的困难很多。比如：当时他们各自所在镇区还没有开通绿道，莱克为了见她一面，只好打的，莱克不喜欢业余穿得很正式，正式的服装让他觉得浑身不自在，但他也不可能穿着专业车手服钻进的士——他还没疯；那段时间，到周末，莱克只能把车放进的士后面，到了石龙的某段绿道再下来，再骑；还有，他根本不知道自己什么时候会离开中国，更不知道阿文什么时候会离开东莞。我问莱克："你知道中国人对家庭幸福的感受是什么吗？"他回答："相宿相栖。"不禁莞尔。

阿文唱歌的时候，莱克从头到尾都在为她打拍子。在我们许多人看来，这种爱情，是松散的，没有生活积淀的，更谈不上动力。而他俩似乎什么都没准备就蒙头开始了。爱情实打实地成了一件可以自然描述的东西。我那时候想跟他们说“你们都还是孩子”，可这句话还没说出口，莱克就说：“我们都不是孩子了。”

大家都不看好的爱情，就这样晃晃荡荡地维持着，所有旁观者都抱着美梦会在高潮迭起时戛然而止的观望态度。后来，某天豁然听闻，阿文做了父亲企业的第一董事长，而莱克所在的外企也将在东莞开设分公司，他们之间的距离因为绿道的修建而将完全打通。所谓一切都将继续，是这样的吧。我用“惊艳”来形容他们能够坚持下来的爱情，这要感谢城市的发展、社会的繁荣、文化的进步以及绿道的建设，莱克的总结陈词也是：“感谢绿道TV、感谢工业园TV、感谢东莞TV。”爱情总是叫人振奋，由此我们才明白，莱克的理想其实是以悲观而诚实的现实主义为底色，在幸福最后到来的时刻，他比我们任何一个人都看得透。

莱克追寻的是心，心在哪，他就追寻到哪。试问，我们有几个人能做到？面对一份爱情时，我们想到要面对的种种现实远比爱情本身多得多，复杂得多，即便当初从未怀疑过自己的第一感觉。惭愧啊！现在，因东莞的绿道已配套完善，镇镇成环成网，已适合举办各种小型群众性自行车赛事，于是，莱克和阿文依然是东莞最执着的背包客，双双出行，或出游或参赛，在绿道上俨然一对神仙眷侣，他们在一张超大的东莞绿道标志下照了大大的特写，我请他们说点什么，他们异口同声地说：“我爱东莞。”

我深以为然。

## 这里花开最盛

我们需要什么样的城市未来？我们如何与自然共处？

五月的阳光播撒在珠三角地带，在这里，气候、自然、政治、经济、人文都在人们的生活中扮演着重要角色，环境危机和金融危机一样，无时不困扰着一个国家的政治经济体制，没有人敢轻视一只蝴蝶的振翅效应，因为它的方向代表了一个城市的方向，它的平衡正预示着城市生态和人文平衡。据悉，未来5年，东莞将遵循绿道网规划原则，综合考虑自然生态、人文、交通和城镇布局等资源影响要素，结合实际叠加分析，形成由225公里区域绿道、761公里城市绿道、1257公里社区绿道，实现市民出行10分钟即可进入绿道网的目标。这些附着于湖光山色间的绿道，是一条条生态保护链，它们围绕着东莞新城，将东莞的社会经济和政治结构转变为视觉和休闲体验式的形式，表达着人们在现代生活的精神嬗变。

一条绿道不能解决人文平衡、城市和谐的所有问题，但却表明东莞在未来发展之路、生态之路、游憩之路、健康之路、时尚之路、希望之路、科学之路、幸福之路上，有能力带领它的人民创造新的奇迹，在任何时候都与它的人民休戚与共、风雨同舟！

通往东莞中心城市的路，连接着城市和它所依托的大地，不止是松山湖的花海，或是银瓶山冲的翠谷，再或是东江河与大海的交汇处，那重新被尊重的、复原的山水，随处可闻溪水潺潺、落花簌簌之声，生物之以息相吹也，这份直抵心灵的澄静与安谧是久违了的生命体验，只要是环绕着城市的自然都注定承担着人类精神家园的重任！

“仁者得山，智者得水”，东江之水环绕东莞，如果说山是一座城市的魂，那么水便是魄，路便是情，它们承载着一座城市的盛世华章和光影记忆。

——推开这扇门，蝴蝶飞舞在流光绿影间，这里，花开最盛。

吴诗娴□

# 中山篇

ZHONGSHANPIAN

# 幸福和美一线牵

## 引　子

中山，一座历史人文积淀深厚的城市，一座博爱创新的城市，一个幸福和美的绿色家园。

这里，有一代伟人孙中山的故居，有风情独特的岭南水乡，有河涌纵横鹅黄稻绿的沙田，有水鸟翩跹生态本真的红树林湿地，有帆影点点碧浪滔滔的中山港，还有五桂雄峰、通途街衢、时尚社区……

一张张幸福的剪影，一幅幅和美的画图，共同构成中山这座现代城市绚丽的卷轴。

走进中山，走进这座全国唯一的名人城市，如何才能尽情领略并感悟她的自然美、人文美、和谐美与现代美？朋友，请你关注一条绿色的珍珠链——城市绿道，正是它，融生机与活力、健康与环保、休闲与动感于一体，将伴你深入并欣赏幸福和美中山的一个个景点、每一片向往、每一处感动。

蓦然回首，一条长达182.7公里的区域绿道全线贯通，与顺德、南沙和珠海对接。至此，中山绿道与珠三角绿道网完美合拢！但完成这样的工程时间还不足一年！至2011年底，所有绿道配套设施亦全部竣工并投入使用。中山绿道建设以保质保量为前提，创造了后来居上、工程进展速度名列珠三角各市绿道建设第一的优异成绩，圆满完成了省委、省政府下达的任务，向全市人民递交了一份可圈可点的民生答卷。

## 发　轫

2010年初，省委提出了建设珠三角绿道网的战略，根据省《珠江三角洲地区绿道网总体规划纲要》，经过中山境内的区域绿道（省立）有2条，分别是珠三角绿道网规划1号线和4号线，主线总长182.7公里。中共中央政治局委员、广东省委书记汪洋高度重视该项民生工程，省委要求该项工程“一年基本建成”。

任务具体，时间紧迫，怎么办?

接到省统一部署的区域绿道规划建设任务后，中山市委、市政府高度重视，召开了专门的工作会议，成立了机构，统筹协调住建、规划、国土、财政、林业、水利、发改、交通等职能部门和相关镇区开展绿道建设工作。住建局接到绿道项目工程建设任务后，组织了由主要领导负责，3个局班子成员分线落实和1个党委委员具体抓日常工作的工作机构，从相关科室抽调20多人参与绿道建设，部署了工作分工，落实了工作责任，全市上下一心，把绿道建设作为中山建设的头等大事来抓，力求把中山的绿道规划建设成一条和谐的绿道、民生的绿道和健康的绿道。

作为区域绿道建设的主要承办单位，市住建局在第一时间召开党委会就此重大工程展开研究、论证、预算、部署。首先明确了环保、健康、惠民、节能的工程定位；其次确立了打造一个民生工程、阳光工程的目标；再根据任务与时间制定了分段招标、多地点同时开工，先分再合的高效工程计划；另外，从工程质量与工程进度考虑，决定实行党委成员包干包段负责制，并在工程一开始就专门成立了建设工程质检站。

部署就绪，只待东风。

2010年2月26日，一个值得记忆的日子。

中山市珠江三角洲绿道网项目建设动工仪式的举行，标志着中山绿道建设工程正式发轫。

## 蓝　图

区域绿道建设是一个新事物，国内没有现成的经验可以借鉴，只有一边探索、一边拓进。但要将“功在当代，利在千秋”的绿道工程打造成为国家示范性工程，首先要解决的问题是设计一张关于“绿色珍珠链”的图纸。

经过中山境内的区域绿道（省立）共2条，分别是珠三角绿道网规划1号线和4号线，主线总长182.7公里。1号线以沙田水乡、红树林湿地为生态背景，自北向南贯穿中山东部；4号线以五桂山生态保护区为生态背景，自西北向西南经过中山中部。中山市境内的区域绿道串联了鸡鸦水道沿岸特色景点、中心城区公园、古香林景区、秀丽湖景区、职教园区、小琅环公园、磨刀岛、红树林、岭南水乡等主要风景旅游点，荟萃了中山最有特色的历史、人文和绿色资源。

为了彰显中山区域绿道的特点，经过反复论证，规划与建设等部门画出了中山绿道的设计思想：体现中山地方特色，保护生态环境，结合宜居城乡，凸显人文特点。

从中山地方特色出发，规划者力求绿道围绕“村（翠亨）”、“城（主城区）”、“山（五桂山）”、“水（民众水乡）”四个旅游精品系列，对各类旅游资源和分散的旅游区（点）进行有机整合，做“活”翠亨的中山文化，做“丰”中山城区的休闲内容，做“秀”五桂山的风景旅游，做“特”民众水乡的水上项目。

为保护生态环境，区域绿道1号线以沙田水乡、红树林湿地为生态背景，区域绿道4号线以五桂山生态保护区为生态背景。通过区域绿道的建设，有利于保护中山市自然生态环境，促进生态公益林体系、红树林和沿海防护林体系等工程的建设。

综合考虑区域绿道建设与创建宜居城乡的因素，他们把城区的绿道规划为绿道建设的示范段，做出中山园林绿化的特点，并与中山现有的城区公园、街头绿景相结合，丰富城区绿化的层次。在镇区，则充分利用优美的自然风景特征、独具风韵的岭南农村特色，打造村镇休闲绿道特色，使绿道成为联结城市和村镇的绿色走廊，城里人可以沿绿道去欣赏田园风光、水乡特色、山林野趣和滨海风光，村镇人也可以沿绿道到城区来体验城市绿化造就的园林现代都市。

同时，对绿道注入了浓重的“人文中山”的思想，在区域绿道规划中，将其沿线的孙文纪念公园、孙中山故居、中山纪念中学、博爱医院、紫马岭公园等人文历史景观串联在一起，使游人一进入中山就感受到中山精神的存在，能够进一步推动中山历史文化名城的建设，促进文化事业的发展。

# 示　范

没有样板，就做一个；没有经验，就试一把。

中山人继承了孙中山先生“敢为天下先”的创新与探索精神，绿道建设者们拿出了一个先行先试、以点带面的行动方案。他们分别在孙文纪念公园、博爱路绿廊、紫马岭公园、名树园开辟了四个绿道示范路段。

针对不同示范点，规划与建设者采用了量体裁衣的思路，以求各有特点，各适其用。比如在孙文纪念公园示范段，精心做出中山园林绿化的特点，并与中山现有的城区公园、街头绿景相结合，丰富城区绿化的层次。对博爱路绿廊示范段，其设计改造范围包括从东文路至长江路口段西南侧沿路绿化用地。该段以大鳌溪新村为背景，设计结合场地现状，利用人工湖面、驳岸叠水、观景亭、廊架、观景水榭等建筑小品元素，尊重村居文化，运用传统岭南园林造园手法，掇山理水，营造出一个自然生态的休闲场所，为博爱路沿线增加一道独特的风景线。作为中山市域绿道建设首期实施示范段，博爱路绿廊全长1.8公里，占地面积11.1公顷。设计改造范围包括从博爱六路紫马岭公园游泳馆至博爱七路中山中专段北侧沿路绿化用地。改造建设将分两个部分进行，一部分是自行车道和步行休闲漫步道建设。自行车道设计宽度5米，总长为1200米，主要是为自行车爱好者及休闲踏青观光者提供一个安全、优美的行驶空间；步行休闲漫步道则是为满足人们运动、休闲、赏景等特殊功能需要的步行系统。另一部分为园林景观改造建设，以岭南园林造园手法为主，体现中山岭南文化特色。这为城市里繁忙工作的人们，就近提供一处亲近自然、健身娱乐的场所。

一条条蜿蜒的绿道如同一条条绿色的珍珠链，将人们的眼睛与脚步引向一颗又一颗绚丽的“珍珠”。

紫马岭公园占地面积约为88.5公顷，是广东省最大的郊野公园，是“香山八景”之一的“天池芰荷”故址，空气清新，景色宜人。园内共有20多个景点和一个大型鸟区，分布有摩崖园、百花园、名人树木、竹园、野趣园、雕塑园、春园、夏园、秋园、冬园、“嘤鸣谷”、阴生植物园、水生植物园、水园、儿童乐园等十几个景点和游乐场所。摩崖园，传神诗书，琳琅满目；百花园，百花齐放，四季飘香；名人树木，名人手栽，立下光辉榜样；品荔园，满园“妃子笑”，岭南佳果名扬；野趣园，山林景色；锦鲤池，溢彩流光；春园，桃花怒放；水园，游艇繁忙；荷花天池，滴水观音，普施甘露；秋园，随时移世易，红绿有常；玫瑰园，幽香远送；清芬园，异卉迎人；“嘤鸣谷”，鸟语花香，八千多只珍禽与人同乐；烧烤场，频传笑语；滑草场，视野开阔、绿草如茸、青树环绕，一幅美丽的田园风光；登“览胜阁”，园内最高景点，是游人登临览胜之处，举目俯瞰，满园景色尽收眼底，一览无余。

名树园全园占地4.6公顷，围绕具有中山特色的名树名木，辅以岭南园林造景手法，通过假山、亭廊以及小桥、流水参差错落，相映成趣。名树园中共有过千棵树木，以土沉香、龙眼、木棉、小叶榕、荔枝、人面子等中山的乡土树种为主。园内更有别具特色的四最：最大的树——人面子（又称银捻，胸径2米，树高13米）。最古老的树——桫椤（是现存唯一的木本蕨类植物，极其珍贵，堪称国宝，被众多国家列为一级保护的濒危植物。隶属于较原始的维管束植物——蕨类植物门桫椤科。在距今约1.8亿万年前，桫椤曾是地球上最繁盛的植物，与恐龙一样，同属“爬行动物”时代的两大标志。桫椤是古老蕨类家族的后裔，可制作成工艺品和中药，还是一种很好的庭园观赏树木）。最名贵的树——罗汉松。“水陆两栖”的树——落羽杉。还有原产地是其他国家的树种，如原产非洲的旅人蕉，来自美洲的糖胶树、腊肠树等。园中树种透着中山的地方特色，建筑也极具岭南风味。雾喷机驱动下，一团团雾气升腾，树木若隐若现，水流潺潺。天然巨石堆砌成假山，藏于林中，巨石与古树相映成趣，天然石头成为园中浑然天成的景点。

孙文纪念公园坐落在中山新十景“兴中缀锦”上，占地26.6公顷。孙文纪念公园主要由两个平缓的山坡改建而成，分为革命纪念区和综合游览区两个不同功能的区域。革命纪念区以纪念孙中山先生的题材为主，设有孙中山先生铜像、喷水池以及松园、竹园、梅园和栽种了999株龙柏的龙柏山等景点。与革命纪念区遥遥相对的是综合游览区，这个游览区设有“香山”、“飞来石”、“一线天”、“水帘洞”、“观景阁”、“迎阳石”等景点。孙文纪念公园重点突出了“纪念”的主题。革命纪念区与综合游览区之间，有一个宽阔的草坪，草坪绿草如茵，一侧亭台水榭立于绿树红花中，另一侧，石雕、椰树尽显热带风情。

## 攻　坚

2010年6月28日，副省长林木声在省住房和城乡建设厅厅长房庆方的陪同下，率队到中山视察绿道建设情况。他为中山鼓劲加油：中山在绿道建设上要抓进度，争做省绿道建设的“排头兵”。

当示范路段完成的同时，绿道也在从主城区向四周辐射。但工程的进展并非一蹴而就，一个个困难与问题接踵而至。要做“排头兵”，就必须攻坚克难！

从2010年2月到6月底，中山区域绿道首期示范段已完成绿地面积1.15万平方米，新建单车道近2公里，其余绿化带、游径及其他配套设施施工工作正在全力开展。但是中山市绿道建设也存在一些问题，如部分绿道选线人车混杂，交通安全隐患大；堤围上建绿道，绿化种植还需与水利局协调；部分绿道可能仍要改线等。

为解决上述问题，市建设、交通、规划、公路、国土、水利、港航、林业、发改、财政等部门和绿道沿线各镇区的有关负责人展开了现场办公会。

他们先后到特殊学校至金钟水库段、城桂路段、五桂山和平村、南桥村等绿道建设现场踏勘，了解这些路段绿道建设存在的问题。

按照水利管理规定，围堤上不得种植根系发达的植物，植物高度不得超过30厘米。但是按照4号线的选线，借道围堤东凤—港口段40公里左右，如不能种植绿化，又不符合绿道建设的标准。市水利局建议按照围堤沿线每隔1—2公里建休息亭，并在亭边种植少量绿化。同时，围堤局部可有选择性地将顶部加宽2—3米种植绿化，但不宜太长。市园林部门在考察了整段围堤的现状后，出了一份4号线景观绿化设计方案，对围堤的绿道绿化进行了景观设计。

区域绿道4号线五桂山段，有一段绿道从职教园区旁的山道穿进五桂山，从和平村出来回到城桂路。由于此前和平村村民对绿道建设存在排斥态度，不接受绿道施工，甚至出现村民阻挠施工的现象，该段绿道施工被迫停工。为此，住建局的施工人员加大了对村民宣传绿道建设意义的力度，同时，在五桂山办事处积极与当地村委、村民沟通，取得了他们的支持和配合，该段绿道重新开始施工。

这么大的工程涉及面广，没有问题是不正常的，关键是全市形成一盘棋，树立大局意识，做好协调与化解工作，只有迎难而上，形成合力，才能保证工程有序科学地开展。在绿道全面推进的过程中，镇政府为不拖后腿，借款租用田地、池塘，保证了绿道建设用地，神湾镇的群众还自发组织为绿道建设工人送番薯糖水，这些都是令人感动的事例。

# 催 化

随着中山绿道建设快马加鞭，一张覆盖全市的绿网即将呈现眼前。省住房和城乡建设厅厅长房庆方也为增强意识，提高效率，加快进度，要求营造“知绿道爱绿道享绿道”氛围，发挥宣传工作的催化作用。

从全市绿道工程开工始，市住建局就非常重视宣传绿道、推广绿道和使用绿道。

13名青年志愿者参加了“中山市青少年迎亚运绿色新生活东道主搜客行动——骑行区域绿道”。青年志愿者准时到达活动启动仪式现场——孙文纪念公园，接受志愿彩和学习行志愿礼，并在《绿色亚运长卷》上写上亚运祝福语。随后，志愿者们随珠三角9+2搜客骑行者、中山自行车爱好者和中山其他志愿者们一起骑行绿道。经过近2个小时的骑行，经博爱路、长江路和紫马岭南门口绿道示范段后，返回孙文纪念公园。

市青年摄影家协会、市住建局团委10多名摄影爱好者参加了绿道采风活动。在较有特色的路段开展活动，如1号线的围垦1段、开发区沿江路、南朗崖口段、民众水乡段；4号线的金钟水库、和平村段、南坑尾村段、东凤河堤段、阜沙万亩苗木基地段等。虽然天气欠佳，但摄影师们依然不辞辛劳，用他们手中的镜头表现绿道不同的美，工人们辛勤的背影在摄影师的镜头里留下美妙的倩影。

作为第16届亚洲运动会火炬传递广东省内第一站，中山市亚运火炬传递活动于2010年10月13日上午9时拉开序幕。中山市传递线路尽显伟人故里特点，从孙文公园开始第一棒传递，一直到最后到达终点——中山市全民健身广场，传递全程11.2公里。活动特意安排跑了一段绿道，并途经中山城区内的绿色生态公园——紫马岭公园，体现了“绿色亚运”、岭南风貌和“迎接亚洲运动会、创造新生活”的传递主题。这条路线的选取，集中体现了伟人故里的历史文化、经济发展和城市面貌特色。

据绿道办统计，他们先后在《中山日报》、《中山日报画刊》等共制作专版宣传绿道10余次；印发中山绿道网建设工作简报共5期；通过邮政信封印发绿道知识18.6万张；制作绿道公益广告宣传片，在市镇两级电视台播放。

由于绿道的宣传工作范围广且及时，中山的很多市民和社会组织都了解绿道，积极地使用绿道。绿道办主任陈晖东感慨道：有组织、有策划、有步骤、有重点的宣传工作为绿道建设营造了良好的社会氛围，增强了民生工程的凝聚力，对工程进度起到了重要的催化作用。而且，绿道城区段建成投入使用以来，成为市民假日休闲锻炼和组织活动的首选。

## 加　鞭

趁热打铁，快马加鞭。

2010年底，中山境内的182.7公里区域绿道（省立）全线贯通！

2011年一开始，市委、市政府便多次召集相关部门召开工作会议，研究加快推进区域绿道（省立）的配套设施完善工作与中心城区绿道工程建设工作。

2011年第一季度统一配套设施完善工作计划显示：

根据规划，区域绿道（省立）中山段内的驿站及服务楼一共有20个，另有应急驿站备用方案（集装箱改造）1个。

在中山市区域绿道4号线计划建设12个驿站及1个服务楼当中，截至3月，已进场施工的为7个。

在中山市区域绿道1号线规划配置的7个驿站中，目前南朗围垦横门一级驿站、南朗崖口二级驿站及民众裕安人家二级驿站已基本完成。民众沙田明珠一级驿站、明彩水果园三级驿站以及民众渡口三级驿站可直接利用现有服务设施挂牌设置驿站。

截至4月13日止，共完成绿道标志125个，安全警示标志855个。城区段、五桂山段基本完成，三乡神湾段、东凤阜沙段、开发区段、南朗段及围垦1、2段正施工安装中，总体工程量约完成55%。

4月7日，“倡导绿色生活，建设和美家园”活动启动仪式暨中山首条纯电动公共汽车示范线路、公共汽车首座充电站投入营运仪式举行，中心城区绿道（慢行系统）建设正式动工。

## 剪　影

驿站是绿道重要配套设施，也是“绿色珍珠链”的重要结点。将绿道工程打造成全国示范工程就需要精益求精。每一个驿站都是一个精致的景点，都是一处心灵休憩的港湾。

剪影一：孙文纪念公园驿站。位于公园路入口处东侧，与公园原有停车场结合，避免对公园环境的破坏。驿站用地面积583平方米，功能设置按三级驿站的要求布置了休息厅、售卖点、租车点、公共卫生间，并充分考虑了无障碍设计的要求，安排了残疾人坡道及卫生间，不仅能满足绿道游客的需求，同时成为公园配套设施的重要补充。建筑平面设计在满足驿站功能要求的基础上，根据本地湿热、多雨的特点，设计了架空休息厅、廊道，坡顶出挑形成骑楼空间，同时利用建筑上部高窗组织气流，改善通风效果，降低能耗。建筑风格延续原有公园建筑的设计手法，采用坡顶、斩假石、涂料等手法及材料，与原有建筑相协调。

剪影二：小鳌溪驿站。位于东区大鳌溪村口，博爱五路旁，东邻大鳌溪博鳌广场，西与绿道公园相连。总用地面积3065立方米，总建筑面积

347立方米，建筑分两栋单体，其中一栋建筑两层，内设管理用房、服务门厅、售卖点、自行车租赁等。另一栋建筑一层，内设卫生间兼配有医疗、急救、治安等功能的用房。两栋建筑都考虑了无障碍设计，并配有10个机动车停车位。

该驿站建筑群以中国传统大古典四合院为主要元素的建筑风格，与周边环境和谐统一，又为绿道公园主要入口，使整个公园首尾有序，与紫马岭南门相呼应。该驿站主楼为二层绿色歇山式屋顶，四面栏杆，长窗仿木结构的古典建筑，以后面人工湖为依托，与牌坊、石拱桥在一轴线上，呼遥相望。左边耳房为单层绿色硬山式屋顶的仿木结构古建筑，右边与博爱路连接处以园林绿化及建筑小品过渡。主楼与湖边水榭处以月亮门及花瓶门对景连接，并与湖面交相辉影，曲径通幽，极富诗韵的意境，宛如镶嵌在现代城市中的一颗小碧玉。

剪影三：白沙湾一级驿站位于石岐河畔，西倚长江北路蝴蝶桥，东邻白沙湾现代工业区，背靠广珠轻轨线。总用地面积4784立方米，总建筑面积570立方米，配有管理医疗急救、治安、餐饮、自行车租赁、公共休息大厅及公共厕所等设施和38个机动车停车位。

该驿站建筑平面布局成不规则异形，功能分布自由合理。结合环保低碳的理念，整座建筑以粉白色为主色调，屋顶为流畅、韵律动感的流线型现代风格。外立面设有简洁、纯粹、通透的方孔与屋顶采光窗洞，利用热空气上升对流原理将室外自然光直接引入室内，使室内更加自然通风采光。扇形折叠的墙面，减小室外噪音对室内的干扰，观感上使立面更具立体美感，达到环保、节能、美观的效果。这些设施令整座建筑俯视如“粉蝶恋花”，平观如“玉蚌含蛛”。与蝴蝶桥、石岐河动静交合，显得更具灵性，宛如一支现代田园交响乐。

剪影四：金钟水库一级驿站位于东区新安村口与金钟水库绿道入

口处，西临金钟水库排洪渠，背靠小山冈，北依东苑路，南面是一片鱼塘。总用地面积约11104立方米，总建筑面积660立方米，功能设置上除满足一级驿站的配置要求外，考虑到金钟水库绿道完工后，金钟水库将成为中山市民休闲娱乐、旅游观光的又一新景点，故适当增多了机动车停车位的数量，共配有73个机动车停车位。

金钟水库位于五桂山山脉。五桂山历来是中山客家人聚居之地，所以该驿站采用客家围屋二层建筑风格，内屋门廊，并融入岭南骑楼元素和现代建筑元素，使之与客家建筑风格有机结合。屋顶以灰色硬山式为主，外立面首层采用青砖饰面，二层采用白色涂料墙漆，上下两层灰白对比，色彩分明。为体现绿色环保理念，克服客家围屋缺点，驿站还采用了现代落地玻璃门窗设计，使室内更加通风、光亮。门口牌坊与主建筑在一轴线上，采用仿自行车外形设计，体现绿道概念，使整个建筑与自然环境、人文地理环境浑然合一。

## 魅　力

两个春秋，几多汗水。一条绿链，几多珍珠。

这条串缀着珍珠一样景点的绿色链子，也串起了300多万中山人的幸福与和美。因为它的引导，我们走进孙中山故居，走近伶仃洋畔，踏入孙中山纪念公园的浓荫，步人兴中道的闲舒，也纵情于水岸驿站和沙田风韵。这里，还有几处不可忽视的“珍珠”：

岭南水乡是岭南一带保存最完整、最具水乡特色的自然生态与人文生态的景区，有“红桥碧水”、“草荡潮音”、“水乡农榭”等30多个景点。一方水土养一方人，水乡河产丰富，依水而居的水乡人，他们捕鱼种植，日出而作，日落而息，生活悠然自得。这里没有江南的小桥流水，只有草荡潮音，有大小不同的水闸调节水乡的水位和交通，使得水乡河道穿梭的船只安全往来。船只是水乡人水上主要交通工具，也是与外界贸易往来的纽带，有捕鱼网虾的，有送香蕉给蕉商的，有货物买卖的。水乡人满载着一个个希望，摇荡着对美好明天的憧憬，融入大自然中，勾勒出岭南水乡的一份恬静、一份朴实。在水乡玩的是一份闲适，体验农家生活，去农民家吃饭、种禾种菜，体验那种“粒粒皆辛苦”出力流汗后的丰收喜悦，都是城市人体会不到的。如果时间充足的话，更可以“探窗看鱼跃，蛙鸣入梦来”，和乡下的老叟一起下局棋，或一起“闲来茶当酒”，则能在他们平淡的生活乐趣中体会到一份知足常乐的心境，反思自己忙碌的生活是否真的快乐。

裕安人家是民众镇集农业观光、科普教育、乡间骑行于一体的水乡旅游区。景区围绕“如歌如画”的概念定位，以水韵景观为主，融合生态农业旅游、疍家文化旅游、边防教育旅游等特色，按国家AAAA景区标准打造出裕安水韵、农家乐、木屋别墅、农田意趣、边防教育基地、水上乐园、裕安晒场等旅游观光项目。

“五桂雄峰”是“中山十景”之一。苍翠五桂山是中山自然环境的标志性要素。位于五桂山古香林地区的绿道属五桂山余脉山地区域，这里山清水秀、鸟语花香，潺潺的流水、清新的空气、怡人的景色令人流连忘返。金钟水库是古香林的核心地区，古香林其余用地包括古香林山、金钟山、旗山、文笔山等地以及大尖山北麓地区。古香林山中，有一佛寺遗址，名为古香林寺，古香林寺为这一地区增添了人文内涵。古香林寺，建于唐代贞观年间，是中山市为数不多、家喻户晓的宗教古迹。

从五桂山的山脚，一条新开辟的绿道沿山而行，一直通往山里的和平村，翻山段两侧山清水秀，松柏林立，绿树红花，虫鸣鸟叫。由于游径建设，局部地段山体开挖，需要进行护坡绿化处理，考虑与周边自然环境的协调，采用喷混植生技术、种植槽技术、灌草立体生态成型等生态复绿技术。

翻山后信步穿过翠竹掩映下的小溪，进入那群山环抱的谷中，眼前一湾碧水，明镜般映入你的眼帘，使你领略到五桂山天然泉水带出最贴近自然的活水养殖生态景观，顿时远离城市的喧嚣。大约经过两公里的沿山绿道之后，来到了和平村，这个坐落在大山里的客家村落，古色古香的村屋，近有小桥流水人家，鸡犬相闻，远有田园果树繁花，红绿掩映，犹如一处世外桃源。绿道的建设拓宽了村道，缩短了村民出村的路程，方便了村民出行。

正因为这一幅幅如诗如画的美景，一处处历史人文的磁性，绿道牵引来四面八方行者的脚步。

国庆黄金周第二日，九洲口岸出现了一个以往长假未曾出现过的景象：大批穿着各式各样骑车服、背着大旅行包的旅客推着自行车走下客轮，排队过关。据了解，他们并非专业赛车手，而是特地从香港赶来中山体验“绿道”的香港市民。

边检民警透露，昨日从8时40分开始一连三班船，至少有超过100名的旅客推着自行车过关。这些旅客年龄跨度很大，从十几岁到六十几岁的都有，有的还是一家几口人。他们有的推着单车排队候检，从人工通道过关，有的则同单车一起自助过关。

中山市中青年干部培训班学员一行45人到区域绿道金钟水库段体验。在山林翠绿、群山环抱、风景优美的环境中，学员们骑车穿行于群山之中，充分体验绿道骑行的乐趣。

200多名中山澳门两地侨界青年也来了，他们欢聚一起，从全民健身广场出发，骑着自行车沿博爱路段的绿道一路畅行。在全民健身广场举行的“趣味运动会”上，中山澳门两地青年展示了活力，增进桑梓乡情。

三月的风徐徐吹动，中山市住建局团委与市检察院团总支在绿道金钟水库段联合举办了“青春结伴，绿道体验”主题活动，60名团员青年一起骑着单车沿金钟水库而行，不时被眼前的水库美景所吸引，纷纷留影留念。尽管有的地方坡度较大，道路比较崎岖，但仍然阻挡不了大家继续向前骑行的决心。“虽然很累！但是我们很舒服！”这是大家普遍的感受。两单位的团员青年一路结伴同行、欢声笑语，经过一个小时左右，大家顺利骑行了11.6公里的路程。

20多名国家和省的10多名媒体青年记者如约而至，他们来到中山探访绿道建设情况。观看了中山绿道公益广告宣传片和中山绿道建设专题汇报片，青年记者们迫不及待地奔赴绿道博爱路示范段、民众水乡段和金钟水库段实地踩单车，体验绿道建设带来的快乐和休闲。

绿道，民生之道，健康之道，兴业之道，幸福和谐之道。作为一项工程，它已圆满完工，但它的使命还将在中山大地绵绵延伸，作为一条绿色的珍珠链，还将闪烁更为华美的光晕……

黄　刚

# 江门篇

JIANGMENPIAN

# 五邑绿道任骑游

## 绿道，走进幽深的历史深处

你若很想到五邑绿道骑游，特别想看看江门五邑的人文历史景观，那么你就来6号绿道吧！贯穿五邑的绿道，主要有3号线与6号线，3号线连接江门诸多自然生态景观与开平碉楼群落；而6号绿道，将会把你的思绪引向幽深的历史深处。

江门又称五邑，因为江门曾下辖五个县级市，故得此名。江门，顾名思义，即大江之门。西江浩浩荡荡从广西的崇山峻岭中流来，这里是它奔向南海的最后一站，出了这道门，就是南海。江与海在这里千年交汇，共同托举起这一片肥沃而美丽的土地。你说你二十多年前来过江门，过去从广州到江门，由于珠三角水网纵横，又坐车又过轮渡，要折腾一天，你感到很畏惧。这已经是老黄历了，如今，五邑地区的高速公路不仅在全省名列前茅，其中的绿道更是别具风采。骑游在五邑绿道上，你将会有一种别样的惊喜。

你从九江大桥骑车进入江门，进入鹤山的地界，沿着奔涌的西江，这里是6号绿道江门段的起始，也是游客必须驻足停留的地方，并非此地有风景名胜大雁山，而是因为在西江边，还有另一条古劳绿道。你顺着古劳绿道车行不远，便有一处文化胜迹，那便是与苏东坡有关的坡亭。据说当年苏东坡谪贬岭南，途经大雁山下，被沿途迷人的风景所吸引而不忍离去，与他的爱妾朝云曾上岸小憩，至今流传一段千古佳话。当时的苏东坡伫立西江之滨，看到滔滔滚滚的西江，是否想起他曾经在赤壁写的词句“浪淘尽千古风流人物？”还是想到前路维艰，不想前行去遥远的惠州，有在此地安根之意？现在已经无从考证了。据传苏东坡上船后还与朝云站立船头，对大雁山频频注目。后人为了纪念苏东坡对五邑大地的情感，特地在西江畔苏东坡休憩处建一座“坡亭”。如今坡亭犹在，诗人安在？你去了坡亭，一定会发思古之幽情。

当然，你还可以沿着古劳绿道去另一个地方，也在西江之滨，一个叫坡山水寨的小村，这是一个不太引人注目的村庄，然而，就在这个村庄，却出了两位民国年代的电影明星，那便是著名的影星胡蝶与她的堂妹胡珊，姐妹俩20世纪30年代走红上海影坛。好山好水出美女，一个小村庄出了两位电影明星，可见此地风水极佳。尤其是美丽的胡蝶，不仅在当时的上海滩大红大紫，还连续三次被评为中国电影皇后，胡蝶在20世纪50年代，由于丧夫的痛苦，基本处于息影状态。1960年，受香港邵氏公司老总邵逸夫先生的邀请，她又再次出山拍了一部电影《后门》，这也是她人生的最后一部电影，却一鸣惊人。这部影片在日本东京举办的第七届亚洲电影节上荣获“最佳女主角”奖项，其时她已经五十多岁，她的电影生涯画上一个圆满的句号。晚年的胡蝶胡珊姐妹俩都定居在加拿大温哥华，但她们对故乡却始终难忘。胡蝶的女儿，后来成为李宗仁最后一任夫人的胡友松女士也来水寨村寻过根，胡蝶住过的故居犹在，目前正在修缮，在不远的将来，这里一定会成为一处旅游胜地。胡蝶是中国电影史上具有里程碑式的人物，相信一定会吸引你前往吧。

骑游在五邑绿道上，就是在浏览一幅自然的画，阅读一首流动的诗。青山绿水扑面而来，在亚热带灿烂的阳光下，绿道畔的西江澄净如练，百舸争流；远山如浪，绿意葱茏而韵味悠长。这无边的绿意，裹挟着你顺着6号绿道来到新会地界。穿过绿道两旁茂密的葵林，你一定看到那株百年老榕，听到鸟儿们的鸣叫声，看到无数的鸟儿在上空盘旋，那便是 “小鸟天堂” 。三百年前，这个叫天马的地方并不出名，一个农人无意中将一株水榕插入天马河中的一个泥墩上，这株水榕落地生根，长成后榕树的须根又落地生根，就这样不断地循环下去，这株水榕树独木成林，逐渐蔓延成一座绿岛，旋即，吸引了成千上万的鸟儿前来栖身，其中最多的是白鹭与灰鹭，白鹭早出暮归，灰鹭暮出晨归，和谐共处，互不干扰。而天马村人爱鸟是出名的，从不惊扰这些鸟儿，天马村便成为鸟的乐园。20世纪30年代，著名作家巴金应当地朋友之邀，来到天马村，朋友带他行舟目睹了这个景观后，巴金非常欣喜，遂写下了不朽的散文名篇《鸟的天堂》。于是，这株老榕名闻天下，后被命名为“小鸟天堂”。这是五邑大地的自然奇观，也是人与自然和谐共处的象征。

离开小鸟天堂，你继续往前骑游，有一个叫茶坑的地方你不可不去。它就在天马村的附近。在天马村附近你一定看到一座小山上古老的宝塔，那叫熊子塔。熊子塔下的那个村庄，就是茶坑。茶坑是梁启超的故乡，你没有想到吧？梁启超是中国近代著名的资产阶级改良主义者、维新派领导人之一。他17岁中举，后师从康有为，1895年随康有为赴京会试并参与组织“公车上书”。1896年在上海主编《时务报》，次年主讲长沙时务学堂，积极鼓吹和推进维新运动。1898年组织发动了著名的戊戌维新运动，失败后流亡日本。他在文学方面倡导文体改良。晚年在清华学校讲学。他学识渊博，著述涉及政治、经济、哲学、历史、语言等多方面，编为《饮冰室合集》。那么，我们就去茶坑梁启超故居看看吧。梁启超故居建于清光绪年间，是一幢古色古香的青砖土瓦平房，由故居、怡堂书室、回廊等建筑组成，建筑面积有400多平方米。故居旁边是梁启超铜像和后来建的纪念馆，纪念馆以图片形式展示了这位伟人的一生。梁启超后人也青出于蓝，一门三院士，其中以长子梁思成、长媳林徽因最为有名。你可以想象到，当雄姿英发的梁启超从这座故居走出，走向京城，走向更广阔的世界后，故居便成为梁家的精神驿站。尔后梁家一代又一代人，个个英杰。他们分别穿着长袍、马褂、西装，一个个潇洒出尘，玉树临风，年轻有为。至今在故居的院子里，你还依稀听到他们爽朗的笑声，还有梁任公老人发出的内心感慨："少年中国者，则中国少年之责任也。故今日之责任，不在他人，而全在我少年。少年智则国智，少年富则国富，少年强则国强，少年独立则国独立，少年自由则国自由，少年进步则国进步，少年胜于欧洲则国胜于欧洲，少年雄于地球则国雄于地球……"

未来中国也同样属于少年的！你感慨地说。

骑游在江门五邑绿道上，你说你突然感受到了大海的气息。

现在你站立的这个地方叫崖门古炮台。你前面的这一片辽阔的水域不是海，是西江出海口，就是前面提及的江与海，在这里千年交汇的地方，这片水域叫银洲湖。这座苔藓斑斑的古炮台是清代时建的。你来得正是时候，古炮台上两株枝干遒劲的古老的木棉树，绽放着硕大红艳的花朵，宛如一朵朵血色之花在你眼前次第绽放。天上正在飘着小雨，纷飞的小雨打湿了你的思绪，也让你在雨中读到了五邑历史上最悲壮的一页：南宋小王朝从江南临安顺流而下，如同风雨中飘摇的一叶小舟。元军的铁骑裹着北方草原的沙尘呼啸而来，金戈铁马，硝烟战舰，一场海上血战后，陆秀夫背负小皇帝投入银洲湖，文天祥铁镣缠身慷慨悲歌。江南美人杨淑妃惊悸的长袖在瑟瑟的寒风中猎猎飞舞，像一面招魂的旗帜。一个腐朽王朝的幽魂是招不回来的，历史不会因为一个美人的悲戚而改写。杨淑妃的故事在崖门的慈元庙中永久定格，为南宋王朝的灰飞烟灭作了诠释。你同样在这血与火的一页里，感受到了五邑历史那一页浓得化不开的悲壮气息。

如今的银洲湖，战争的阴影早已烟消云散，在银洲湖出海口西侧有个银湖湾湿地公园，6号绿道直通那里。银湖湾公园占地十万亩，这里的大片湿地和大面积的河塘基围引来各种迁徙水鸟落脚繁衍，成为成千上万种动植物的理想家园，与小鸟天堂遥相呼应。在这片绿洲里，你仍然能捡拾到历史的传说与文化的遗存。这里盛产一种鱼很特别，尾巴上有个印记，叫印鱼，传说是南宋末代皇帝赵昺投海殉国时，他身上携带的玉玺，偶然击中一条鱼的尾巴，于是在鱼尾上留下一个清晰的印记。这条鱼传宗接代，终于繁衍成为银湖湾的一种特产——印鱼。清蒸印鱼，鱼肉嫩滑，妙不可言。这传说当然有些附会的意味，但七百年前的那场战争，确实给这里的人们留下刻骨铭心的记忆。那场战争结束后，有数千南宋的官兵风流云散，在五邑大地隐姓埋名，落地生根。唯有赵氏一族，拒不改姓，至今银洲湖附近的三江，仍然有赵姓集中居住，被人称为“皇族村”。如果你有意去三江，自然也有绿道经过那里。骑游在五邑绿道上，你如果累了，还可以去南坦葵林游览，百年葵林将把你带入农业文明时代的胜景。江门还是温泉之乡，其中6号线连接新会古兜温泉，3号线接恩平帝都温泉。你这次可以去集山、泉、湖、海为一体的古兜温泉度假村的青山翠谷里体验唐式、欧式、日式的温泉风情，一洗你骑游旅途上的风尘，让你浸润其中，如坠梦幻。

骑游在五邑绿道上，你不仅有一份莫名的温情与感动，同时也触摸到五邑的历史文化之魂。你说，你下次来还想去见识一下侨乡江门，那么，欢迎你再次骑游3号绿道，我还期待为你当导游。我相信，你将还有许多意想不到的发现与收获！

## 沿着绿道，走向春天

我无法解释自己，似乎仅仅是转瞬之间，便骤然换了一种心情。

这里是我生活的小城，我在这里生活了整整二十多年。目睹着她一路紧跟时代的节拍在现代文明的道路上一路高歌猛进。越来越多的高楼大厦、奔驰汽车、闪烁霓虹灯、酒家饭店……夏日的办公室终日以空调纳凉，透过厚厚的玻璃幕墙望过去，只觉灰蒙蒙的天空下，钢筋水泥铸成一片“石屎森林”，虽有着与时俱进的繁华，但总觉得缺少些什么。

很长一段时间，我不再信任这座城市，只要有机会，我都会忙不迭地出逃，坐汽车，乘飞机，搭轮渡，只为着心中对自然的渴望。逃向乡村，走向森林，奔向大海，到远方去。为了那一片绿，为了那一缕风，为了那边的海……生活不在这里，生活在别处。

只是，今天，我愿意用另外一种目光重新打量这座城市。

此刻，我正从篁边驿站租来一辆自行车，开始骑行。

这里是江门市绿色新政打造下的省立绿道6号线途经的滨江绿道，全长22.5公里。

正是周末的黄昏。落霞余晖，映照在烟波浩渺的西江上，跳跃着点点金光。偶尔江轮驶过，长长的汽笛声划破平静的江面，江面之上，荷塘西江大桥飞架南北，在斜阳的映衬下，像条披上金衣的巨龙。作为江门市区重点绿道示范段，滨江绿道路面宽敞，绿道中间铺设平整的沥青供自行车骑行，两旁铺设地砖供步行。因为是西江堤围的一部分，绿道靠江边外侧的临江湿地还种植了红树林以巩固江岸。绿道一侧时有岔开的小路通向江边，江边，有人正悠然地垂钓。

骑行在开阔的滨江绿道，欣赏着眼前的美景，我的心，在徐徐江风的吹拂下，缓缓地，舒展开来。

如果说，美丽的江景让我频频“左顾”，那绿道与滨江大道之间宽达30—60米的绿化带则让我禁不住时时“右盼”了。

绿色，一路延伸的绿色。规划者根据原有地形地貌的特点，沿途高低错落地铺展开沁人心脾的盈盈绿意，以乔木、灌木、花卉、草坪组成变化丰富的植物组群，创造出大气魄的绿化景观效果。凤凰树艳丽的红花与嫩绿的树叶渲染出一片热烈，淡黄的玉兰花散发出袅袅幽香，还有红色的美人蕉、紫色的杜鹃……我仿佛走进一条绿色的生态长廊，又时时为它在设计上的“艺术”而沉醉，以致我不时停下来，频频举起相机……

本地传媒对江门绿道的宣传，已经有些时日了。在北京召开的首期“广东绿道讲坛”上，江门与广州、深圳等珠三角9个城市获得了全国人居环境范例奖。只是固执如我者，若非亲历，是难有切身的体会的。此刻，当我呼吸着清新的空气，欣赏着美景如斯，突然意识到，也许，我们从此不用专程到远方去寻找净土了。

暮色慢慢地围拢过来了。一位年轻的妈妈一边用婴儿车推着她的“小天使”，一边弯腰微笑着跟她说话；身边一位骑着自行车的老头子赶上了我，他的车座后面坐着他的“老婆子”，“老婆子”双手亲昵地搂着他的腰；护栏杆边，几个外来工模样的人倚着聊天，不知是什么事情让他们快活地笑弯了腰；凉亭里传来几个孩子追逐嬉戏的声音，清脆稚嫩的童音惊飞了天上的鸽子；一个中年男子塞着耳机，一边漫步一边听着音乐，不时还跟着哼几句，他那种陶然自得的表情一下子感染了我——真是“绿在道中，景在道中，趣在道中”，生活，在此刻凸现了它的安逸与惬意。人与自然的亲近，带来身心的康健，绿道的建成，真是一项惠及民众的福泽啊！

突然想起一则看过的报道：

2011年12月，两百多名肢残、聋人、盲人等残疾朋友在滨江绿道开展了“残健携手同游滨江绿道活动”。据悉，这个活动是江门野外协会通过网络发动捐款的，筹集了活动经费，并招募了250多名义工同行。旨在让残疾朋友体验“滨江绿道”沿江美景。照片上，他们有的张开双手，有的抬腿，有的做出表示成功的“V”形手势，有的故意装出调皮的表情，无一例外的是，他们的脸上全都洋溢着发自内心的笑意。是的，他们是很想在大自然里撒一回野的——既然登山是有困难的，涉水是不可取的，那么，就让滨江绿道赋予他们一个最大程度亲近大自然的环境吧！

夜幕降临。一拨人离去，又一拨人来了。我把自行车还了，面向西江而坐。只见夜空炫目华丽，满天星汉辉映，一颗，两颗，五颗……我突然想到，自己有多长时间没有看到星星了？都市闪烁的霓虹灯仿佛成了假造的星空，真实的星空反而被遮蔽了。据说，如今，地球上有一多半人没有见过夜晚的银河了。文明在疯狂地掠夺着绿洲、森林，污染着河流……所幸，绿道给予我们重新回归自然的途径。

正神思恍惚间，突然听到有人叫我的名字。抬头一看，竟是我隔壁邻居何伯。令我惊异的是，此时此地见到的何伯，再也不是那个60多岁的何伯，他身着一套时尚的蓝色运动服，头戴蓝色的自行车帽，虽然脸上还流淌着汗珠，但整个人看上去精神奕奕的。原来，自从滨江绿道开通后，他每天都从市区出发，骑车穿过滨江绿道，然后经大雁山风景区返回，全程至少30公里，两个小时左右。和以往相比，他的血压正常了，睡眠质量提高了，双腿也变得越来越硬朗了。他说他还加入了自行车俱乐部，准备遍游江门甚至省内的绿道……

望着这位很快在我眼前飘然而去的60多岁的“骑士”，我突然意识到，绿道，正悄悄地冲击和改变着我们的生活方式，直接通向市民生活的各个角落，触发广大市民生活的“大变革”。

当晚回家，我突然萌生了继续骑行绿道的冲动。据悉，江门市省立绿道已贯通286公里，除途经滨江大道等地的6号线外，还有自顺德均安进入江门的3号线。那么，走吧，明天，到新会去！到南坦岛葵林去！

翌日，天蒙蒙亮，我沿着绿道一路骑行，进入新会西南方，经过黄克竞大桥，桥脚边突然出现了一片连绵起伏的绿浪，这里就是江门3号绿道途经的南坦岛葵林了。如果说，在滨江绿道，那隐约的车流是在提醒人们都市的存在的话，那么，此刻，当我置身于万片青葵之间，就恍如进入另一个世界了。

在南坦岛葵林里，葵树那丈把高的深棕色躯干，如男子汉粗壮有力的手把婀娜多姿的葵叶高高托举在上，带着一种说不清道不透的阳刚之气和阴柔之美。据说，葵树每生出一片叶子，就在树上刻上一圈木纹；一年大约长出12片葵叶，如此，那铭刻于葵树表皮上的一道道裂痕，一圈圈木纹，就是时光驻留的年轮了。

没有人知道，是葵树选择了新会作为栖居之所，还是新会的水土更适宜葵树生长。自从大地的版图出现了“新会”的名字，葵树就已经葳葳蕤蕤地漫遍新会的每一个角落。葵树的身姿融入了新会人的记忆，新会也因此有了“葵乡”之美誉。葵树不独生于新会，然而，新会葵树确实有着足以傲视群雄的骄人的特质——新会蒲葵曾以其扇柄“不偏不倚”的特色，风靡天下。新会葵扇， 在明代就被选为贡品，远销国内外。可惜，历史走到今天，那曾经长长地摇入中国夏日的葵扇以及各种葵艺制品，已经日渐式微了。葵树，在现代文明的挤压下，也不得不一步步地退缩着生存的空间。它们的风光，正日渐变成一种装饰、一种风景、一种遥远的传奇。

想起我所敬重的新会著名摄影家冯耀华那幅摄于1994年的摄影作品——《小鸟没有了》，画面中，曾经生机勃勃的大片葵林，被砍得只剩下一截截矮矮的树墩。远处可见工地的汽车掀起阵阵飞扬的尘土，起重机如一名行刑者执行着绞杀葵林的使命。近景中，三个原本在葵林里玩耍的小孩，看着眼前满目疮痍的景象呆住了——仿佛仅仅是在昨天，他们仍在葵林里撒野追逐，蝴蝶在眼前翻飞，小鸟在丛林里歌唱。如今，呼啸而来的起重机让一切成为记忆。这是一幅曾经获得过“联合国第二届国际环境摄影大赛”特别奖的作品。这个奖，在我看来，凸现的不仅仅是它艺术上的成功，更重要的是它所流露的如同挽歌一般的哀伤的况味。那起重机起起落落之间，是要连根拔起我们人类赖以生存的绿色的家园！

柏慕克曾说，我们一生当中至少要有一次反思，引领我们检视自己置身其中的环境。当我们面对全球变暖，日趋恶劣的生存环境，哪些固有的观念需要被重新审视？也许，21世纪将不是核战争的危害，而是生态危机，绿色的危险，绿色的悲哀。

一阵江风吹来，无数葵叶左右摇曳，绿浪滚滚，发出沙沙啦啦的响声。在晨光的沐浴下，星散排列的葵叶透着通透玲珑的美，新生的嫩叶如小鸟一样仰面朝向蓝天，一排排伫立于水塘边的葵林，令人想起理查德的钢琴曲《水边的阿狄丽娜》那动听的旋律。葵林水沟纵横，清澈的水塘里，不时见鱼、虾结伴畅游。地上长满茂盛的阴生植物，蝉在林间歌唱，青蛙躲在某一个角落鸣叫。在我正陶醉于这百年葵林原始的自然生态美景时，一个农人牵着一头牛在林间出现，阳光洒落在农人和牛身上，仿佛一曲久违的田园牧歌……

我想，我还是应该感到欣慰的。随着当地政府对生态自然保护的日趋重视，南坦岛葵林正迎来她美丽的春天。据悉，新会区政府正拟通过租赁葵林土地的方式将葵林纳入政府保护，并先后投入400多万元补种142亩葵林。而当下，随着3号省立绿道穿行于此，南坦岛，这片保留了大片葵林而独具特色的锦绣小岛，必将进入愈来愈多游人的视野！

此刻，我突然萌生和何伯一样的想法——加入“拜客”[①]一族，不日骑行遍游江门绿道连接的40多个景点，慢慢走，慢慢赏——沿着绿道，走向春天。绿色是春天的颜色，那低碳环保的春天，强身健体的春天，蕴藏着无限生机的春天……

## 绿道绕碉楼

我们沿着绿道去闻名中外的侨乡开平，可饱览掩映在远村近树之间的碉楼，这些碉楼一座座笔立天际，宛如老华侨倔强的身影。“无碉楼不成村”，说的就是拥有“三江六岸”的开平，那一座座欧陆古典风格、超过1800多座的碉楼，就是这样与中国南方农村的传统土屋交错在一起，形成了绝无仅有的乡间景色。

在开平，还有这样一条被绿意葱茏包围的小道，它把遍布开平的各个特色景点串联起来，人们或徒步，或骑行，不仅可领略自然风光，还可享受一种 “低碳交通”的“慢生活”。

开平市省立绿道把自力村碉楼群、三门里村碉楼群、马降龙村碉楼群、锦江里村碉楼群等最具特色的碉楼群全都串联起来，总长为42.8公

① “拜客”一词源于自行车的英文单词“bike”，旨在倡导绿色出行。

里。还记得，姜文的电影《让子弹飞》使更多人知道了广东开平的碉楼群落。沿着绿道，我们可以先去自力村和马降龙村。

自力村，是由三条方姓自然村组成：安和里（俗称犁头咀）、合安里（俗称新村）和永安里（俗称黄泥岭）。最初建村的是犁头咀，于清道光十七年（1837年）开村，因地形像犁头而得名；永安里几户则是从升平村委会黄村迁来；合安里于清光绪三十一年（1905年）建村。清朝末年曾在村前的三叉海设渡口通往水口，称犁头咀渡（为当时全县十大渡口之一）。新中国成立后的土改时期，三村合称“自力村”，取其自食其力之意。自力村现有63户175人，华侨、港澳同胞248人，主要分布于美国、加拿大、英国、马来西亚、菲律宾、斐济及香港、澳门等国家和地区，多从事餐饮、制衣、洗衣、杂货等行业。侨汇为村民主要生活来源之一。

目前，自力村有15座风格各异、造型精美、内涵丰富的碉楼，是开平碉楼兴盛时期的杰出代表。自力村碉楼多建于20世纪二三十年代，是当地侨胞为保护家乡亲人的生命财产而兴建的。在电影《让子弹飞》中，那些“竹林掩映，碉楼耸立，易守难攻，万夫莫开”的画面，就是自力村碉楼的写照。稻香阵阵中，踏着田间小道，穿过绿树修竹直入村内，令人顿生世外桃源之感。

沿着绿道再往前是马降龙村。这里被联合国专家称为“世界最美丽的村落”，是人与自然和谐共处的典范，世界文化遗产地之一。13座造型别致、保存完好的碉楼掩映在茂林翠竹中，登高远眺近观，疑为天上人间，有如绿浪丛中的“海市蜃楼”。马降龙碉楼群于2001年6月被国务院公布为全国重点文物保护单位，2006年4月荣获“中国最值得外国人去的50个地方”金奖，2007年6月28日被第31届世界遗产大会列入《世界遗产名录》。

沿绿道骑行的下一站是立园。

这是一个隐藏着凄美的爱情故事的园林。它位于著名侨乡开平塘口镇北义乡赓华村，是已故旅美华侨谢维立创建于20世纪初的花园别墅。建园历时十载，全部工程于1936年告竣。该园以《红楼梦》中描绘的大观园为依托，对中国园林古典建筑艺术兼收并蓄，并对欧美当时流行的别墅建筑特色加以融会贯通，达到中西合璧之化境，从而拥有“小观园”的美誉。

你酷爱影视，我们当然还要去赤坎古镇。

赤坎古镇极具特色的风情街深受影视界人士青睐，中央电视台的《香港（ 路线 ）的故事》、珠江电影厂的《三家巷》和成龙的《醉拳》都是以这里为主要外景地拍摄的，所以这里又称为“电影街”。站在河上的小桥眺望这组至今保存完好的骑楼建筑，深深感受到浓郁的欧美情调。

开平碉楼的绿道，就是这样，将世界文化遗产与村落的各个景点串联起来。行走在开平境内的绿道上，就能看赤坎古镇南楼江边骑楼的妩媚，赏马降龙碉楼群中西合璧的飒爽，充分体验开平的侨乡风情。

开平碉楼当年的繁华处在历史变革的巨大背景中，而吸引我们的，恰是它们在辽阔无垠的原野上突兀拔起的孤标独秀的状态，在小国寡民的村庄里，在鸡鸭环绕的平庸里，给人一种超现实的美感。

可以说，每一座碉楼的背后，都有一个远渡重洋、挣扎奋斗的泣血故事。那些故事，充满沧桑，却又隐忍沉默、安谧阒寂。它们兀立在蓝天白云下，固执而缄默。仿佛只要家园安好，那些沉重的往昔就都若碉楼上的烟云，不再重要。但我们不能遗忘，要用你自己的心灵去感受和捕捉。

我带你沿着绿道一路骑行。其实，我们除了邂逅这一座又一座散落在田园之间的碉楼，还将邂逅正在田地之间、果园之间忙碌的开平人。他们说着我们似懂非懂的开平方言。幸运的是，当我们打听一座碉楼的来历时，一个年纪40岁左右的大嫂即兴唱起开平民歌：

阿爸当年离家乡，
揾银赚钱把家养，
去到金山挨凄凉，
阿妈日盼夜又想。
挂心肠，万里金山入梦乡，
挂心肠，梦里不识金山样，
挂心肠，母亲牵挂父远行，
挂心肠，梦见阿爸泪沾肠！
…………

旁边的阿伯跟我解释说，眼前这座碉楼正是大嫂家的祖屋。你我痴痴地听着这乡味十足的民歌，细品祖屋的一切，感受浓浓的侨乡风情。

你不觉得这对于一边骑行观赏美景，一边探索生活中被忽视的细节的我们，是一种意外的收获吗？

你一只脚踩在脚踏板上，一只脚踩着脚下的地，冲我笑着，我才发现，你这样的形象，竟比你往常坐在车里握方向盘更为潇洒更为帅气。因为，当轻风鼓起你的衣裳，我感受到了一种扑面而来的青春气息！

我们在绿道上你追我赶，我们欢声笑语，这是时光倒流了吗？让我们重回我们的青春时代——

你用手机录下了一首首民歌，田边，阿伯随性哼道：

开平古侨乡，
积了（向来）名声扬，
改革开放春雷响，
侨胞回乡来经商。
开工厂 办商场，

兴建学校把青少年培养，

关怀桑梓情意长……

开平如今真系靓，

四处悠扬音乐响，

三埠长堤百花香……

曲曲歌里，阿伯指给我们看他家的所在——一座掩映在竹林果树丛中的小洋楼，红顶白墙，尽显幸福安详。我还和你感慨过，希望有一天，能住在这样的楼房里，种几亩庄稼，过简单的日子。这样的愿望，于我们这样从农村走出来的人，是到了“看山还是山，看水还是水”的第三层境界了吧？而在这浓浓的泥土芬芳中，阿伯他们已经身在其中了。

很多很多年后，当我们都银发苍苍已经老去，你还会陪我来绿道骑行，陪我来看这世上最平常、也最甜美的乡村风景吗？在绿道上，当我这样问你时，你回头冲我莞尔一笑。这一笑，融化在绿道浓绿中，我知道会永远长青的。

凤群　倩娜　正红　张驰□

# 阳江篇

YANGJIANGPIAN

# 漠阳大地绿腰带

经过阳江市的省立绿道主要有海岸绿道、南岭绿道和漠阳江绿道三大段。

海岸绿道从江门市的北陡镇进入阳江，由阳东县新洲镇起，途经大沟镇、雅韶镇、江城区、阳西县程村镇、阳西县城、溪头镇、上洋镇、沙扒镇，到达儒洞镇后，向西进入茂名市，全长236公里，支线长106公里（其中生态型长44公里；郊野型长151公里；都市型长41公里）。

总长508公里的海岸绿道包括滨海线、市区线和阳江海陵岛线。

滨海线串联着夏水水库、新洲温泉、海头浴场、石觉寺、银田水库、平冈镇廉村森林公园、净业寺、西湖公园、大坎岭森林公园、双水银滩旅游休闲区、河北海滨与大树岛旅游度假区、月亮湾旅游度假区、海天旅游度假区、沙扒海滨旅游度假镇、儒洞氡温泉等10多个节点。该绿道以滨海城市休闲为特色，注重公共活动空间的塑造与沿海景观品质的提升，打造连续的绿色滨海长廊；以月亮湾旅游度假区、海天旅游度假区、沙扒海滨旅游度假镇等为重点对象，开展休闲散步、海边露营、自行车环岛、海上冲浪等活动，展示滨海城市的活力与魅力。

都市型的市区线由北往南，长44公里。发展节点包括金朗岛、鸳鸯湖公园、独田水库、金山公园、放鸡岭水库等。它串联市区及周边的公园、岛屿，实现提升环境品质、提供休闲公共空间等多重功能。以金朗岛、鸳鸯湖公园、金山公园等为重点探寻对象，开展休闲散步、慢跑、骑自行车等群众性运动，为居民提供休闲游憩的场所，倡导健康城市文化。

郊野型的海陵岛线环海陵岛一周，长62公里。把岛内海上渔村、洲仔岛、闸坡滨海旅游度假区、海上丝路博物馆、十里银滩、太傅墓、灵谷庙、草王山水库等著名景点串联起来，打造连续的环岛休闲、景观廊道，实现提升滨海景观品质、促进旅游开发和建供休闲公共空间等多重功能；以闸坡滨海旅游度假区、海上丝路博物馆、十里银滩、金沙滩等为重点探寻对象，开展休闲散步、海边露营、海上冲浪、沙滩阳光浴等活动，引导游客欣赏海岛风情，享受滨海文化。

南岭绿道从云浮市富林镇进入阳江，沿云雾山脉经过阳春市西北部进入茂名市，全长16公里。这生态型的绿道途经阳春凌霄岩风景区、三洞天、石望镇羊山盎森林公园等。以凌霄岩风景区、三洞天等为重点探寻对象，开展科普教育、生态体验、地质探险等活动，展现云雾山脉的地貌风光。

漠阳江绿道包括阳江滨江线、阳春凌霄岩线两大块。

滨江线由阳春市春湾镇起，途经阳春市区、江城区，到达白沙街道，长109公里，支线长42公里（生态型长20公里；郊野型长71公里；都市型长18公里）。

本线包括那乌景区、独石仔遗址、合水镇白牛塘森林公园、鱼王石、崆峒岩风景区、河表温泉、黄村温泉、蛤山水库、岗美温泉、那马水库、石河水库等10多个节点。结合滨江生态环境保护，合理塑造沿江亲水空间，打造连续的绿色滨江长廊；以那乌景区、鱼王石、崆峒岩风景区等为重点探寻对象，开展环保教育、生物考察、动植物鉴赏、自然观光等活动，丰富居民业余生活。

凌霄岩线则由阳春市河塱镇起，向东经过石望镇至春湾镇，长41公里（生态型长19公里；郊野型长22公里）。

本线包括凌霄岩风景区、三洞天、石望镇羊山盎森林公园、围河水库、石林等。打造连续的自然生态廊道，保护自然植被和生态环境，实现生态保护、促进旅游开发等多重功能，为市民和游客提供远足健身、自然科普教育的绿色长廊，使游人充分领略凌霄岩国家地质公园独特的地质奇观和南岭自然风光。

以上这几条绿道，有的已经建成，有的正在兴建，到2015年全部建成。

已经建成或初具规模的则按标准设置驿站、游客中心、医疗点、信息咨询亭、治安点、消防点、停车场等，完善服务设施。

省委书记汪洋说这是为民所建、为民所用、为民所享的民生工程、生态工程和经济工程。阳江市委、市政府把这当做头等大事来抓，提出高起点、高标准、高水平和“数量到位、质量到位、功能到位”两个目标要求。为此，市政府特地成立了市绿道网规划建设领导小组，由市发改局、市财政局、市住房规划建设局、市国土资源局、市环保局、市交通局、市水务局、市农林局、市城管局、市旅游局等主要负责人组成。

阳江市在财政并不宽裕的情况下，拨出了约300万元用于市绿道网的规划编制工作，已委托省城乡规划设计研究院编制。为保证资金投入，各级政府也将绿道规划、建设、管理、宣传推广等工作经费纳入政府公共财政预算，保障绿道规划建设工作的正常开展。

另外，还充分调动社会各方面的资金，鼓励社会投资，多渠道多方式建设和经营、管理绿道网。比如绿道的经营性项目（服务点、自行车租赁等）可招标企业等社会投资实体建设。政府出台必要的扶持政策，引导社会资金投入绿道建设。积极鼓励社会各界采用无偿捐助、认建、认养、认管、出资命名、工程捆绑等方式推进绿道建设工作。对某些绿道线路，经社会资金捐助或者认建、认养绿道的，可在相应绿道路段用于相关企业的宣传，如可定期在相关绿道路段举办企业活动，在绿道相关设施上增加企业标识和宣传语等。当然，要注意避免绿道过度商业化，避免因少数人利益而损害更广大公众利益。

阳江市各县区的绿道工作开展也很顺利：

阳春市已编制了阳春市绿道网总体规划。该市规划绿道网总长约458公里，其中，省立绿道158.1公里，城市绿道299.9公里。目前，已完成了东湖环湖路、“一江两岸”、春南大道、春州大道（河东段）、阳春大道等工程项目约30公里绿道。2012年进行春州大道河西段、大华岭绿道一期工程等城市绿道以及阳春大道、春南大道交汇处至春南大道阳春收费站段省立绿道建设。

阳东县城约2公里的绿道正在建设中。合山镇城镇绿道规划长8公里，已动工建设，2012年底完工。东平镇珍珠湾已建成绿道400米，葛洲岛已建成绿道300米，玉豚山景区规划建设绿道1公里，2012年7月已动工，年底前完成建设。

阳西县规划绿道网总长约318. 2公里，其中，省立绿道120.1公里，城市绿道198.1公里。目前，全县已建成绿道200多公里，其中省立绿道120公里已实现全线贯通。2012年重点完善由县城迎宾大道至人民南路绿道总长2. 8公里和迎宾大道至石桥铺绿道约1. 68公里。

海陵岛试验区50公里的环海滨绿道，已完成了20公里。年内还要建成2公里的南海1号第一标段绿道。

高新区绿道网规划绿道总长约88公里，其中省立绿道约23.1公里，城市绿道约64.9公里。目前，该区正在进行建成区省立绿道网的施工图设计，长度约2公里，位于高新区福冈工业园沿海高速雅白连接线边的前期绿道土地平整工程已经完成，2012下半年完成。

## 江城如画里

江城区是我们走马观花的第一个节点。它是阳江市的政治、经济、文化中心。

老天爷对江城情有独钟，恩赐它一山两湖。

一山——北山。山不在高，有塔则名，那可是全国为数不多的宋代石塔。

两湖——鸳鸯湖和共青湖。湖虽不大，那里有全国闻名的南国风筝场。

在一个小城内，山水两硬件兼备，殊为难得。

这两湖一山就像3块翡玉，安放在城东、西、北三方，一条正在打造的链子，把它们串成一个城市品牌。

这条链子叫海岸绿道阳江市区绿道。

都市型的市区绿道由北往南，长44公里。这段绿道的特点是沿江、沿湖、沿岛、串城。串联的节点包括金朗岛、鸳鸯湖公园、独田水库、金山植物园、放鸡岭水库等。

鸳鸯湖公园建于1986年，因分南北两湖而得名，总面积168公顷，其中水体面积81公顷。它是阳江市一个湖光山色兼备的生态休闲城市客厅。建有音乐喷泉、叠水瀑布等。

这里6.9公里绿道“见水就靠，绕水而行，人乐水边”，以打造自然水岸为主。贴近湖面营造了滨水绿廊、亲水平台、鸳鸯桥、月亮桥等。开阔的草坪种植亚热带的棕榈植物，一片山水结合、动静相宜、色调分明、文化浓郁的园林景观。

公园东面是南国风筝场，建于1991年，占地面积12万平方米，是目前我国最具规模的风筝放飞场，在此已举办过多次国际风筝比赛。

天刚煞黑，那巨型喷泉就冲天而起，水柱化作薄雾，像个巨大的空调机，一下子化解了白天的热浪。

亲水广场上，早已聚集了数以千计的市民。辛劳了一天的人们，不约而同来到这里休闲、放松。

有的人，在音乐旋律中翩翩起舞，尽管各司其艺，却也基本步调一致。

有的人，自带了移动音响或乐器，引吭高歌。不管你爱不爱听，他自我感觉良好。

更多的人，或骑单车，或步行，走在水边绿道上。他们神态悠闲，优哉游哉，令人羡慕。

现在的都市生活被繁忙的工作和紧张的生活占据，快节奏的交通将人们带入高效的工作生活空间。惬意、快乐、自然气息……似乎离都市人越来越远了。繁忙之余，人们开始怀念过去慢行的生活，怀念田园山野的自由。绿道，正是这样一种通往自然，提供慢性休闲的空间，为忙碌的都市人摆脱紧张、享受休闲游憩、健康运动的环境，让大家都能够真正快乐生活，享受自然。

阳江人把金山植物园比作是他们的又一双“肺眼”。

很难想象，在寸土寸金楼价日升的市区内，还保留这么一个世外桃源。

50万平方米啊！难得，难得！——我们一行都赞叹。

尤为难得的是，园中保留着几百棵半个世纪前的稀有古树——南洋杉和加勒比松。

园内分布热带植物风情区、中心湖区、盆景园区、田园观光区、老人休闲活动区和绿道沿线区等6个功能区。开辟杜鹃山、棕榈园、百竹园、桃花园、梅花园、樱花湖、杜鹃湖、百花园等主题园林景点，共有400多种观赏性植物。

然而，人们多是冲着这里5公里绿道而来的。5公里，刚好是一般人步行运动的最佳路程。因此，一早一晚这里从不缺少漫步游人。

5公里绿道在这里融合了人性化的建园理念，体现了景观建设与自然原生态保护和谐相处。月亮桥下，你可随时见到野鸭和鱼儿嬉戏；红花绿叶中，蝶舞蝉鸣。前面绿丛疑无路，拐弯树下又一程。

## 绿道示范段——共青湖绿道

这一段是市区绿道的示范工程。

绿道以能源广场为起点，环绕共青湖水库和放鸡岭水库，在放鸡岭水库段设环山支线和通往金鸡寺支线，至海联刀具厂房为终点，全长9.9公里，面积约4.4公顷。

听工程负责人介绍，这绿道节点以生态休闲为主，兼有生态教育、特色观光、体育健身等多功能。主要开展慢跑、散步、骑车、垂钓、泛舟、观光等休闲活动。

整个节点可概括为山体景观：区内北部有较高的山体，其中共青湖水库的北部山林接连金山森林公园，植被茂密，是较为珍贵的天然屏障。

田园景观：区内鱼塘、果林、竹林、耕地交相分布，可增加游赏的乐趣。

湖区景观：东边放鸡岭水库宁静秀丽，西边的共青湖宽阔大气，各具特色。湖区周边植物茂盛，映衬出四周山色葱茏。此外，区内还有部分散布的鱼塘和小面积的山塘小水涌，具备独特的观赏价值。

人文景观：放鸡岭水库北部有金鸡古寺，还有武术学校、农庄等，具有一定的游览和观赏价值。

规划区内部有四条主要的道路：

东部绿道以水泥、沙石路为主，联系金鸡寺和东部的工厂；

西部绿道环绕共青湖水库，属于现有的村庄道路；

中部绿道向北联系金山森林公园，向南与城区相接。

此外，还有部分土路，联系现有村庄、学校和农家山庄。

## 海陵春后雨冥冥

海陵岛是广东省第四大海岛，在阳江市西南30公里南海边。从俗话“没到闸坡等于没到海陵，没到海陵等于没到阳江”、“到了阳江没看南海1号等于零”可见海陵在阳江的地位。

岛内有闸坡滨海旅游度假区、海上丝路博物馆、十里银滩、金沙银滩等国内外著名的旅游区，尤其是海上丝路博物馆已成为国内外旅游热点。

海陵岛环岛绿道属于阳江市海岸绿道之一部分。绿道从跨海大堤西端的自由岛起—岛东路—金沙滩—环路岛—恒大—银海滩—海上丝路博物馆—宋康大道—海滨路—大角湾—北汀湾—岛西路—南海1号大道止，全长50公里。把岛内海上渔村、洲仔岛、闸坡滨海旅游度假区、海上丝路博物馆、十里银滩、太傅墓、灵谷庙、草王山水库等著名景点串联起来。以闸坡滨海旅游度假区、海上丝路博物馆、十里银滩、金沙滩等为重点，开展休闲散步、海边露营、海上冲浪、沙滩阳光浴等活动，引导游客欣赏海岛风情，享受滨海文化。

这条绿道有沿山、沿海、沿滩、串城四大特色。市级路网将城区各村镇串联起来、区级路网将各居住区串联起来，两者共同构建串联城区的绿道网络。

## 春城无处不飞花

阳春市是我们走马观花的最后一个节点。

那天，我们在阳春市城建局办公室主任严翠陪同下，从国际酒店面前出发，沿着东湖绿道，饱赏了这山城春色。

阳春市的东湖公园以800亩东湖为核心，建成面积达4万平方米的天然公园。3.5公里的环湖绿道把音乐喷泉、露天舞台、烈士陵园、桃李园等几个主要景区串联起来。

环湖绿道分机动车道和人行道。

公园旁边是一条生态绿道，设机动车、人行道和塑料单车道三车道。道口有一个租车亭，供游人租车健身用。迎面几辆自行车风驰电掣而来，车上小青年戴着头盔，穿运动衣，一看就知道是那城里新潮的健身一族。我们大家各行其道，他们的飞速一点不影响我们的慢行。严主任说，当地人戏称这是“情侣路”，每到晚饭后，成双成对的男男女女就会来到这里慢步健身。

忽然，哗哗的流水声传来，拐弯处，几个乡民正在一条小瀑布下汲水。极目远望山野人家袅袅炊烟，真有点进入了世外桃源的感觉。这附近5条自然村都种柑橘，是乡民的主要经济来源。可是当年弯弯曲曲的山间羊肠小路严重地影响了他们的交通运输，每到收获季节，常常眼看着黄霜霜的果子呕烂成黑糊糊的果渣而无可奈何。所以，一听说要修绿道，他们都举双手赞成，什么征地搬迁都不成问题。

人行道旁每隔几十米就设有卫生间、半敞开式的风雨亭，亭内配有座椅，供游人小休。更能彰显它浓烈的文化氛围的是路旁每隔几十米树立的黄蜡石。阳春是全国有名的奇石之乡，刻有名人名句的63块石刻就像一座露天展馆，把阳春奇石展示在游人眼前。

穿过一座巨大的孔子石雕，后面是很有寓意的“桃李园”。市里每年高考的优才生都可以和他的老师在这里种上一株桃树或者李树。树木下面有一块碑，刻着考生的学校、老师和自己的名字。桃李园旁边有一座“桑梓亭”，那寓意很明白，叫学子学艺有成时，不忘桑梓，回报家乡。

广场内设市内最大的巨型音乐喷泉、露天演出舞台、书画廊书艺、大型地面象棋盘、升旗台等群众游乐场所。巨型露天演出舞台是市内举办重大文化活动、节庆、盛典的场所。2004年阳春市第二届山水旅游文化节、2005年中央电视台“激情广场”演出、世界华人风筝表演赛都在这里举办。

说到绿道建设，不应该忘记老市委书记周乐荣（现为阳江市委常委、政府党组成员）。

那还是2007年时，随着阳春市经济社会的迅猛发展，对城市生活环境的更高需求，周书记以提高城市居民生活品质为出发点，逐步开展绿道规划和建设工作，并作为民心工程重点实施建设。想不到这项工程与2010年我省提倡的绿道网规划建设工作不谋而合！

这东湖一带呀，青山绿水，真是风水宝地。当年多少房地产商看了都流口水。周书记说，阳春虽穷，但不能卖光老祖宗，要给子孙留点后路啊。这东湖就是老祖宗留给我们的无价财产，是将来阳春城的“肺眼”呀，多少钱也不卖！他不但不卖，还以东湖为契机，学习珠三角的经验，做了大量的绿道规划和建设工作，因此，要说阳春的绿道建设，还是周书记带的好头。

阳春市内的绿道建设，共有7个项目。

“东湖环湖绿道”——全长约3.4公里，宽度约3.5米。当时因采取鼓励社会公众参与的政策，总投资才88万元。建成后深受市民好评，现已成为城市居民主要的休闲活动场所。

“一江两岸”工程项目。阳江的母亲河漠阳江贯穿阳春市市区。工程以河为界，分东西两岸两条南北走向市政道路。全长共约12公里。临江侧规划为6米绿化带和5米观光走廊。走廊设有若干亲水平台及休闲码头。游人可沿观光走廊散步或骑自行车，亦可在亲水平台休息嬉戏。工程总投资约3.43亿元，已于2010年底竣工。“一江两岸”工程是阳春市城市景观的新亮点，是阳春市又一道亮丽的风景线，是提高城市品位、优化城市生活的重要工程，是漠阳江两岸居民的又一个休闲运动、观光购物的理想场所。

“春南大绿道”全长11公里，路宽35米。中间为4米绿化带，双向6车道，两侧皆有步行绿道。全线已于2011年上半年竣工，投资约为2亿元。

“春州大绿道”长1900米，宽66—82米，道路两旁10米宽的绿化带内设步行道和单车通道。东段已于2011年春节前投入使用，西段也在今年和河东段对接。该工程总投资约500万元。

“阳春大道”从府前东路至春州大道之间段长约2100米，与春州大道河东段对接，已于2011年春节前完成投入使用，该工程总投资约700万元。

“大华岭公园绿道”以“品味水墨阳春”为主题。公园占地约70公顷。围绕山体标高65米处，设置一条4米宽、3公里长的环山游览绿道连接公园各大景点。沿路设有健身设施及青少年活动器材，以满足市民健身休闲需要。首期工程（环山绿道、生态停车、园林绿化、亭廊建筑小品及配套设施）已于2012年5月动工建设，2012年底投入使用。工程总投资约8000万元。

“旗岭公园绿道”。公园占地约190公顷，是集登山、养生、运动休闲为一体的森林公园，是阳春的“城市绿肺”和“城市阳台”。公园绿道宽3—6米。一环道两侧约2米种植桂花、含笑、香樟等花及挥发性植被，让人们在散步观景的同时得到植物养生的享受。一期工程包括一环路、三景区和六景点，总投资约7000万元。该工程列入政府“十二五”规划之中，现在已经动工兴建。

看绿道有两个最好的时间。一是炎热的夏天中午，为什么？让你切身体验在大树底下乘凉的舒服感。二是晚饭后，嘿，男女老幼、人山人海，让你亲身体会到人类多么需要大自然，多么向往绿色生活。

华灯初上，广场已经有很多人。

突然，音乐喷泉喷薄而出。1500多个喷头，500盏彩灯，40米水柱伴随着动听的音乐旋律变幻出孔雀开屏、大花、大皇冠等10多种不同造型的幻影，使人如入仙境。

这边，有人带着移动音响，播放着舞曲，几百人在翩翩起舞。

那边，好动的男男女女在滑旱冰。

环湖绿道上，又是一番景象：年轻人健步快行；中年人拖男带女；老年人扶杖相依。他们都有一个共同点，即脸上都写满了悠闲、欢愉、幸福……

冯　峥

# 湛江篇

ZHANJIANGPIAN

# 半岛延伸青罗带

今天，风和日丽，春暖花开，广东省吹响绿道建设、幸福广东的号角。声声传来，湛江人加快前行的步伐，刷新国家级园林城市的容颜，铺开环岛绿道网，让绿色的道路从勤劳智慧的双臂上向湛蓝的大海延伸……

## “北有青岛，南有湛江”

据史书记载，历史上的雷州半岛，赤地千里，十年九旱，绿色的梦只能在贫瘠偏僻之中漂泊，“风起沙满天，飞沙盖满田，台风折茅屋，灾难逼人迁”。自唐宋以来，雷州半岛一直是谪官犯人流放之地。

秋去春来，天翻地覆，进入20世纪50年代中期，随着新中国第一座自行设计和建造的现代化商港湛江港在红土地南海边崛起，缺绿梦绿追绿的湛江人就开始踏响园林绿化的步伐，“让荒山披绿装，把赤地变园林”，从根本上改变了雷州半岛恶劣的自然生态环境。几年光景，霞山市区一带的绿化道路建设就走在全省的前列，“花园城市”的美誉吸引四面八方的人们。笔直宽畅的人民南路，沿岸听涛的海滨路，曲径通幽的海滨公园绿道，绿荫似伞的解放东西路等道路，亭亭玉立着凤凰树、木菠萝树、盆架子树、紫荆树，叶绿花红，椰影林荫，让著名作家冰心情不自禁写下了《湛江二日》。

1962年，邓小平同志亲临湛江，视察了新中国成立以来湛江最大的人造海工程鹤地水库和青年运河之后，又到湛江市区观光游览市容环境。他被海滨路上高大的木麻黄树和椰林、凤凰花、法式建筑以及整洁畅通的大道所陶醉，立刻对当时的湛江地委领导脱口而出：“园林绿化真好，北有青岛，南有湛江。”

随后几年，湛江的园林绿化名声在外。拍摄《女跳水队员》的北京电影制片厂、制作《碧海丹心》的八一电影制片厂等都相继来湛江拍摄外景。银幕上形象的展出，扩大了湛江在国内外的知名度，也带来了湛江市第一次经济建设和绿化工程上台阶的高潮……

## 港城路上曾徘徊

几度风雨，几度春秋。

20世纪70年代至80年代，湛江市的园林绿化道路建设向前推进。市区的解放东路和人民南路两条主干道的园林绿化街景经过新式设计和建设，又推出别样的意境，尽展绿色港城的风姿。有先见之明的湛江人将人民大道从湛江港拓展延伸到赤坎的广湛路口，对主干道拓宽成南段“三板块结构”、北段“四板块结构”，给每条路留出40—60米宽的路面，设有机动车道、非机动车道、绿化带、人行道和林荫道，这在当时全省各地区的街道建设是不多见的。绿化带上一排排、一棵棵亭亭玉立、翡翠色的槟榔树，人行道上一棵棵盆景形特色的盆架子树、闪着油光绿色浓密的石栗树及花坛围栏，使整条解放东路在空间、视感尺度的立体布局上十分和谐。人民南路那一行行、一棵棵具有红土特色的常绿菠萝乔木树，叶片浓绿得油光发亮，树干上挂着奇异硕大的果子，街景绿化高低错落有致。外来游人客商停步观赏，久不移身，誉称该路段街道融绿化、美化、香化为一体的广东第一街。早年，中山市被国家评为园林城市，却也尊称湛江市为“老大哥”。

然而，进入90年代，湛江市的城市园林绿化建设放慢了步伐。一段时期，市里重经济轻绿化，更多精力用于抓“两水一牧”，认为绿化园林是花钱工程，可以缓建。这么一停，几年光阴，不进则退，湛江市的园林绿化水平下滑到全省的中下游……

进入新世纪，长江后浪推前浪，后来者居上。深圳、珠海、江门、中山以及近在咫尺的茂名相继成为国家级园林城市。从南海西岸到北部湾东岸，再到琼州海峡北岸，时代的浪潮拍打着雷州半岛敏感的神经，“落伍”的字眼刺激了脚步放慢的湛江人的心。

湛江焦急了，要奋起直追。

1998年始，湛江市委、市政府把城市绿化园林建设作为民生工程和形象工程来抓，加大投入的力度。为了迎接工博会、海博会“两会”，湛江人在四年间紧锣密鼓地整合了绿地园林资源，修建了南桥河、机场路、人民广场、会展中心广场、体育北路，扩建了海滨公园、寸金公园，绿化景点，新开绿道，使湛江园林绿化建设迈进了一大步。

## 创园行动再涌春潮

在冬季，人们上北方去是为了看“北国风光，千里冰封，万里雪飘”的壮观，要想吸引人们到南方，到雷州半岛，我们就要种绿护绿造绿，在冬天里让人能看到“绿的海”。

2000年，湛江市政府在湖光岩风景区召开市关于开发湖光岩的会议。会上，时任常务副市长的徐少华说出颇有唯物辩证法的论断：开发建设湖光岩，首先就要切实保护好湖光岩，景区绿地保护得越原始也就越有开发的价值，是开发成功的基础。接着，他在推进城市园林建设各大工程中反复强调，城市园林绿化建设和营造景点要实施高绿化、大绿量、大覆盖、多品种的大群落自然生态，以充分体现都市的返璞归真亲近大自然。从此，湛江掀起又一轮园林绿化建设的热潮。

2001年，新一届湛江市委的工作报告提出湛江还绿、还海、还岸、还路于民，创建国家园林城市的计划。城市园林绿化建设必须和自然生态保护紧密有机结合起来。湛江全面实施创建国家级园林城市工程的号角已吹响，关键看行动抓落实。市长坐镇，分管城建的副市长潘那生具体抓实施方案的落实。

海滨公园北边有一块空地，有土地使用权的市木材公司已将该空地卖给了某房地产开发商。潘那生了解情况后，马上找到某开发商，说是市政府要将该地皮“还绿于民”，以多出其原价的价钱从开发商手里买下使用权，将海滨公园北苑的园林景区绿道向北延长了1公里。他又从某驻湛部队的手里借用18.5公顷地，用于建设赤坎滨湖公园。从此，从霞山麻斜码头自南向北延伸到赤坎滨湖，湛江沿海岸线而建的观海长廊长达7公里，和珠海的情侣路相比美而名扬广东内外。

湛江的园林绿道建设一发不可收拾，一浪更比一浪高。文明东西路、金沙湾路、赤坎水库绿道、湖光路口等路面地段被绿化，增大了表面体积和绿量系数，平衡了生态环境，让浓厚的南亚热带植物群落型色调与闹市中的高楼大厦相融合，天然构成空间透视的立体艺术美，步移景异。

# 湛江八景观海长廊

1999年7月，湛江海博会召开。湛江市城建局、园林处开会传达副市长阮日生的指示：“整治软环境工程，重塑湛江形象，拿出专项资金建设霞山观海长廊。”

北京中外园林设计公司负责设计观海长廊，整个工程预算造价为5000万元。为了降低工程造价，同时考虑到地域的差距方案中的绿化配置不适合湛江本土，市政府领导考虑再三，决定取消部分园林建设小品，让施工单位市园林管理处因地制宜对绿化方案进行调整，最终工程结算为700多万元。时任园林处主任林国权马上召集人才全力以赴。林国权点将，会制图懂植物布局的刘袁明、善构思设计的窦天爵、擅长园林创意的李惠仙等干将组成攻关小组，他们夜以继日地突击了三天就把设计方案蓝图做出来。工程开始后，仅在100天内的1999年11月5日就完成了观海长廊的兴建任务。

观海长廊建成，成了湛江八景之一，成了市民来客休闲观光娱乐活动的好去处。观海长廊扩大绿地面积，引入上百种南热带雨林乔木，开辟了花坛绿道，改善了周边自然生态环境，多年不见的候鸟红嘴鸥又云集飞翔在观海长廊的碧海蓝天上，绿地、蓝天、白云、阳光、红树林、绿道、白帆，一幅绚丽多彩的南亚热带锦缎展现在人们眼前。

1999年11月26日，湛江召开“两会”，前广东省委书记陶铸的女儿陶斯亮应邀前来参加会议。一下飞机，她游览了湛江市容，不禁脱口而出：“湛江真美！”

窦天爵是湛江“一湾两岸”景观设计的先行者之一，观海长廊是他园林设计的又一作品，2001年被评为湛江八景之一。天高云淡，一路阳光，他带着湛江市作协几名作家游览了观海长廊，如数家珍般地介绍：观海长廊呈长条地形，采取大手笔，粗犷疏密，团组式结构，配有浓烈特色的棕榈科亚热带植物和大面积草坪，间隔点缀五彩缤纷的奇花异草。园道和广场采用颜色鲜艳的三色几何形彩砖铺贴，使之碧海、蓝天、绿地融为一体，让游人有既亲水又亲陆的感觉。当年设计过观海长廊的北京某园林设计院工程师来湛江验收工程时，惊叹道：“真想不到，比原先设计和想象中的美和漂亮多了。”

## 绿色道路通向三岭山

湛江市沿公路沿海岸建设园林绿道取得成效，市民步行15分钟可有一块绿地一处小公园休憩，形成都市中绿化景观的点线面。前路永无止境，湛江人又将目光投向“市脉”三岭山国家森林公园，开始环湖环山的绿化工程建设。

霞山区西北面的三岭山、交椅岭、平顶山等纵深宽广的原始次森林，其植被尚未受到很大破坏。这是湛江生态绿色的“肺”和“肾”，是湛江人民生存的“命根子”，是不可再生的资源。湛江市委、市政府上下统一了认识，要用法律手段保护起来，严格控制，不得乱采滥伐。1983年，湛江市政府将三岭山林场更名为三岭山国家森林公园，林地纳入城市绿地管理，按照公园绿地的要求进行规划、建设和维护。

2005年，湛江市政府着手筹划三岭山国家森林公园、东坡荔园两大郊野公园建设。时任市长徐少华先后三次到三岭山森林公园实地考察，调研讨论整治修建森林公园的方案，其中两条登山园道设计从建设理念到建筑材料都在现场讨论确定。这一年，湛江市开始改造扩建进入三岭山森林公园的百逢路，动工建设赤溪水库环湖路，直到2010年，完成了登山通道的建设。

2011年11月，湛江市市长王中丙到三岭山森林公园进行工作调研，向主管部门提出明确的目标：五年内建设成生态建市的标志性工程、海湾城市的生态高地和市民休闲旅游的目的地。由此，三岭山森林公园进行重新规划，实施受损地复绿及园区10多公里绿道建设等第一阶段工作，体现“三个为主”：确保城市绿脉的生态保护为主，基于乡土树种的生态恢复为主，体现森林情态的植物造景为主。功能规划中，规划了1000亩的植物园、近300亩的民俗文化区、10公里的公园绿道，设置若干服务性驿站，选择若干点连片规模种植观赏花木作为特色景观点，把三岭山森林公园打造成集休闲、健身娱乐、科普教育、旅游观光为一体的生态景观怡人的AAAAA级低碳旅游区。

## 创园路上再添新景

当今，城市建设中有三大观念：一是建官方城市；二是建富人城市；三是建百姓城市。建园林绿地惠及民生，就是建百姓城市。2003年，徐少华主政湛江，他说：“我要建设老百姓城市，其中就是要多建公园绿地。”他开始主抓城建，全面铺开市区绿化工程，要建设国家级园林城市。

仅仅过去三年，湛江人的勤劳汗水终于浇灌出创建国家级园林城市的成功，展现在人们眼前的是近十个公园和绿地景区：中澳花园、南国热带花园、渔港公园、南桥公园、菉塘河湿地公园、赤坎金沙湾、改造后的森林公园和湖光岩等。

记者为了深入了解湛江市创园和绿道建设的情况，上门拜访了已退下来但仍“痴情”三岭山森林公园新建设的原常务副市长潘那生。他曾主抓过全市创园绿化工作，如数家珍般自豪地告诉记者：经过多年努力，湛江的园林绿化在全省名列前茅。当初，湛江不是为了创园而创园，而是要达到建造宜居城市，以改善美化老百姓工作生活环境为目的。因此，市政府统一指导思想，城市建设不能节省园林绿化这笔钱，这钱花了是为了增加老百姓的幸福指数。湛江严格按照国家园林城市的标准来投资建设的，城区人均公园绿地用地不少于8平方，绿地率达到每100平方公里占3.5平方公里，绿化覆盖率每100平方公里占38平方公里。

园林绿化建设坚持人本理念，力求达到功能与景观和谐统一。通过实施“还岸于民、还绿于民、还景于民”工程，大力整治市区海岸，疏浚河道，拆除违章建筑，回收闲置土地，优化绿地系统布局，营建好市民身边的绿化。近年来，湛江市规划建设了8个新公园，精心改造了一批老公园，新建了25个小游园、小绿地，市区公园绿地已全部向市民免费开放，各公园、景区内体育器材和健身步道等配套设施较齐全，绿树成荫，方便市民休闲娱乐，新、老公园都成为市民所喜爱的城市“客厅”。

截至2011年，湛江市城市绿地总量稳步增长，市区公园和小游园、小绿地分别增加到30个和63个，城市建成区的绿地率、绿化覆盖率和人均公园绿地面积分别为36.48%、40.42%和12.81平方米，城市绿化覆盖率居全国环境保护重点城市前列，基本实现了市民步行10—15分钟就可到达公园或小游园的目标，形成“绿色港城、热带风光”的城市品牌风貌。因此，湛江获得了“中国十大休闲城市”称号。

潘那生面对记者而坐，黝黑的脸庞带着微笑，让人一下拉近了距离，也拉近了他提起的一段往事：赤坎军民堤到风车处的临海东边，是一片狭长的荒滩。听说有开发商要在那里填海造地起高楼，潘那生等市政府领导就去实地考察。附近市民向他们倾吐心声：这块地挺珍贵的，不要把湛江的海岸给填没了，留下些海滩给我们市民作游泳场也好呀。潘那生等人听了很受触动，当场拍板决定不再搞填海建楼破坏生态平衡，由政府出面将这块地从开发商手里收回，用于建设金沙湾的绿地绿道，辟出一湾人欢浪笑的海滨浴场。

2012年5月30日，广东省公园协会将全省绿化专题会议搬到湛江来开，让与会人员亲临其境，眼见为实。广州市市长张广宁带队到湛江参观了中澳花园等五个公园景区后不无感叹：蓝天碧海绿地，时任在湛江生活真是幸福啊！建设部部长汪光焘到湛江检查新农村建设，顺路参观了菉塘河湿地公园，兴致勃勃的他当场打电话问在北京的司长来过湛江否。听到对方回话没来过，他马上叫司长带着专家乘飞机赶来湛江考察，他还说在市区建湿地公园很难，但湛江做到了，这在大中城市中是少有的奇观。

## 绿道网张开了翅膀

绿道，是沿自然和人工廊道建立的线形绿色开敞空间。绿道网，是由众多不同类型的绿道构成的网络状绿色开敞空间系统。

广东省委十届六次全会提出，将用3年左右的时间在珠三角建成总长约1678公里的“绿道网”，随后向全省推广，以让区域民众诗意地栖居。湛江闻风而动，于2011年在市区开始绿道示范点的试行。湛江市政府财政拨款500多万元，从霞山海淀路始，沿着观海长廊延伸到海静路，直到菉塘河湿地公园进行绿道建设，于2012年底完工投入使用……

2012年5月19日，中国旅游日当天，湛江市城市综合管理局和市旅游局主办、三岭山森林公园管理处承办了“幸福湛江绿道欢乐游”活动，副市长庄晓东、柯明等领导和全市600多位自行车爱好者参加了绿道游，拉开了湛江人奔向绿道前景的帷幕……

6月14日，湛江市委书记刘小华主持召开十届第十四次市委常委（扩大）会议，审议市政府提交的《湛江市近期建设规划（2011—2015年）》。《规划》突出强调“一湾两岸、三环四通、五岛六中心”建设，打造“宜居宜业宜游的充满魅力的生态型海湾城市”……

湛江是中国内地唯一的热带滨海城市，素以天蓝海碧、环境优美著称，蓝色滨海休闲、绿色自然生态和红土历史文化交织成彩色港城。当前，湛江正处在产业转型、跨越发展的关键时期，在大力推进钢铁石化项目建设和产业结构调整的进程中，要走出一条重化工业与生态文明同在、经济腾飞与碧海蓝天兼得的新路。发展绿道事业是湛江城建的目标之一，首当其冲是从森林公园的登山环湖园道开始。两年间，湛江市政府已投资几千万元用于建设10.3公里的环湖路、防火通道、登山园道……

## 半岛绿遍不再是梦

绿道尽量结合现有的道路两侧、滨水路径和乡村小道进行布置，配套服务设施也尽量利用现状资源，既要易于施工建设又要方便日常维护管理，充分利用现有的公园园道、消防道等设施，避免大填大挖及人工化痕迹过重的建设。因此，湛江利用湛江港一湾两岸建设滨海绿道；利用湿地公园、滨湖公园建设滨湖绿道；利用雷州半岛漫长海岸线建设环岛交通绿道网；利用三岭山公园建设环山绿道……

记者在湛江市城市综合管理局会议室里看到了湛江市绿道建设的规划图，在那三面环海蓝色包围的红土地上展开了一幅令人神往的画卷……

依据《湛江市城市绿地系统规划（2002—2020）》，湛江市城市绿地系统的基本结构，由相互依托、相互联系的环城绿地系统和城区绿地系统两个层次组成。其中，环城绿地系统对城区绿地系统形成空间围合，是城市环境的生态基础，与区域绿地系统相连。城区绿地系统通过河流、海湾等生态绿地与环城绿地系统形成联系，相互贯通与延伸，形成统一的整体。

环城绿地系统的规划结构为“青山碧湖环绿城，港湾翠岛镶明珠”，即结合城区外围规划控制区内的山体、湖泊、水库、海岛、湿地、公路林带、防护绿带等绿色空间，规划建设一批森林公园、生态保护区、风景名胜区、旅游度假区和郊野公园。

城区绿地系统的规划结构为“六区、五心、四廊、三带、两轴、一岸”。“六区”，即在赤坎区、霞山区、开发区、麻章区、坡头区、东海岛六个行政区建设一定宽度的组团隔离绿带，统筹安排区内各类绿地。“五心”，即重点规划建设五个大型市级公园：滨湖公园、水库公园、南国热带花园、霞湖地区城市绿心（含海滨公园）和南海石油公园。“四廊”，即以城区内的几条河流、海沟为依托，构建南—北桥河、菉塘河、南柳河及坡头海沟生态绿廊。“三带”，即重点构建城区内“三纵三横”主干道路绿化带（人民大道、海滨大道、椹川大道、乐山大道、解放路和军民大道）。“两轴”，即海湾大桥—乐山大道、湖光岩—三岭山风景区景观绿轴。“一岸”，即环湛江湾海岸绿化带。

绿道网的规划设计应展现湛江的城市特色。为了达到这个目的，湛江本次规划展示城市的特色主要体现在绿道的选线上，四类绿道分别串联了湛江最具典型的生态旅游资源——以环城绿带、西部观光线（串联三岭山森林公园、湖光岩风景区和东坡荔等一批景点）、湛江大道和官南大道为四条主要绿道的生态观光线，以人民大道、椹川大道、海滨大道和海湾大桥连接线确定为城市活力线，依托湛江内海湾东西两岸和东海岛南部沿海的滨海带状绿带公园而建的滨海风情线，以承载商业居住社区服务等功能为主的南桥河和具有国家级城市湿地公园之称的菉塘河为两条主要绿道的滨河休闲线，展示了湛江不同的特色风光。

全市规划建设主要的绿道线路13条，全长约400公里，共设置100个驿站。线路大部分以公园或河道、海岸线为节点，将绿地公园、旅游景点、城市特色风光、码头岸线等城市、自然与人文景观串联，沿途相应规划建设驿站等，并通过结合开展城市环境整治工作，对绿道沿线的景观环境进行改造，同时引导发展沿线商业配套服务设施建设。

根据发展目标，湛江市的绿道网建设将分三个阶段逐步推进：近期（2010—2012年），争取在2012年前，将市域内35％以上的区域绿道建造成型，主要是人民大道（325国道—友谊路）、椹川大道（南桥河—解放西路）、菉塘河（银帆公园—金海岸观海长廊）、西岸观海路（军民大道—渔人码头）启动，高标准完成西部观光线（三岭山森林公园—湖光岩风景区—东坡荔园）慢行系统示范段。中期（2012—2015年），官南大道（官渡—南三大桥）、海滨大道（军民大道—解放东路）的绿道实现全线贯通。远期（2015—2020年），规划区进入全面发展阶段，完善规划区绿路网建设，实施绿道建设，服务设施、转乘等的配套完善，建成串联全市滨海文化、生态自然风光的构筑城乡一体化成熟、完善的绿道网体系，规划功能结构格局大。

展望未来，前景远大，半岛绿遍，不再是梦。我们站在南海岸边，眺望蔚蓝的湛江港湾，似乎看到滨海观光大道在脚下延伸，不禁唱起《半岛，绿色的梦》：“从前那个绿色的梦已经长叶／漂泊的白云处处有它的家／从前那个绿色的梦已经挂果／你已变成一幅葱绿的图画……”

# 啊，城市“肺部”的绿道

这是一个充满期待的周日。2012年6月3日，带着探寻湛江市“绿道文化”的使命，我们一行重游了三岭山国家森林公园。

晨风，微微吹过主园道，宛若无数透明的手指，带着青草和泥土的气息、树木和花香的清新，轻拂着游人欣喜的笑靥，也悄然拂动我们久困闹市的心灵。路两边，两排繁茂的细叶榕，婆娑的绿叶，聚拢在主园道的上方，浑然天成，形成一条绿意盎然的、宽敞华美的拱形廊道；而两边婀娜交错的树干枝条，又仿佛众多千手观音，轻轻地摆弄其翠绿相握的纤手，将诱人的曦光，揉碎成清风荡漾的光斑、银影，漫不经心地撒满路面，也撒向我们已然慢下来的心情……

说实话，作为一个土生土长的湛江人，在我印象中：从前的三岭山，只不过是一座离市区不近也不算太远的荒野山林罢了。可这些年，这个在原三岭山林场的基础上组建的森林公园，先后获得了国家级森林公园、国家AAA级旅游景区、国际知名绿色低碳旅游休闲胜地、广东省森林生态旅游示范基地、广东省科普教育基地、首届广东最受欢迎自驾游目的地等荣誉称号。真可谓旧貌换新颜呀。

2012年5月19日，中国旅游日，湛江市旅游局在这里推出了“幸福湛江，绿道欢乐游”暨“三岭山国家级森林公园绿道游启动仪式”主题活动。该活动共举办七大项目：一是百辆轻骑绿道游；二是林海漫步休闲游；三是月季花节赏花游；四是集结号野战活动；五是森林美食乐趣游；六是欢乐世界游乐园；七是“牵手三岭山，亲近大自然”文艺演出活动。仅看看这些丰富多彩的节目，就足以让你趋之若鹜、心驰神往。

坐在电瓶游园车上，导游小怡介绍：如今面积达22686亩，森林覆盖率达98%的三岭山森林公园，资源非常丰富，拥有山峰、峡谷、森林、植被、水体等优美自然景观与生态环境；在保护物种多样性、净化空气、调节气候、涵养水分等方面，对改善湛江市的生态、生存环境，起着不可替代的作用。

近年来，随着城市化的快速发展，城市人口急剧膨胀。在人口稠密的闹市，大气的污染不断加剧，导致各种疾病肆无忌惮地传播。人，与人赖以生存的环境，堪忧！此时此刻，我们内心隐约生出一种敬畏：三岭山——是上天赐给湛江人的礼物，是我们历尽艰辛创造的奇迹。面对这个湛江的“市肺”，我们不但要顶礼膜拜，更要倍加珍惜。

车沿着沥青铺就的观光园道前行。清晰可见一条白色粗实线，将路从中间分开，一直向前延伸。左边路面，印有广东省绿道和自行车的标志，这就是长达8.8公里的环湖绿道，环绕着整个园区，连接多个观光休闲点。

哦，我们现在是穿行在一个城市的“肺部”呀。时下，全球越来越重视城市的绿道建设，其宗旨就是：让您匆忙的生活慢下来；让您在充满乐趣的活动中找回健康。眼前这条绿道，不就是送给那些徒步、骑车的人士最好的健康礼物吗？

浪漫的月季花在园里召唤我们了。快看，那些五彩斑斓的花朵，在向我们绽放着芬芳的笑容呢。小怡宛若其中一株月季，笑容可掬地说：“这是粤西最大的月季园。种植月季30多个品种，1000多株，其中还有可食用的品种。这种花的花季长达半年之久，故它还叫：月月红。”小怡还教大家分辨月季和玫瑰的六字法，即：一味二叶三茎。月季的花香比玫瑰清淡，有人用玫瑰象征爱情，我们想：月季应该象征美好，清淡但长久，就好比健康给生命以久长，这不就是人间追求的美好吗？

下一个坡度，弥漫着热带雨林气息的赤溪湖，平如镜面的碧水，倒映出远山的宁静。小怡灵气活现地说："这里还是人们放生的好去处，时常有人带着鱼呀、龟呀来这里放生。"这就叫人不得不细细品味那个关于报恩潭的美丽传说，以及当地流传的一首民谣："赤溪湖水洗洗手，一切烦恼都没有；赤溪湖水洗洗手，健康又无忧。"

进入林间观光大道，负离子这种森林精灵，就神不知鬼不觉地顺着你舒畅的呼吸，溜进你的身心，唤醒你的精神。小怡神清气爽地介绍："负离子是一种带负电荷的气体离子，有人把它称为空气中的维生素，也叫长寿素。由于我们公园里森林葱郁、树种繁多，这里空气负离子含量每立方厘米达10000多个，是一个天然的氧吧。节假日带着您的家人，来到我们这片森林海洋，敞开胸怀尽情呼吸，荡涤尘封已久的城市'灰尘'，寻回一个更健康、清新的自我。"

一阵蝉声，将我们引入登山园道。园道两旁杂木丛生，但很多树都挂上标牌：黑嘴蒲桃、三桠苦、马占相思、谷木、木麻黄……很多树都第一次对上了名字。登山园道大多是起起伏伏的石级道，但在谷底，还有一段梅花桩一样的、令人兴趣陡增的汀步道。沿途还有生于清幽山谷密林的猪笼草、石英砂沟微型景观、百草亭、冼夫人与"三令山"的史料记载、宋寇准"丞相榕"与丁谓"小人石"、明刘伯温与迷魂岭的传说等等人文美景。

山稔子生得最茂盛的地方——稔子观光大道。一提到山稔子，我们湛江人都比较熟悉了，而小怡更是兴致勃勃地向大家娓娓道来："山稔子是一种野生灌木，学名：桃金娘，也叫乌猪仔。三月开始结花蕾，五六月开花季。花朵绽放时很漂亮：粉白嫩红的，样子酷似桃花；虽与桃花相比少了几分妖艳，却多了几分质朴。花期过后，大概七月中旬开始结果，紫红色的果实，甚是诱人。有一首歌谣是这么唱的：七月七稔子乌滴滴，八月八稔子扎打扎，九月九稔子甜过酒。所以，从七月到十月，在公园的山上都能摘到新鲜的野生山稔子，一饱口福。”

游园最后一个项目，就是沿着绿道回到生态园，品尝一次地道的生态大餐，慰劳一下被我们冷落多时的肚子。

我们入座的是目前湛江市唯一一家四星级农家乐餐馆，公园负责人热情接待了我们。今天，园林部工作人员陪同我们游遍了这里的山山水水，大家都深感：这里的山美、水美，而人，则更美。真可谓：登山则情满于山，观水则意溢于水。席间，大家谈笑风生，开怀畅饮。我们饱尝了品牌的土翁鸡，还吃到了甜玉米棒、红心番薯、鱼鳞菜、山野菜、番薯丝粥等多种产自公园的天然生态菜。席上，唯独就是没有鱼类的菜，大家感到奇怪。小怡解释说：“我们这湖里的鱼是不能吃的。因为这些鱼都是游人们做善举放生的，是有灵气的，吃到肚子里你心安乐吗？”大家这才恍然大悟，并对这种爱护动物的生态环保意识，更心悦诚服了。

而说到灵气，我们对“山不在高，有仙则名；水不在深，有龙则灵”这一名句有一些感触。的确，从地形地貌分类，三岭山并不能算是山。只能称为台地。而赤溪湖，也不是什么深海大洋，原来就是一个深不到哪里的水库。但我们想：这里拥有的优美自然景观、得天独厚的生态环境和一个个美丽的传说，不就是这三岭山中的“仙”吗？而当地政府的重视、支持，以及这一众园林工程技术人员的辛勤与智慧，则就是这赤溪湖中的“龙”。优美、迷人的三岭山国家森林公园，不是正在大扬其名、尽显其灵了吗？

展望前景，有一篇报道是这样描述的：三岭山国家森林公园的生态恢复工程铺开后的绿道建设，抛出一条美丽的弧线——生态西部风光。以三岭山国家森林公园为起点，途经平岭农场、湖光岩风景区、广东海洋大学、金鹿园、南亚热带植物所、志满水库、合流水库到东坡荔园……可以想象，这一条以自然风光、科普教育、农家乐游为主题的绿道，如果再与市内的观海长廊以及各大型市级公园连接成网，那是何等的壮观呀！

哦，真的太不可思议了：从这个城市的“肺部”出发，一个美丽的绿道网络，将散发出阳光、健康的气息。你难道还不相信，它已接通了这个城市天地人和的灵气吗？

## 绿廊观海

我常常驻足在地图前，凝视着大陆最南端——我们的故乡雷州半岛，她如一块美玉镶嵌在蓝色的南海上，而延绵曲折的海岸线则是绿色的，是翡翠最鲜亮的边。有一位来自内蒙古的朋友在湛江看到观海长廊后，在博客里留下诗般佳句：“你可知道，在遥远的南方，有条美丽的南国海岸，如少女的裙裾，延绵在三十里长长的银滩……”

土生土长的湛江人对《大海啊故乡》这首歌有亲切的认同感，海边出生、海里成长的湛江人离不开大海。童年的海滨，最美不过是那条浓荫蔽日的椰林大道；白浪翻卷，亲吻细沙的延绵十多公里的海滩上，有数不清的海蛎、贝壳、珊瑚碎，还有沙蟹和海里冲上岸的水母、海底椰。许多人在海边掘海螺、拾海菜、凿海蚝，在海边讨生活。在宁静的晌午或夜间，常常听到椰林絮语，或成熟的椰子“噗”的一声轻轻地掉在地上。世代的湛江人生活在海、帆、蓝天、椰树组成的一幅具体的油画里，海滨晨、昏、晴、雨的景色是学生笔下永恒的题材。

湛江人离不开海。曾经何时，海滨被大量吹填，向海要地发展房地产，这个错误的决策使湛江人很揪心：我们的海不见了！满眼是喧嚣的“石屎森林”，挡住了我们亲近大海的路径。1999年，经历了反走私风暴后，一个重大决策就是打造一条绿色的观海长廊，重塑湛江的形象。但是，在当时捉襟见肘的财政状况下，要实现这一目标谈何容易！制定建造观海长廊方案的会议刚结束，负责人就登上了飞机到北京找北京海岸设计院设计蓝图。一个月以后，图纸出来了，总投资5000万元，包括一个宏大华丽的音乐喷泉。当时的财政无法实现这一方案，只能土法上马，就地取材，利用湛江的工程师设计人才，利用本地自产的花草树木、雷州石、鹅卵石，奋战一百天，耗资500万元，完成了观海长廊第一期工程，海岸线2.5公里，10万平方米。重新拥有海滨的湛江人欣喜若狂，连外地人也纷至沓来。从1999年至今十多年以来观海长廊已经建造4.6平方公里，正朝着打造“一湾两岸”的目标迈进。从赤坎南桥河出海口处建造的滨湖公园起，途经金沙湾长廊—中澳花园过海湾大桥—渔港公园—霞山观海长廊，点、线、面结合，已经成为颇有规模的特色亮点。

沿着滨湖公园绿树红花的狭长湖边驱车到金沙湾，穿过椰林和大叶榄仁树，在剪成蘑菇状的盆景环绕下，有一片悠闲的海滩，人们在这片天然的浴场游泳，金色的沙滩，碧蓝的海水，惬意的泳者，还有旁边一排排白色的风车，我们犹如进入了异域的黄金海岸。不用去戛纳，不必去夏威夷，在湛江也有独具风情的黄金海滩。

延着椰风吹拂的海滨大道，来到海湾大桥下面的中澳花园，这里绿树参天，花草遍地。在海湾大桥下，有一条长长的桥下走廊，渐渐深入海中，在走廊的中部我们抬头一看，哥特式的桥底建造方式叠起来宛如深邃的教堂之顶，形成一个独特的景观——海上教堂。巨大的桥墩已种满了“爬墙虎”，一排排桥墩成了一排排巨大的绿柱，竖立在蓝色的海水之上，海中间的石径两旁，种满了风雨兰、瓜叶菊、米兰。海风徐来，一阵阵花草的香气在蔓延。中澳花园的中部还有一片芦苇，一条原木板搭造的桥深入芦苇深处，芦花开的时候，在雪白的芦花中徜徉，你仿佛置身于北方的白洋淀。一位少女穿着一件湖蓝色的唐装上衣，黑色的百褶裙子，黑布鞋、白袜子，梳着两根齐肩辫子从芦苇中款款走来，摆出各种姿势照相。这份清丽脱俗使我们感到时光倒流回20世纪30年代那时。

霞山观海长廊是首期工程。如果说过去的海滨是位朴质宁静、不加雕饰的少女，那么今天的观海长廊则是一位风姿靓丽的美妇人，不同颜色的花坛是她身上缀满的宝石，璀璨的灯饰是她的头饰珠链，丛丛绿树草坪是她的裙裾，一花一木，一石一径美不胜收。

站在渔港公园雕塑前，看见代表力量美的湛江渔民正抬着一艘船走向大海，扬帆博浪，这是湛江人的精神所在。渔港公园里高大的大王椰、老人棕那绿的巨扇、美人蕉那巨大的孔雀开屏，使我们如同走进热带的原始森林。南方的骄阳到了这里被筛为点点光斑，浓密的绿化已为这座港城撑起一把把绿伞。公园里紫的紫薇，白的兰花，红的老来俏，黄的陀罗，颜色各异，高低有致，犹如一组组变幻的音符，奏出一曲美妙的乐章。可谓四季香飘姹紫嫣红春不老，两岸绿化茂林修竹草常青。

夕阳西下时，站在霞山观海长廊，看天空还燃烧着橘红的晚霞，大海被染成红色。晚霞中的麻斜军港一艘艘军舰沐浴在余晖中。舰上桅杆如林，依稀可见国旗随风猎猎作响，那些以城市命名的军舰，“佛山”舰、“湛江”舰、“深圳”舰如流动的国土，使人的心由激扬变为宁静、由宁静产生庄严。“一湾两岸”的海景，一岸庄严雄壮，一岸旖旎靓丽，竟然和谐相依，水乳交融，就像威武伟岸的男子与娇美柔媚的女子脉脉相望，威武的更威武，柔媚的更柔媚。在海上看长廊，逶迤的长廊像巨大的裙幅，灰绿的底色，深绿的花边，椰林间隐现的建筑如散落的花瓣，优雅安详。红嘴鸥在头顶盘旋，波光粼粼的海变成深绿色，犹如湖面，这种灵空之美令人惊心！

湛江在短短的十年间打造这片“黄金海岸”，政府有个亲民的理念：打造让老百姓享受得到的城市环境，提升老百姓的幸福感。培植一亩林木园，胜种十亩稻禾田。居民离开家门徒步15分钟，就可以到达公园绿地。通过十年的努力，播种绿色，编织美丽，终于达到了天蓝水清，地绿居佳。

当你看见几个身穿白色运动服、戴着白帽的中老年人兴冲冲地走在路上，别以为他们是财大气粗的老板去打高尔夫球，其实是普通的退休工人到家附近的公园打门球。不用天价的高尔夫会员证，老百姓随时享受阳光和绿野。晚上看见集体穿着粉红色上衣和蓝牛仔裙，跳着激扬的士高的方队，别以为她们是青春少女，她们当中有不少年过六旬的漂亮奶奶。看见一群披挂着一身亮片穿着露脐喇叭裤的大姐，别以为她们有什么隆重的演出，她们只不过是去月亮岛跳肚皮舞，健身而已。穿吊带裙的女孩挽着红色的小桶，拎着白色的小铲，在红树林下抓小蟹，椰风亲吻她健康的脸颊，海浪收藏她童真的笑声，有海，她的童年有着最美的记忆。

观海长廊早已成了湛江的名片，是根植在百姓心中的亲民工程，美丽的海景、绿地和公园成了人们生活的舞台，使人们的生活变得多姿多彩，丰富有趣。她能洗刷人的疲惫，还原人的自尊，使人们心灵慢慢滋生一种幸福感，这种幸福的滋养会使人心灵高贵，生活得更文明更有品位。这笔财富是难以以金钱来衡量的。海景的美丽催生了许多行业生意越来越红火，如房地产业，多少北方人在这里买房过冬；如婚纱摄影业，常常见到在风景如画的观海长廊拍摄婚纱照的人们，他们中有青年人，也有中年人，谁都想把这美好景色做一次人生舞台，自己主演一次金童玉女、公主王子。

一位军界的朋友告诉我，在直升机上看观海长廊，似一把巨大的绿色的竖琴，我很遗憾不能亲自领略这神奇美景，但我仿佛听到她弹奏着“海之恋”的美妙乐章。

每次我乘飞机起落，我都目不转睛地凝望着我的故乡我的半岛，尤其由北往南飞时，越近半岛，线条越见明丽，半岛是一块精美的翡翠。我的心中想起了一首歌：《半岛，绿色的梦》，这绿色梦早已成为现实，而且现实比梦境更美丽。我的半岛，是名副其实的绿岛。

# 茂名篇

MAOMINGPIAN

# 碧玉镶嵌沿海滩

说起海滩，我就想说茂名茂港的海滩；说起绿道，我就情不自禁地要推崇茂港海滩上的滨海绿道。

在茂名，人们已把陆续诞生的绿道，作为心中美丽动人的风景传颂。那功能完善、衔接有序、连通便捷、惠及民生的绿道网体系，的确优化和提升了茂名城乡的人居环境，而受人们津津乐道。在我的印象中，最使我眼前一亮的是茂名茂港的滨海绿道。它有一个可容纳数十万人同时游泳的天然海滨泳场，沙滩宽阔平缓，碧水荡漾。这气势磅礴、得天独厚的自然优势，让每一个到这里来的人，都感到视野更加开阔，心胸豁然开朗。

原先我知道，1993年李德生题写的“中国第一滩”竖立在那里。但由于多年来没有多大变化，景区曾一度变得冷冷清清。后来，那里改名为滨海公园，此园名是中国书法家协会前会长沈鹏题写。游人渐渐多了。直至绿道开辟出来以后，景区的面貌便焕然一新，吸引众多游人前来游玩。

2012年“五一”期间，我和家人及亲戚朋友也慕名前来滨海公园游玩。5月23日，我又随市文艺家滨海采风团到这里采风，对滨海绿道的美丽和景区的巨大变化有了更多的了解。我们都为它的华丽变身叫好，齐声称赞这里的绿道建设，是滨海景区最具特色的一道风景线。

茂港滨海绿道（一滩绿道），也称观海长廊，位于茂港南海半岛，计划修建30多公里，从滨海公园的中心广场起，经虎头山、晏镜岭、童子湾等地。这条绿道，沿着海滩边、依防风防沙林和海岸的山环岛而建，把山、岭、湾的奇景巧妙地连接起来。2011年初开始动工建设，当年的6月1日第一期工程就正式开放使用了。第一期工程17公里，由自行车道、铺砖人行道、登山道，以及木塑栈道组成，总投资约2358万元。绿道旅游公路是红色沥青路面，自行车队在红色的路面飞驰，便觉得红云在流动，在奔涌，人们立即感到精神百倍，气贯长虹。走在木塑栈道，海风阵阵，令人心旷神怡。已全部完成的登山道，增添了人往高处走的勇气和情趣。铺砖人行道路面，平整而展示着美的线条，行走其中，脚步轻快，心情愉悦。

滨海绿道把滨海旅游的几个主要景点连接起来了，形成了一条既体现亚热带海滨风光特色又显示出人文景观的绿道，更是一条集健身、休闲、观光于一体的绿道。它可以与全市其他绿道比翼齐飞，各显风流。在这里，能够望海、观浪、听涛、看潮来浪去，云舒浪卷，让人们心情舒畅。而位于茂名西城片区的5公里长的茂名森林公园环园绿道，景观则有所不同。从森林公园休闲区到达游览主景区，再从主景区返回，沿途有纪念林园、平和岭、绿园、松园、听涛阁、龙眼园、沼泽湿地、科技示范林园等景点。森林公园以森林为主体，人们走在其中，身心与森林达到了和谐。人们可以沿路、沿山、沿林、沿湖，在蜿蜒盘转中，读园林，穿林带，看湿地，浴绿风，将山林风光、田园风光、湿地风光、草场风光融入身心，由此而轻松、开心、养眼，在悠闲玩乐中领略自然生态特色和人文景观，增长知识。

是的，饱览蔚蓝的大海，又穿行于绿色的森林，蓝绿相映，你会觉得自身更加年轻有活力了；听罢海涛喧笑又静听林涛细语，你会深感心灵越来越和谐宁静了。

是的，这样的效果，与省领导和茂名市领导的想法是完全一致的。上级搞绿道的宗旨是要“以人为本、贴近群众、服务民生”，按立足生态化、本土化、多样化、人性化的精神，统筹绿道网规划建设的布局和时序，把茂名绿道网建设成融会多元文化、体现多色景观、适合多样人群的粤西绿色纽带和滨海休闲旅游绿廊。

你看这滨海绿道，已成为茂名市最具特色的绿道，很受市民喜爱，外地游客到这里来也赞不绝口。节假日市民最喜欢来滨海绿道，既可以健身、游玩、休闲，又能游海滩、观海景、吃海鲜，展示家庭生活的方方面面。

如果光从长度来说，它比起其他一些地方的绿道是微不足道的，但它是在海滩上营造起来的，没有森林公园的茂密林带。可要知道，在海滩上植树难度可大啦！有很多植物是不适合在海滩上生长的。因此，他们得选种椰子树、野剑麻、量天尺以及很多我叫不出名字的适合在海滩种植的植物，还运来大量的泥土对沙滩进行改造，并植上草皮和一些花类植物，使绿道变得美丽温馨，多姿多彩。当我们看到一棵棵椰子树上还挂着一个白色塑料袋时，便觉得很奇怪。茂港旅游公司的李经理告诉我们，这是给新种下的椰子树“打吊针”——注射营养液呢。因椰子树种下后，除了定期浇水、施肥外，还得及时补充营养液，才能使其成活起来，还要加固防护木桩，以免被台风吹倒。现在，这几千棵最能体现海滨特色的椰子树，长势茂盛，有的还结有椰子呢！那种我们平时少见的野剑麻，当地人还叫它步步高，因它一层层阶梯式的往上生长，好看极了。它的根系特别发达，很适合在沙滩上生长，任凭风吹雨打也不会倒。那些仙人掌类的植物量天尺，我们广东人叫它为霸王花，果实就是火龙果，这植物落地生根，生命力很强，呈三角形，节上长刺，开着一朵朵黄色的小花，显得格外好看，给我留下了诗意般的记忆。

当我们行走在这别具特色的绿道时，一阵阵带着淡淡的海腥味的海风迎面吹来，令人神清气爽，这就是海的气息啊。向大海眺望，只见白浪滔天，渔帆点点，更显得蓝天高远无垠；几只海鸥在低空中飞翔，又仿佛倏然拉近了海天的距离。深蓝色的大海和蔚蓝色的天空紧紧相连着，水天一色，蔚为壮观。近海处，不时有快艇在海上飞驰而过，那是救生值班用艇，以保证游泳人员的安全。海水中的波浪一个连着一个，有时像一座座滚动的小山，向岸边涌来。看着如此波澜壮阔的海景，顿时使我的心胸变得开阔，心情更加开朗快乐。

再看绿道旁边延绵数十里的防风防沙林带吧，它们是建设绿道最可利用的资源。千万别小看这林带，那是全国第一条人工营造的沿海防护林带，它记录着20世纪五六十年代电白（当然也包括现在的茂港）人勇于开拓，在海滩上造林绿化的事迹。现在，每当看到这防护林带，很多人就十分怀念当年带领人民营造林带的县委书记王占鳌，是他亲自规划实施、亲自带头挑水护理，经过几年的艰辛，终于在沿海20公里的海滩上成功地营造了防风防沙林带，成为造福人类的绿色长廊。1962年3月，著名作家田汉参观了电白海滩防风防沙林带后，很有感慨，赋诗一首："银滩百里麻黄树，尽是渔家儿女栽。电白七年成电绿，十年应夺岭南魁。"电白也曾因此一度改名为电绿县呢！1965年3月11日，《人民日报》第一版社论《学习电白 绿化家乡 绿化祖国》，向全国推广电白植树造林的经验。大家还记得前几年组织观看的电影《公仆》吗？那是全国县委书记的榜样——谷文昌同志先进事迹的专题片。他为了改变福建东山岛的落后面貌，一个突出的贡献就是营造防治风沙林带，而他营造林带的经验就是从电白这里学来的，可见这林带影响之大。著名画家关山月1973年深入电白海滩林带创作的巨幅国画《绿色长城》，至今仍挂在北京人民大会堂的广东厅，电白（茂港）人一直以此为自豪呢。

滨海公园的中心广场建有大型的舞台，舞台前面是可容纳上万人的大广场，节假日都有丰富的节目演出，成为景区最热闹的地方。江泽民总书记1993年视察这里时提出的“把茂名建设成为美丽的现代化海滨城市”的题词镶嵌在洁白的墙上，十分引人注目，让人们牢记中央领导的嘱托和期望，继续成为鼓舞人民建设美丽的现代化的海滨城市的动力。滨海公园的标志性建筑是观海平台，南面面向一望无际的大海，宽阔的海滩上架起了一排排五颜六色的太阳伞和独具特色的遮阳草棚，“五一”期间，每天都有好几千人在泡海水浴，还有不少人在玩沙堆、开沙滩车、放风筝等。洁白的沙滩、碧波荡漾的大海和湛蓝蓝的天空，还有那熙熙攘攘的游人，构成了夏日滨海公园一道靓丽的风景线！是的，现在茂名市的许多绿道，都如这滨海绿道一样，已成为市民健身、休闲、观光的最好去处，特别是市区小东江河沿岸的绿道和文化广场的绿道也十分热闹欢腾。每天，晨曦初现时，清风徐徐地吹着。市民各自从四面八方走向绿道。他们随意活动，或散步，或慢跑，或做操、打太极拳，有的三五知已，轻歌曼舞。到了下午，在绿道上骑自行车或跑步的人多了起来。节假日，森林公园和滨海公园绿道成了最热闹的地方，到这里活动的市民很多，有的是机关单位、厂矿企业、学校社团集体组织的，有的是一家子出动的，更多的是三五成群结队前往的。有的在绿道上散步，有的租用服务区的自行车骑行，他们沿着海滩边、江堤边或沿着林荫道飞奔，一路上欢声笑语，兴趣盎然。而离这里不远的虎头山是茂名地区最早开发海滨游泳的地方，海滩旁边有一个风光独特的小山包，过去叫狗头山，山上有个绿海亭。1960年陶铸同志到这里视察时，登上绿海亭，他提议把狗头山改名虎头山，更能体现沿海人绿化海滩，改造自然的勇气，虎头山由此而得名。现在，仍有不少游人喜欢到虎头山游玩，登绿海亭，追忆往事，观赏海景，感受海滨旅游的乐趣。晏镜岭是海滨景区唯一的一座山峰，虽然海拔只有140多米，但它像一道绿色的屏障，巍然屹立在南海边。记得前些年拍摄《活力茂名》时，就专门有一组晏镜岭的镜头，它犹似一条回归大海的巨龙，龙头昂然向海，海浪拍打着礁石，发出了富有韵律的激溅声音。5月23日下午，我们兴致勃勃地登上了晏镜岭，从山上往下望，满目风光尽收眼底。山下的童子湾，数十艘打鱼归来的小船停泊在这半月形的海滩上，夕阳西下，波光闪闪，构成了一幅很美的海滩自然景观图，不少人立即拿出照相机把这美景留住。晏镜岭早已成为茂名摄影爱好者的园地，不少省内外的摄影爱好者也闻声而来，留下了许多佳作。前些时候茂名市举办的摄影展览，以《童子湾夕照》为题材的作品就有好几幅呢！

行走在滨海的绿道上，我心潮澎湃，想得很多。如今在海滩上建绿道，和当年营造防风防沙林一样具有开拓性意义。绿道建设，是时代发展到了今天，以人为本、贴近群众、服务民生、打造践行科学发展观，建设生态文明和幸福家园的一项意义重大的工程；是改善生活环境，营造健身休闲氛围，为市民提供一个低碳出行、休闲憩息的绿色空间；是和谐之道、绿化之道、风景之道和致富之道。我看过好些地方的绿道，包括被省委书记汪洋称赞并大力推广的增城市的绿道，我为广东建设绿道的决策叫好。茂港的绿道，是在海滩边上营造起来的，遇到的问题和困难定会比其他地方多得多，但他们发扬了当年营造防护林带的精神，借鉴了在海滩上造林的成功经验，并以“只争朝夕”的精神和少花钱多办事的原则来营造绿道。现在，茂港的绿道已不断完善，沿途安装了标志牌、引导牌、信息牌等标志设施，卫生设施、路灯照明设施齐全，还有游客露营、咨询、救护等设施，配备有保安人员定期巡逻。这里已设立了自行车租用服务站，并严格规定绿道上只能骑自行车和步行，绝不会受机动车打扰。绿道旁边还有计划地建有几家餐馆，方便游人用餐。一些在此用过餐的朋友告诉我，这里的海鲜做得好，又新鲜又实惠，很受顾客青睐。到这里的游人都会玩得开心，吃得放心，安全问题更不用担心。

现在，滨海公园不再收门票了。它敞开大门迎客，并完善了配套设施，加强了服务工作，因而到滨海景区活动的人越来越多了，社会效益和经济效益自然更好了。那天，我们看见一批批骑着自行车的青年男女，在绿道上你追我赶，欢快而过；一群群的游人在绿道上漫步，一路上欢声笑语，兴致勃勃，不少人还摆出不同的姿势照相留念。有这样一家子，小孩子骑着童车在绿道上跑，爸爸、妈妈和爷爷、奶奶在后面跟着跑，一家人玩得特别开心，乐也融融。我还碰到以前的邻居老邓，他说滨海景区变得美丽多了，新修的绿道为我们提供了一个低碳出行的绿色空间。他还告诉我，他们家几乎每个星期都来这里玩一次，小孙子、外孙女骑自行车游玩完绿道又到海滩玩沙堆，玩完沙堆又去泡海水浴，然后才去吃海鲜，每次都玩得尽兴而归。现在，有很多市、县里的机关单位、厂矿企业、学校、社团组织，都把茂港绿道作为活动的好去处，节假日到这里举行集体活动，有的学校组织学生骑自行车漫游绿道，或在绿道上漫步，亲身感受绿道沿线的美丽风光，并以此为题写作文；有的单位举行登山比赛、摄影比赛；广东石油化工学院的艺术系老师还带学生到这里实地写生，体验绿道建设的成效；更有一些青年团组织在此露营，在海滩上举行篝火晚会，载歌载舞，喜气洋洋，把这沉睡的海滩变成热闹的海洋。过去，夜晚的海边漆黑一团，是没有游人的。现在，夜幕下的滨海绿道，一串串的路灯把绿道照得亮堂堂的，使夜色中的绿道更加浪漫温馨，游人照样不少。有一对游人告诉我，他们很喜欢晚上开车来这绿道上散步或慢跑，既方便又安全舒适。他们是在享受休闲浪漫生活，真叫人羡慕不已。

记得前几年这里曾有这样一则广告："去夏威夷太远，不如去茂港第一滩。"当时为好些人不理解，认为太夸张了。其实，从地图上看，夏威夷和茂名同属一个纬度，北回归线以南，属低纬度地带，亚热带海洋性季风气候，处在这纬度的地方，风光都是十分秀丽的。现在，经过精心打造的滨海景区，当然更加靓丽多彩了，有人把这里称作"南国夏威夷"呢！

早几年我去过澳大利亚的黄金海岸和邦迪海滩，那是世界闻名的海滩，但在我眼中并不见得那里有多美，若论海滩边上的建设，它真的比不上我们这里，特别是现在绿道建成后，加上原来的防护林带，滨海景区就显得更加大气和美丽了。最近，省委书记汪洋到茂名视察，还专门去看了滨海的绿道建设，称赞他们做得好，很有特色，造福人民。前些时候，常务副省长肖志恒到这里检查工作，也对滨海绿道称赞有加，他还亲自骑上自行车在绿道上走了半个多小时呢！如今在茂名老百姓中，不少人见面后便问：你去过滨海的绿道了吗？这已成为一句时尚的问候语，可见滨海绿道在市民心中的分量。

现在继续修二期工程，即由中心广场至港口段的东线工程。围绕整个半岛的绿道完成后，茂港的绿道建设就跨上了一个新台阶，使滨海景区更有气派，更具吸引力，它在茂名绿道建设中的引领作用和前景将更充分地体现出来。

站在滨海绿道上，那笔直和婉然，那蔚蓝和墨绿的形态和色彩，使我的脑海里忽地幻出一幅我曾目睹的《茂名市绿道网专项规划图》。

那是多么严密丰富的绿道网络图啊！

“山水入城、多廊合一”的绿色生态格局；各具特色、各有精彩的多元绿色道路组合，都让我久久凝视，久久沉思。重化工产业发展与绿色生态城市建设之间有平衡点吗？

有的。平衡点就在绿道网规划中的绿道主线和绿道支线两个层次上：绿道主线规划分为五道：1号“小东江绿道”，2号“袂花江绿道”，3号“共青河绿道”，4号“环湾绿道”，5号“热水山地绿道”。绿道支线规划分为六道，分别沿以下六道城市主要交通干线布局：①茂名大道及280省道；②森林大道；③325国道及进港大道；④油城十路及包茂高速公路南段；⑤市民大道；⑥茂南大道及环市西路和372省道，其中325国道、372省道和280省道向周边城市联结。绿道支线占用一定的城市主要交通干线的建设空间，形成向周边辐射和联结的线路，与绿道主线交织成紧密的绿道网络。绿道主线沿城市水岸生态廊道与海湾景观廊道布局，是自然景观优美、文化气息丰厚的线路；而绿道支线呢，则沿城市主要交通干线布局并联结周边城市，是资源有机整合、效益明显的线路。

站在滨海绿道上，那清凉与舒畅，那风和与日丽，使我陶醉了，沉浸在人与自然的清新明媚的意境中。

是的，让自然走进社会，让人们走进自然，呼吸新鲜空气，享受低碳生活，使生活质量更高更好。茂港绿道使健身、休闲、观光融为一体，成为人民群众生活中的一道独特的风景线，成为充满欢声笑语的幸福路，成为茂名市民健身休闲的最好去处。让我们世世代代进入一个亲近自然、观赏海景、健身休闲的生态乐园！

朱宴修

# 肇庆篇

ZHAOQINGPIAN

# 风景总在绿色间

## 最美绿道

从太空俯视中国大地，喀斯特地貌的石山群从云贵高原腾龙而起，穿过广西，逶迤数千里到广东省中部偏西处戛然而止，天设地造了一个山水名城——肇庆。这里曾是秦汉的郡县，隋唐的州治，宋朝的府衙，堪称岭南文化发祥地，又是岭南一片钟灵毓秀的自然山水，是珠江三角洲葱绿温润的绿宝石。

浩荡西江，流出了一道亮丽的旅游风景线，流出了沉积深厚的历史文化圣地。由七星岩与鼎湖山组成的星湖风景名胜区，1982年已成为国家首批重点风景名胜区。

七星岩，最神奇的是星湖“水之经典”，晶莹清澈、恢宏浩瀚，好像一个巨大的酒杯盛着一湖的瑶池玉液，映衬着七座黛色石山，这般山魂水魄的画卷，极具鬼斧神工的艺术造化。

广东省立绿道1号线起点，就选在肇庆的星湖之畔，这并非出于偶然。

环星湖绿道地处风景如画的七星岩景区沿湖，全长30公里，沿线串联波海公园、半月湖公园、黄蜂岗公园、牌坊公园、新东门广场等多个环湖公园、广场。

一边是碧波荡漾，一边是绿荫繁花。

环星湖绿道的美，美在七星岩的自然山水，如琼林仙境，让人心醉神迷，如饮醇酒。在烟云绿水之间，阆风岩、玉屏岩、石室岩、天柱岩、蟾蜍岩、仙掌岩、阿坡岩七座石灰岩山峰，排列如北斗七星般撒落在碧波如镜的600公顷湖面上。20多公里长的林荫湖堤，如绿色飘带般把仙女湖、中心湖、波海湖、青莲湖连接在一起，湖光山色，绰约多姿，构成了湖中有山、山中有洞、洞中有河的景观，既有西湖的娇媚，也有阳朔的清秀。而那超凡脱俗的魅力，诠释了什么叫自然之美。七星岩享有“人间仙境”、“岭南第一奇观”、“天然山水盆景”的美誉，就是这出自天然的造化。

有景自然聚集人气，聚集天地灵气，而山水灵气又滋养出人文精神。文人墨客，诗情画意，一时荟萃。七星岩的摩崖石刻就记录了历代文人雅士的诗文、题字、图画，共531题。石刻群文体中有诗、词、歌、赋、对联、题记。唐代李邕的《端州石室记》是最为珍贵的珍品。陈毅元帅称赞七星岩摩崖石刻为“壁上题词句，千年成诗廊”。关山月、黎雄才等岭南画派大师在这里汲取了创作的养分。叶剑英元帅在这里留下了“借得西湖水一圜，更移阳朔七堆山”的精妙诗句。在这里生活，或者是在这里看书、写生，都是一种诗意的栖居。

在冉冉升起的朝阳下，湖水沐浴着阳光，人们在绿道上或打拳、练操，或散步、骑游。

在点点夕照的黄昏里，游客悠然地听着归巢的鸟声，漫步在星湖绿道，一步一景，赏心悦目。老人和孩子们在伴月公园放起风筝。天空中飘飞着形态各异的风筝，云彩下争奇斗艳。天空成了一张巨大的画布，人们在上面尽情地描绘自己心中的愿景，放飞生命的豪情。

入夜，梦里星湖月夜酒。十里湖堤，华灯若隐若现，似天上繁星撒落人间，又似地上的明灯点到了天上。

环星湖绿道的建设依托了七星岩自然天成的湖光山色，也凝聚了建设者们的汗水。绿道的规划因地制宜，结合环保、运动、休闲和旅游等多种功能，通过合理选线，使之融入城市景观和自然景观中，贯通成一个开敞的绿色空间。

施工是紧张的，为了这一个绿色之梦，绿道所经之地，相关单位全都主动搬迁，积极配合。10个月，绿道建成。漫步其上，可以慢慢体味“浓妆淡抹总相宜”的环星湖景色了。星湖经绿道展现出来的美是惊世的，它如一股源头活水，带给肇庆这座城市以全新的视角。在返璞朴归真与绮丽梦想间，成就一个美丽传奇。

波光潋滟的星湖水，层峦叠翠的鼎湖山，千年传唱的端砚风，体现着“山、湖、城、江”的独特风格，汇聚着生命的欢歌和自然的灵气，构筑着水墨山水的动人画卷。

具有“身份独立、立场超脱、视角独特、判断客观”的国际研究机构——中国城市竞争力研究会，依照严格程序，按“自然条件、历史人文、配套设施、综合使用效率、公共满意度”五个大类一百多个指标进行打分，认为环星湖绿道的自然资源得天独厚，在国内绝无仅有，将“中国最美的绿道”的荣誉授予环星湖绿道。

2011年3月10日，世界城市合作组织中国委员会主席、中国城市竞争力研究会会长桂强芳专程赶到肇庆主持授牌仪式。桂强芳称，他走遍了广东的绿道，肇庆的星湖绿道最具魅力，肇庆的绿道建设在世界城市也是罕见的，“中国最美绿道”落户肇庆是实至名归。

山长精神，水生灵气，被山水环抱着的肇庆绿道清丽温婉，呈现独特的气质。以环星湖为核心的绿道网，延伸到肇庆的八个县、区，串联着全市1130公里的绿道网络，充分体现地域自然资源和地形特色，沿山绕水，顺势而为，把全市各地的自然山水、文化遗迹、历史建筑、传统街区和古村落连接起来，非常的质朴、动人，体现岭南的自然之美和人文之美。

肇庆绿道之美，美在它的个性，美在它的气质，美在文化的滋养。

端州山地绿道：绿树枝头春光盛，白云深处聆书声。

如一条玉带，系在北岭山的纤腰上，便有一分楚楚动人的书香气。绿道在半山穿行，串联工商学院、肇庆学院、技师学院，全长13.6公里。绿意漫染，山岚吹动，或浓，或淡，把北岭山变成一幅绿色写意画。人们在花径中穿行，如同撑着小艇在花海中滑行，有一种“采莲南塘秋，莲花过人头。低头弄莲子，莲子清如水”的诗情画意。

在微雨纷飞的绿道上，玉兰花般的女孩，撑着粉红的洋伞，在唐诗宋词里款款而行。在艳阳高照的绿道上，木棉树一样挺拔的男子，骑着自行车化作绿道上跳跃的音符。

你可以听到绿道上学子们琅琅的读书声；看到绿道上学子们毕业时“指点江山，激扬文字”。当绿道边的野花恣意绽放的时候，那份浓烈，那份火热，真如青春的激情在燃烧。

这是一条最诗意、最青春的绿道，星湖、西江、端城尽收眼底。青山不老，绿水长流，在绿道演绎着青春的岁月，年年岁岁，岁岁年年。

鼎湖森林绿道：山明水丽尽芳菲，候鸟南来不思归。

绿道环绕在鼎湖山麓，轻轻勾勒出原始森林与城市的边界，最美一段还在碧莲湖。碧莲湖由山间小溪蜿蜒汇集而成，镶嵌在城区中央，波光粼粼、轻灵剔透。

每天，在碧莲湖绿道上，操着不同口音的男男女女，徜徉在绿树红花间，盘桓在文化广场的乐曲中。他们当中，有悦耳的东北口音、豪爽的内蒙口音、直率的陕西口音，他们带来了东北的秧歌、旱船，也带来了黄土高坡的西北风，和着夜色中的粤曲小调，汇成了动人的鼎湖浪漫曲。

天南地北的人，为什么飞越万水千山？他们说："这里有我们的鼎湖山。"那份溢于言表的喜爱，那份欢娱，那份自得，令人感动。在绿道边的一个楼盘里，居住着哈尔滨工业大学的三百多位教授，他们退休以后把鼎湖作为安享晚年生活的栖息地。北方冰封雪飘、万木凋零，他们就像候鸟一样从北方飞来，在鼎湖度过温暖的冬天。他们在深绿、碧绿、浅绿、翠绿，深深浅浅的绿色中，让全身每一个毛孔都畅快地呼吸。

他们说，生活在鼎湖，房前是夜夜吟唱的西江水，屋后是日日翠绿的鼎湖山，呼吸的是负离子含量最高的空气，喝的是清甜的鼎湖山泉，吃的是无污染的绿色食品，男人精神，女人水灵。

鼎湖山是国家于1956年设立的第一个自然保护区，1979年成为联合国教科文组织生态系统的定位研究站。鼎湖山青、林绿、水润、气清，多元素和谐并存，自然与人文组合，千姿百态，胜景荟萃。而鼎湖的九龙湖风景区，"山、湖、溪、木、石、云"为六绝；"幽、野、奇、趣"集为一体。群峰之间，依次分布着沟谷雨林、季风常绿阔叶林、针阔混交林、针叶林、灌木林，构成了植被自然界演替的序列。四方物种，兼容并存，将鼎湖山装点得花枝招展、生机盎然，难怪有人这样说："鼎湖山是肇庆的鼎湖山，也是广东的鼎湖山，还是中国的鼎湖山，世界的鼎湖山。终究是我们的鼎湖山。"

四会田园绿道：禅意世俗相依的绿道。

四水汇聚有禅意，贞山草色无涯绿。

四会田园绿道，位于省立绿道6号线起点，全长7.2公里，即中共中央政治局委员、广东省委书记汪洋“学习实践科学发展观挂钩联系点”的四会独岗村。汪洋书记在调研中指出：“要把解决实际问题贯穿始终。把解决群众关心的与贯彻落实科学发展观关系密切的重大问题摆在突出位置，集中力量研究解决，用实实在在的效果引导群众参与到学习实践活动中来。”

四会田园绿道是党和政府践行科学发展观的最好体现。绿道于2010年3月动工，四会各部门齐心协力，根据地形采用打送桩、填沙袋等措施，战胜雨水天气，只用了短短一个月，四会田园绿道就完成投入使用。

绿道在独岗村边蜿蜒而过，两边是茂林修竹、四时繁花不绝。偶见林中几只小鸡，欢快地追逐，陡添几分人间烟火气息。绿道边的石墙上简约地描绘出运动的图形，于无声处倡导一种健身的理念。

山清水秀的绿道如绸带，串起六祖寺、贞山、贞仙觅迹区、贞仙祠、竹林明堂、天音塔、姚沙莲塘湖等颗颗明珠。沿路景点如绿带系玉，古树奇花错落有致，小桥流水、观景平台和休息驿站巧妙布局。立着石牌或竖着木牌，科普提示、名人碑记沿途点缀，融原生态秀丽山水、岭南特色文化于一体。这里获得广东省建设厅检查组的高度评价，被誉为全省最好的绿道!

四会田园绿道的起点在贞山六祖寺，依山面水，左蟠青龙，右卧白虎，瑞气呈祥。相传禅宗六祖惠能曾在此山参禅。禅宗主张不立文字，提倡心性本净、见性成佛。禅宗的思想深深地植根在人民中，引领人民正视心中的善念，感悟人间的美好。

贞山有摩崖勒一联：“麻缕纺何年，一片冰心尘不染；鱼螺传古迹，千寻潭影月同清。”这也为绿道的建设意义添加了注解。

广宁竹海绿道：绿意最浓的绿道。

翠竹万竿绿道幽，绥江气节忆千秋。

千顷竹浪绵延浩如烟海，万竿玉竹在风中摇曳生姿。广宁竹海绿道，沿着美丽清澈的绥江曲折回环，两岸翠竹轻盈飘逸。绥江，秀丽的水增添了竹的灵秀。江面时有轻舟凌波剪浪，时有翠鸟掠翅点水，村姑淘米，儿童戏水……都成了绿道美景。

在竹海中骑车穿行，竹林浩浩荡荡，绿荫遮天蔽日，竹廊光影幽深宁静，浓浓的绿意与竹叶的清香从四周涌来，涤荡心间凡尘。幽静之气驱除着现代人的浮躁。

在中国传统文化中，竹为“四君子”之一。竹的气节、虚心的品格成为文人歌咏的品质。晋代有“竹林七贤”，唐代有“竹溪六逸”，清朝郑板桥独爱竹，赞曰：“竹君子，石大人，千岁友，四时春。”

竹乡人有着竹的铮铮风骨。竹乡人酷爱武术，孕育了邱建国、林泉等“南拳王”武林高手。

竹乡人还有竹的不畏强硬、破土而出的顽强精神。周其鉴是我党早期农民运动的领导人，组建了中国农村第一个党支部。大革命时期，中国人民解放军粤桂湘边纵队司令部又在广宁成立。近年来，创建“八一农场”的全国劳动模范贾东亮，成为新一代军转干部的楷模，他历经种种失败而不气馁。一代代竹乡人书写了竹的气节和品格，展现出了竹乡人的时代风姿。

怀集江滨绿道：新城新貌的绿道。

怀志游燕都，集德走禅道。

怀集素有“中国燕都”、“中国禅都”美名。怀集县的绿道依傍穿城而过的绥江，构筑自然优美的滨水环境，凸显城市灵气。

徜徉在绥江滨水大道的绿叶红花之间，一排排小叶榕、一株株三角梅映入人们的眼帘，用红绿组成的色调，鲜明简洁。

怀集是肇庆百万人口的大县，风调雨顺、土地肥沃的自然条件，让怀集人民在这块土地上世代耕耘。

6月6日金丝燕到怀集赴千万年的约会，如同美丽的精灵拜谒神奇圣地。

惠能在湖北黄梅跟随五祖八个月后，在“逢怀则止，遇会则藏”的师嘱下，开始了在四会、怀集长达15年的修行，在灵山秀水中，他形成了禅宗思想体系，成为佛教一代宗师。

明清时代，绥江河畔这片地段万商云集，水路交通四通八达，商铺、茶肆和手工作坊人来人往。如今怀集的新城区秉承了怀集的传统商贸特色，按现代化的城市理念全面布局，一座现代化的新城正在崛起。

封开贺江绿道：广府首府的绿道。

贺江水蕴千秋月，斑石山开两广门。

封开，古称“广信”。汉武帝在岭南设交州刺史制，颁旨“初开粤地，宜广布恩信也”。封开（广信）被称为“岭南首府”。从此，广信以东为广东，广信以西为广西。封开地处贺江和西江汇合之处，联潇水、湘水，扼西江之要冲，据两广之要势，“唇齿湖湘，襟喉五羊”。封开成为岭南与中原地区最早的交通枢纽，也是海陆丝绸之路最早的对接通道。在这四水交汇之地，中原文化以及外来文化与本土文化的强烈撞击，衍生出广府文化的母体，并随着商贸文化的交流而发扬光大。千百年来，沿着西江河流域，衍生出粤语、粤菜、粤曲等广府文化的精华。

贺江九曲十八弯，是西江最大的支流之一。江水以“绿”闻名，被专家称之为“中国最清澈的河流”，江水碧绿，水美鱼肥，江岸青山苍苍，江流迂回曲折。

封开贺江绿道依水而建，因水而美，仿佛一幅天然长卷山水画，演绎着广府文化的万千仪态，无穷韵致。踏上绿道，贺江碧绿而又清澈，于千年的时光中流传着广府文化袅袅回音。清晨，阳光如洗，清新的自然气息扑面而来，身心涤荡；黄昏，夕阳余落，炊烟四起，阡陌小道上，牛群与牧童相伴而返，宁静而和谐。

走在贺江的绿道里，如同踏进时光的隧道，千百年历史的烟云迤逦而至。

德庆龙湖绿道：浪漫温馨的绿道。

帆影波光花正香，湖山一色水中央。

德庆绿道最美的一段在龙湖。德庆是龙母的故乡，龙湖的命名寄予了德庆人民对于“善”和“美”的追求，也为龙湖增添了更多的神话色彩和浪漫风情。

烟波浩渺的龙湖位于德庆城区腹心之地。龙湖的绿道共三环，最里面的一环是亲水栈道，为木板铺成的飘台式步道，更适合情侣呢喃细语；第二环是红色渗水砖铺成的行人绿道，适合家人携手共行；最外环是单车道，适合单车健儿迎风奔驰。三环绿道各有绿化带隔开，充满人性化的设计，让行走在其中的人顿生“黄发垂髫，并怡然自得”的心境，有了“采菊东篱下，悠然见南山”的淡然。

沿湖兴建了10幢欧式风格的低层楼宇和一幢准四星级装修的酒店，一套套陈设简朴舒适的客房坐落在山水怀抱里。清晨推窗便见水中升起的薄雾，尤其是湖心的小岛上建设天幕露天酒吧，白色的拉幕如同船帆在湖中破浪而行，在天幕下的茶座里，烹一壶泉水熬煮岁月，啜一口香茗享受幸福。舞台上的吉他手拨着琴弦唱一首旧歌，湖中的喷泉随着音乐轻轻摆动。

在波光帆影的沉醉中，就有了一分“在水中央”的柔情。

高要西江绿道：十里长堤的绿道。

长虹卧波西江壮，千帆侧畔绿道美。

高要西江绿道建在西江南边坚固的防洪堤上，一边是江宽水阔的西江，一边是绿色笼罩的村庄。晚霞中，倦鸟归林，几户农家的青砖房屋，掩映在绿树中，炊烟升起，清风徐来，心旷神怡。

凭栏远眺，江河万古流，岁月日日新。西江二桥如长虹卧波，江帆片片，渔翁撒网。在江边的小馆品尝刚刚捕获的河鲜，放眼烟波浩渺的江面，近听雨落无声，脱离红尘的牵绊，坠入古韵的意境中，如闻了淡淡墨香，雅致，清逸。

…………

肇庆人祖祖辈辈生活在这片绿色的土地上，日出而作，日落而息，在红色的土壤上耕耘绿色的希望，延绵几千年，繁衍生息。他们生活得宁静、自然、知足，宁静中求得幸福，风雨中坚守内心信念。没有焦灼、没有浮躁，只有安然和坦荡。一千多公里的绿道，就是一曲华美的交响曲，演奏着肇庆日新月异的变化，回响着幸福生活的主旋律。而最美的绿道，则是这乐章中跳跃的音符，让人沉醉。

## 自然人文景观

绿道，在中国几千年历史文化长河中衍生的含义多种多样，既有抽象的，也有具象的。抽象的纷繁复杂，如“道可道，非常道”，它是哲学思辨；具体的，它就是“路”，简简单单。

西江河道旁的烂柯山，有一条端砚石线脉。端砚沿着西江河道行走，走过唐宋，走过明清，走到现代；走出西江，走出珠江，走向五洲……这条端砚之路、历史文化之路，既是抽象的又是具象的，它分明是又一条“道”——从时间深处一路走来。

绿，也有具象与抽象之分。具象的是植被；抽象的是颜色。

绿和道在一起，产生了一个新的名词，称之为“绿道”。

顾名思义，有植被才有绿道。肇庆无疑与“绿道”有缘。

鼎湖山，位于北纬23° 10′。北回归线穿越的地方大多是沙漠。鼎湖山在北回归线上汇聚出一片绿洲，定格成一尊地球上的绿色巨塔，被专家学者誉为“北回归线上的绿宝石”。

同样是北回归线上的封开黑石顶山，是一片完好的南亚热带常绿阔叶季雨林，这充满神奇色彩的天然王国，山峦起伏、浓雾缭绕、溪流淙淙，变化莫测，让人神牵魂迷。

海拔1300多米的螺壳山，被誉为“粤西第一山”，有民谣道：“螺壳山高，离天三尺，人过低头，马过贴脊。”山高并不奇，奇的是这高山南北四季特征都明显，山上奇花异草竞放，珍奇走兽自若。令人惊叹的是，银装素裹之下，树木生机盎然，苍翠挺拔。白绿相间，色彩斑斓，把整座山峰点缀得分外妖娆。

竹乡，更是以山间生长着万顷绿色的竹林获名。那竹，满山遍野，层林尽染，绿浪碧波。

紫云谷、葫芦山、锦石山、千层峰、塔山、燕峰山……绿道逶迤而过的山与水无一不是上天的恩赐，无一不是自然的史迹，无一不是绿色的典范。

肇庆所有的山就是一个“绿”，绿得深、绿得透、绿得美、绿得奇、绿得神、绿得久、绿得有内涵。

片片绿色的山林靠的是水。

水是地球区别于其他星球的特征。有水才有万物的生存和灵气。

江河万古流。西江穿越肇庆全境，润泽土地，滋养人民。水中有鱼虾，水上有白帆，一条古老的水路贯穿东西。以前，交通运输主要靠这条水路，人们沿着这条水路走向远方，寻找美好的希望，这是生路、财路、黄金水路。贺江、绥江、北江、洊江等在肇庆的大地上日夜流淌，纵横交错，形成一道道生命的链条。

绿色总是与湖在一起，有树的地方就不难找到湖。正是如此，鼎湖山的湖，七星岩的湖，黑石顶的湖，螺壳山的湖……数不清的大小湖泊既能灌溉土地、养育树木，又点缀着自然，为湖光山色增添无穷的魅力。

瀑布溅飞雪。从地下溢出来的水、从湖中溢出来的水顺着山间的悬崖陡坡倾泻。鼎湖山瀑布、螺壳山瀑布、燕峰峡瀑布、盘龙峡瀑布群，同时飞流直下，雪溅苍山，用奔腾的激流齐声发出多情的呼唤。

湿地出现了。润泽才会有湿地。肇庆的湿地招来了丹顶鹤，鹤在亚洲人的眼里是长寿的吉祥动物，与松相提并论为“松鹤延年”。远方的丹顶鹤在肇庆湿地落户，繁衍后代。群鹤翩翩起舞，为自己找到了这个地方而庆幸。

水润物，物华天宝。端砚石经过了上亿年的滋养孕育，成为了中华瑰宝，光耀人间。还有黄金、花岗岩、大理石、石灰石等天然矿产。肇庆是个绿色的聚宝盆。

一方水土养一方人。肇庆的青山秀水养育了杰出的人物。

就像砚石有线脉一样，无论是传说还是神话中的人物，也贯穿一条时代的脉络。顺着脉络回眸，便会发现，每条线脉都深埋着厚重的历史和感天动地的故事。

望着天上淡淡的云，七仙女飘然而下。

虽然科学论证，七星岩属石灰岩组成，是地壳运动形成的，但人们还是钟情于民间美丽的传说：七仙女爱慕人间，下凡乡野，愿意变成秀美的七座山峰，永留地上，供人观赏，给人欢乐。

沿着西江向上追溯，来到秦朝的德庆悦城。

一只木盆从上游顺水漂下，漂到悦城，“母仪龙德”的故事因之而生。龙母勤劳勇敢、助人为乐、救死扶伤；她乐善好施、普济乡亲。中华民族是龙的传人。龙母广播恩慈、惠泽众生，百姓为她修庙立像，万民敬仰，香火不断。真善美沿人性轨道循环，德仁信在西江流域发扬。

中国思想史上影响最大的佛教人物之一，与老子、孔子合称“东方三大圣人”的六祖惠能，一生的道路皆与肇庆有不解的情缘。六祖出生和圆寂都在西江流域、与肇庆一衣带水的新兴地；当年，他沿着西江河道走出了大山；他的顿悟地是在绥江边上的四会、怀集；他的弟子智常禅师在鼎湖山创建了“白云寺”；高要籍的石头和尚陈希迁是他的高徒之一；六祖晚年回新兴路经肇庆，在梅庵插梅驻留，将禅风扬播。六祖插梅的地方，至今梅花依旧，香雪染亭，日照香炉，清云缈缈。

一条长长的山川，装饰得像一幅立体的天然画廊。田野、河流、村庄、屏峰，相互交融，浑然一体。这是封开县麒麟山一带，可以说是岭南乃至中国最秀美的乡野。“英雄莫问出处”，但英雄却有出处，一千多年前唐代的岭南首魁状元莫宣卿就生于斯、长于斯。

莫宣卿幼年丧父，家境贫寒，逆境磨砺了他坚强的毅力和鸿鹄大志。莫宣卿七岁作诗，十七岁荣登状元，震惊朝廷。皇帝赐诗：“南方远地产才子，突破天荒出草莱，神鲤跳翻三尺浪，皇都惊震一声雷。”自莫宣卿之后，封开出了十二个进士，岭南出了十八个状元。岭南人在治学路上不断留下辉煌的足迹。

北宋清官包拯“包青天”是老百姓对他的赞誉。宋仁宗年间，包拯在端州（今肇庆）主政三年。他惩治贪官污吏，保护采石砚工，带领百姓筑城池、修水利、挖水井、治瘴疠、建书院、兴教育。包拯在端州留下千古德政，两袖清风。他没有拿一方端砚，被百姓传为佳话。有诗为证：“星岩朗曜光山海，砚渚清风播古今。”

明朝万历年间，意大利的利玛窦在肇庆六年，建起了中国内陆第一座西方教堂， 建起了中国第一所图书馆，绘制了世上第一幅中文世界地图，与肇庆工匠一道制出了中国第一个机械自鸣钟，编写了世上第一部葡汉词典，把西方的文明科技介绍进中国，又把中华民族文化推向世界，成了沟通中西文化的第一人。

生长在肇庆、成名在肇庆的历史人物功名与日月同辉；许许多多到过肇庆，为肇庆留下诗文墨宝的英雄豪杰在肇庆发展史上也功不可没。那些珍贵的摩崖石刻，抒写了时空变换，经历了风雨沧桑，见证了才人代出，记录了一路豪歌。

自然风景秀丽，人文景观众多，大地不负苍天，要说绿道，自然与人文的景观如此天人合一，哪里去寻这么美的地方？！

修建绿道的过程，不但体现了各级政府的高度重视和支持，而且体现了科学合理的发掘资源、利用资源，可谓锦上添花，美上加美。

各种建材在绿道上尽显其能，木板的、石板的、石米的、水泥的、彩砖的、塑胶的，在肇庆的大地上铺设出五彩斑斓的彩练，铺设出和谐吉祥的小康之路。

城市有绿道，公园广场更吸引人；乡间有绿道，尽情感受自然风光；山中有绿道，大好山河尽收眼底；江边有绿道，远望银波千帆竞渡。

肇庆人有去处、有游处、有玩处、有开心之处。

## 城市文明

是谁在烦嚣都市里拨动大自然的曼妙旋律？

是谁在纵横公路间绣出绵延千里的绿锦缎？

是谁在车喧笛声中弹出鸟啼虫鸣的动人音韵？

城市与大自然的距离，在绿道的牵引下变得亲近。先前还在水泥钢筋森林中被包围得闷郁，这会追寻绿绸带飘逸的轨迹而去，不经意间就会闯进大片青山秀水，瞬间被林荫花影、湖光山色揽入怀中。

在一片醉人的绿意中，被温润的心情变得格外柔软起来。心底烦躁与恬静的转换竟是如此不着痕迹。

谁说都市的快节奏中没有慢生活？在肇庆秀雅清丽的绿道，这种让无数都市人向往的简约生活被演绎得既风情万种又诗情画意。

“山、湖、城、江”得天独厚的城市格局，让肇庆绿道有着与众不同的天然禀赋，山幽、林绿、水碧、气清、景美，灵秀悠然的气质与生俱来。肇庆绿道，因此添了一份珠三角兄弟城市难以企及的宜居、宜游的城市优势。

一条悠长的小径牵着小城的韵脚，就这样诗意地延伸着，用无边的绿色浸染生活的每个细节，雕刻一座城市的休闲时光与文明品质。

蜿蜒穿梭的城中绿道，如同一条彩色的腰带勾勒出肇庆美丽柔曼的身姿，让城市变得诗意浪漫。

宽敞笔直的机动车道上演着激情与奔放，与之并行相伴的城中绿道在花木扶疏中却似小鸟依人，温婉美丽。咫尺之外的绿道上，层次分明的葱木绿草编起一道茵绿屏风，杜鹃、紫薇、紫荆、凤凰花、美人蕉等花卉点缀其间，将喧嚣繁忙隔在外面，四季流转，风景各异。

百米之间，竟是两个天地，两样心情。城市的别样美就在此时此景。难怪，许多人甘愿冷落机动车，一次又一次地选择与自行车相约绿道之上。

久违了乡间小路的都市人，忘却生活的劳心，抖落工作的倦意，骑上自行车，穿越曲幽怡情的城中绿道，追寻大自然深深的静魂。车轮欢快的转动间，流转出一串串惬意舒畅的心情，轻轻踩过一地落英，留下一路闲逸的美丽。

当婉约雅致的绿道遇上柔情绵绵的水，两者是那么情投意合又心有灵犀地融为一体，天衣无缝地演绎着一座城市的清雅与灵动。飘逸于山水之间的绿道，柔情似水，与她的邂逅会更容易让人怦然心动。

是江河湖水为绿道平添了一分灵气？还是绿道给江河湖水增加了一分秀气？若要寻找答案，肇庆几乎各个县（市、区）都有理想之地，且感受不尽相同——

在城区的环星湖绿道体会“中国最美”；在鼎湖区碧莲湖公园绿道贪婪地呼吸“大氧吧”的负离子；在四会村庄绿道欣赏清新怡人的田园风光；在广宁绥江绿道领悟坚韧向上的竹子精神；在封开贺江绿道品味源远流长的广府文化；在怀集江滨绿道品读独具特色的金燕文化；在德庆龙湖公园绿道感悟宽宏仁厚的龙母精神；在高要市江景绿道感受大江东去的气势磅礴……

肇庆绿道的规划建设者很是精明，早在规划之时，就将湖光山色移入其中，牵出一个城市建设的蓝图，与生活的走向趋于一致。绵延不断的绿道如同一幅长卷缓缓舒展开来，老百姓用自己的方式为她绣上幸福动人的图案。如果北宋画家张择端用手中妙笔为肇庆绿道画一幅长卷，这该又是一幅怎样千姿百态、风情万种的绿道生活百景图！

这条幸福之道通向老百姓生活的各个角落，这正是肇庆绿道最动人之处。

当晨光染满天空，肇庆绿道就揉开了惺忪的睡眼。花丛边，绿树下，长堤旁，凉亭里，晨练的人们最早给绿道带来了新一天里的活力。挥剑、舞扇、跳健身操、耍太极、玩柔力球、打羽毛球……映着晨光，踩着动感的节拍，绿道的笑容十分灿烂。

有老汉每天都把二胡、竹笛带到绿道的亭台楼阁中。琴弦一拉，竹笛一吹，清悠的小曲便飞过了树梢，穿过了花丛，滑过了湖面，越过了岩峰，流淌在绿道，荡漾在心间。柳枝翻飞衣袖，湖水应声而动，旋律仿佛看得见似的在天地间抒怀。“此曲只应天上有，人间哪得几回闻”的沉醉，让人有种“久在樊笼里，复得返自然”的快意。

几位大婶围坐在树荫下，兴致勃勃地打着纸牌。大爷们摆开棋局，悠闲自在地切磋着棋艺。都说人生如棋，绿道上也可品味人生。

肇庆绿道重要节点，常配有一批健身器材。人们在这山水间的健身房中面对满眼苍翠，扭动着腰身，舒展着筋骨。

三五成群自是其乐融融，一人静享绿道时光又是另一番静谧的美丽。揣上一本最爱读的书，到浓密的绿意里小坐片刻，听花开的声音，品风吹的寂寥。书扉上闪烁着树叶的斑驳光影，欣赏着阳光与清风共舞的华丽探戈。树叶随风轻轻飘落，亲吻书页，想必她也禁不住书香的诱惑，为爱书人添一分浪漫。累了，选择一处可亲近湖影江风的长椅坐下，把自己埋在无边的如画风景里。女子静静坐在湖岸鹅卵石堆边，拨弄着手机，是向远方的家人诉说着思念之情？是向恋人倾诉着心底的爱意？还是与友人分享着此时此景的心情？

傍晚时分，斜晖脉脉水悠悠。夕照柔情地洒满绿道，归鸟掠过树梢栈道，在天空划出一道美丽的弧线。望向不远处，不少人家的窗户陆续亮起了灯，炊烟升起，窗里有父母等待儿女归来的温馨，有妻子盼望丈夫归来的幸福。踏着绿道走上归途，家的味道溢满心间。

夜幕降临，月光如水。披上霓虹灯多彩霞衣，无论在肇庆城区还是县城，城中绿道格外妩媚动人。被绿道串联起来的公园广场成为老百姓开展文娱活动的阵地。这儿一队，那边一群，红红火火的群众文化激活了绿道的每个细胞。

那位大姐带来音响设备，免费教大家跳舞；这位激情的大叔，张贴起歌谱，当起了指挥，每晚领着大伙儿从老歌唱到流行歌曲……

许多人从原来的旁观者变成了参加者，由陌生人变成了老朋友。

不同的人因为绿道走到了一起，不同的故事因为绿道而更动人。从此，越来越多的人每个夜晚与绿道有个约定，本地群众来了，外地游客来了，耄耋老人来了，稚嫩孩童来了，连金发碧眼的外国友人也来了。在这里，不分国家，不分民族，不分阶层，大家都是主角，在绿道上共同舞出一座城市的婀娜身姿，唱出一座城市的朴素情怀。

绿道，如群众手中的绸带舞起来，如怀中的琴瑟奏起来，将肇庆的文明、包融、热情与动感舞动得千娇百媚。

每个人都愿意去做她的守护者。在2011年那个夏天，当肇庆率先提出组织绿道志愿者之时，为了追寻这个缠绵缱绻的梦，竟有那么多颗炽热的心向她靠近。从此，肇庆绿道上多了一群美丽的身影，在长长的小径上留下了数不尽的热情、文明、微笑。

有车子在绿道上不听使唤了，是他们及时伸出了援助之手；有人扔下了果皮纸屑，是他们给予了善意的提醒；有人遇到了困难，是他们微笑地奉上了热情的指引。虽然烈日当空，虽然汗流浃背，虽然不时会遇上意想不到的难题……他们却总是乐在其中。

2012年夏天，最美的绿道流淌着最美的爱心。肇庆成立星湖绿道公益联盟，志愿者团体用爱心织出爱的丝带，牵引着社会上每一个你我他。绿道驿站建起“亲青家园”，内设志愿者服务站，引导、凝聚绿道志愿文化；漂流爱心书箱成为爱心传递信使，一本又一本书籍从这里漂向你、流向他，大爱蔓延在这座小城的每个角落。

只有人人爱绿道，才能人人享绿道。

随风而入，润物无声。由绿道所滋生出来的文明素质，春风化雨般融入百姓生活点滴和人们一言一行。这，正是肇庆创建全国文明城市弥足珍贵之处。

在肇庆绿道上，除了可感受民俗风情外，文明素质也备受滋养。奇花异草、绿树翠竹掩映间，勒石刻诗、碑记名篇藏在绿意深处，行游中如同将一本人文书籍一页页翻开，细细品读。在山中小坐静听松涛，不经意抬头间，不时会惊喜地发现“森林小知识”的牌子悬挂树上，汲取一点环保知识，顿觉山间野趣弥漫。

沿着城区星湖湾绿道段蜿蜒的栈道上，映着粼粼波光，名言警句刻在石碑上，林影花间偶露唐诗宋词篇目。人们为此而停驻，思绪飘然婉转，扶栏低吟幽思，情怀穿越古今，与李白、苏轼、李清照等古人隔空对话。

品一篇赋，读一首诗，古今如梦，何曾梦觉。肇庆绿道之上，如此情景四处可觅，那份绿意浸润的心情随诗意而放飞……

## 四会绿道的文化魅力

四会是一座拥有2200多年历史的岭南古邑，是一座会山水之灵气，会千年之古韵，会人杰之俊才，会艺俗之精巧，会物华之天宝的新兴文化名城。两千多年的风风雨雨，四会人创造了灿烂多姿的人文历史；两千多年的岁月沧桑，赋予了四会璀璨而深厚的文化底蕴。

沿着时光的隧道，穿越历史的时空，无论是超凡脱俗的佛教六祖禅宗文化、仙气缭绕的道教贞仙文化、“中华一绝”的古法造纸文化，还是与世俗生活息息相关的柑橘文化、新兴未艾的玉器文化，都给这座城市平添了辉煌而凝重、浩瀚而苍茫的独特韵味。今天，有“中国最美绿道”之称的省网6号线起建于四会，更给这座繁荣的城市带来生机勃勃、心旷神怡的神奇魅力。

市委、市政府把省绿道6号线四会段建设起点定在汪洋书记学习实践科学发展观活动联系点的独岗村，可谓独具匠心。

独岗村山清水秀，人杰地灵。这一方令人敬仰的热土，沿山、沿水有六祖寺、贞仙祠、天音塔、竹林明堂等诸多名胜景点，有大坑一村新农村建设示范点，以及翠竹林、青松林、象鼻岭、姚沙迳口水库等生态保护区。把沿线的风景名胜区、生态保护区、历史文化遗迹等串联起来，与当地有特色的农家书屋、农家食肆、宾馆、休闲中心连成一体，使绿道与自然生态、历史文化、旅游景观、城乡建设有机结合起来，古树翠竹与小桥流水错落有致，观景平台和休息驿站有机布局，科普提示与名人碑记沿途点缀，形成一条通向古今奇景的时光隧道，一条宜居宜业宜游幸福城市的休闲栈道，一条惠民便民的优美风景线。广大市民在休闲、健身、娱乐的同时，能够欣赏到沿途如绿带系玉、奇花异石、小桥流水、鸟语花香的美丽景观，让贞仙文化、六祖禅宗文化感染熏陶，以陶冶人的性情、培养和提升人的精神面貌和思想情操，这一创举凸显以人为本、“天人合一”的建设理念和惠及民生、优化人居环境、独具岭南文化特色的非凡构想。

踏入省绿道6号线的起点站，一座别墅群式的小山村就呈现在眼前。一幢幢红墙绿瓦的洋房式小别墅，耸立在一池荷香的荷塘畔，掩映在绿影婆娑的玉树翠竹中；村前溪水潺潺，水车旋转，一条铺满鹅卵石的曲径清幽幽地穿过一个园林式的休闲场地。这休闲场地有农家书屋、健身器材、石椅石桌，四周是奇花异草、刻上名人名句的奇石碑记，不远处是功能齐全的篮球场及羽毛球场。一些老者优哉游哉地在这里下棋、打牌、健身、闲聊，尽享无忧无虑、丰衣足食的闲暇生活。这就是汪洋书记践行科学发展观新农村建设的联系点——独岗大坑一村。

在大坑一村的不远处，是一座建筑辉煌的六祖寺。四会是六祖惠能顿悟成佛的灵地，修成正果的宝地。六祖惠能在四会扶卢山隐姓埋名、藏身避难达15年之久。其间，他与猎人为伍，靠打猎为生，常向村民传授禅法，与当地村民结下深厚的情谊。后开始继承五祖衣钵，诵经传教，成为我国佛教禅宗的南宗开创者。为纪念一代名僧，唐朝时当地信众就在他藏身之地扶卢山建起了“六祖庵”，清嘉庆十四年（1809年）重修时移址龙甫营脚，易名为“六祖古寺”，后被毁。新六祖寺于1997年3月奠基重建。鉴于原六祖古寺重修和发展均受到所在地环境的制约，故将六祖寺移至风景秀丽的贞山重建。

六祖寺内占地面积180亩，建筑楼宇数十座，包括牌坊、广场、山门、殿堂、藏经阁、钟鼓楼、斋堂、客堂、禅堂、念佛堂、僧寮房、都监院、朝山会馆、六祖八塔等，各种殿堂、楼阁、斋房、宝塔、养生池等相映成趣、错落有致；六祖寺坐西北向东南，四面环山，林木苍翠，幽静灵秀。如果在牌坊旷地驻足，仰望环视，只见碧天似镜，山如眉黛；寺庙琉璃绿瓦与四周山色相映衬，有如母子同依，安静祥和；穿过牌坊，来到风雨桥，但见三桥并连拱立，其韵味与柳公《小石潭记》的“如鸣珮环”有异曲同工、异水同韵之妙。山门有一联：“层林秀润千峰翠，曲水萦回一寺明”，形象而生动地描绘了六祖寺秀丽的风景。拾级而上，依次为三正殿：天王殿、大雄宝殿、六祖殿，层递耸立，琉璃碧瓦，雕梁画栋，佛像金身，气派非凡。天王殿正门有一联：“入我门来缔结福缘应要明心见性，道君心悟能全善果还须色相皆空”，道出了参禅者应持有的心态。天王殿左为鼓楼，右为钟楼，晨钟暮鼓，震心警世。大雄宝殿正门也有一联：“佛祖发慈悲煦煦春风感化十方信善，沙门除恶孽霏霏法雨普施三界甘霖”，将佛光普照，扬善济世的功德善心，润泽信众心田。其左边为功德堂，右边为永思堂，伫立于前，教人顿悟沉思。六祖殿正门一联："菩提无树万世宜栽，明镜非台千古可鉴"，巧妙地将六祖惠能"菩提本无树，明镜亦非台；本来无一物，何处惹尘埃"偈语禅理贯入其中。六祖殿内惠能金身辉煌，俨然端坐，容颜清癯，神态慈祥。

值得一提的是，六祖寺根据惠能大师的生平新建了六祖八塔，全称为"中国禅宗六祖惠能大师生平八塔"，将六祖惠能生平八个重要阶段归为八个部分展出，这八座塔由一座主塔和七座塔组合而成一座塔林，主塔高为19.88米，直径9米，另七座塔高为13.88米，直径为6米。主塔名为"潜修成道塔"，其他七塔分别为"出生塔"、"闻经塔"、"得法塔"、"剃度塔"、"坛经塔"、"涅槃塔"和"一花五叶塔"。塔中供奉五万座佛像，成为名副其实的万佛塔，这将使前来朝拜、观赏、供奉的人们获得不可思议的加持力和功德力，并会进一步促使佛法更加昌隆，国运兴盛。

独岗大坑村的百步梯（土名）又是六祖面壁的圣地，人们在休闲行绿道的同时，到六祖寺参拜钟灵毓秀之地，领略六祖的智慧、吸取禅宗文化的精粹，熏陶旷世仁慈的高尚情怀，具有何等之惬意!

转过一处曲径，再俯拾而上，映入眼帘的是一片碧翠苍茫、郁郁葱葱的山峦。这就是充满仙气和灵气的贞山。俗话说："山不在高，有仙则灵。"贞山因其秀丽的景色和美丽的贞仙传说而闻名遐迩。

贞山原名广正山，高648米。山间劲松挺拔，古树参天，藤蔓盘绕，山清谷幽，流泉飞瀑，云蒸雾蔚，有如人间仙境。一条蜿蜒曲径犹如一条浓荫密布的绿色长廊，散发着森林古朴的气息，山花野草的芳香。夏日游行至此，仿佛进入一座天然氧吧，沐浴着清心润肺的冰凉，无不使人情款依依，流连忘返。明代陆中田诗云："贞山云散雨初晴，踏破苍苔独自行。扫石竹高飞叶湿，挂衣松老落花轻。翠屏极目浑如洗，青鸟依人似有情。欲问仙踪何处是，龙池烟锁月长明。”这首诗形象生动地描绘了这一迷人的景观。这一景观明朝时期就被赋予“贞山两雾” 雅称，列为“四会八景”之一。

贞山不仅有秀丽的风景，更有一个脍炙人口的美丽传说。相传唐朝大历年间，广正山脚下松甫铺（今姚沙）村，有一文姓女子叫“亚贞”，她父母打算把她嫁给一鲍姓男子。但还没来得及完婚，鲍姓男子有一天上山打柴，不幸被老虎咬死。贞女闻讯后悲痛欲绝，急忙赶到鲍家，服丧三年，悉心照顾鲍姓父母。三年后文家觉得其女已尽孝心，不能如此孤独下去，于是要将贞女另配他人，贞女为此深感悲伤和内疚，认为自己是鲍家的人了，就要为鲍家尽忠尽孝。家人的相迫令她左右为难，加上当地的几个纨绔子弟见贞女窈窕貌美，几番侮辱，多次调戏，贞女无奈之下只得离家出走，躲进深山，过起了与世隔绝的生活，靠种杂粮和捞鱼螺为生。有一天，贞女正在溪旁煎鲫鱼，铡山坑螺，忽然听到有人声，便急忙把鱼和螺倒入溪流中，自己躲藏起来。原来是几个无良男子进山寻她来了。几个男子对她企图施暴，贞女又急又恨，见已无退路，便纵身跳下深潭辞世。这时天空突然彩云飘絮，仙乐齐鸣，有众仙姑踏云而至，托起文氏贞女飘然西去。接着，天空飘下一张黄纸，上书：“贞山一片石头白，一片贞山白石头；人为多情头发白，贞山头白为谁愁？”这天正好是唐贞元十七年（801年）九月初九。她的坚贞让村人大为感动，村民在广正山下的妙虚宫前设坛立碑祭祀，后来又在妙虚宫建祠塑像供奉，广正山也因此改名为贞山。唐朝皇帝后来知道了这件事，就下旨敕封贞女为“文氏贞仙”。贞女跳下的深潭叫仙女潭，文氏贞仙的故事也就流传至今。

仙女潭瀑布飞流，源于山上有三池，四时不绝。池旁有石，侧有修竹下垂，风至常自扫。据传贞仙念念不忘惠泽乡民，常常在此求雨，有求必应，为民造福。山间有摩崖勒石联："麻缕纺何年，一片冰心尘不染；鱼螺传古迹，千寻潭影月同清。" 溪涧有平尾仙螺，俗称"无笃石螺"；有半边褐色仙鱼，俗称"煎焦鲫鱼"，山上还有麻篮、石碗、梳妆镜等幻形石，皆传为文氏贞仙留下的仙迹。

沿着仙女潭的溪水而下，途经一处空旷地，一座贞山牌坊耸立眼前，牌坊的后面是一座香火鼎盛的贞仙祠。平日，不少善男信女到此拜谒，希望给自己带来好运。走近祠的大门，映入眼帘的是一副"贞风留竹柏，仙气活鱼螺" 的楹联，这楹联仅仅10个字就把贞山钟灵毓秀的情景描写得淋漓尽致。祠的左前方，是一口两亩见方的放生池，池边建有一座六角亭，池中一座洁白如玉的雕塑——文氏贞仙女像亭亭玉立。她手提仙篮，神态自若，缓缓向池中撒宝物，施以爱心。可以想象，所有池中的生灵在仙女爱心的润泽和仙气的熏陶下，都会逢凶化吉，好运连连。

幽静肃穆的贞仙祠始建于唐贞元十七年（801年），其后1000多年中多次修葺改建。1982年，政府决定开发贞山旅游区，旅港同胞苏东霖先生斥重资赞襄，在原址重建贞仙祠，于1987年落成。建成后，终年信众络绎不绝，香火连绵不断，昭示着忠良自在人心。

农历九月初九，既是传统的重阳节，也是文氏贞仙辞逝升仙的日子，每年这个时候四会都举行贞仙诞，以纪念和弘扬这位烈女"贞风亮节、勤劳俭朴、孝敬翁姑" 的风范。来自五湖四海的善男信女齐聚贞仙祠，怀着虔诚的心庆贺贞仙诞。人们敲锣打鼓，撑起罗伞，抬出贞仙塑像，摆上"仙轿"，吹笛呐号，点响礼炮，进行"迎仙纳福"。然后在贞仙塑像前摆上金猪、茶果等祭品，诵读祭文，上香叩拜，祈福还愿。整个场面人潮涌涌，热闹非凡。因贞仙诞热烈而隆重，和谐而富有民族色彩，2008年被广东省文化厅授予"省级非物质文化遗产"称号。

在贞仙祠的不远处，有一座红墙绿瓦、雕梁画檐的仿估建筑。它楼高四层，依山而建，正门悬挂着一块红木横匾，镌刻着“竹林明堂”四个金光大字，熠熠生辉。这也是苏东霖先生捐建的、作为贞仙祠的配套景观建筑。其两旁红柱有一副对联曰：“竹林青翠迎瑞气，明堂高雅拂禅风。”这是广东省书法协会会长陈景舒的墨宝。楼宇四周有装饰雕刻，窗明几净；墙下一簇簇佛肚竹、观音竹、四方竹、黄丹竹、墨竹等观赏竹，幽雅别致。精美的绿道在其门前穿行而过，更衬托出它的古雅优美。

顺着绿道向上爬行，一座“天音塔”牌坊赫然入目。放眼望去，苍松掩映的天音塔屹立在山峰的对面，巍峨的塔姿与明亮的竹林明堂、肃穆的贞仙祠互相辉映，更显得秀丽而苍翠。其塔高七层，呈八角形，每当微风吹拂，檐角的风铃便发出清脆悦耳的响声；塔心设置159级螺旋楼梯，每层均有环塔眺廊，宛如观景眺望台。登天音塔，“一步万景” 并不夸张，每一层、每一个角度都有不同的景观，有“欲穷千里目，更上一层楼”、“会当凌绝顶，一览众山小” 的气度和感受。登上塔顶层，极目四望，历史悠久的四会古城、一带迂动的绥江帆影和一望无尽的田园风光尽收眼底。

省绿道6号线四会段虽然只有7.2公里，沿途除了六祖寺、贞仙祠、天音塔和竹林明堂这些名胜风景外，还有翠竹林、青松林、象鼻岭、姚沙迳口水库等生态保护区。这些自然景观同样令人流连忘返，驻足沉思。

穿过清静幽雅的翠竹林，游人会观赏到各种各样的竹子。黄丹竹、青皮竹、凤尾竹、粉单竹、篙竹以及大笋竹等等，它们有的高大伟岸、有的亭亭玉立、有的粗壮厚实、有的清瘦玲珑，却都腰枝清劲，昂然挺拔，不禁让人想起了古人赞赏竹子“未出土时先有节，及凌云处尚虚心”的美丽诗句。

来到一片密匝匝的青松林，更被这松树苍翠碧绿、挺拔峻峭的雄姿，以及茫茫一片、在山风的吹拂下彼起此伏的波涛声深深吸引。这时总会让人想起陶铸《松树的风格》里："要求于人的甚少，给予人的甚多"这脍炙人口的名句。

攀上象鼻岭，绿道沿着曲折回旋的山型而下，一路上欣赏着各种各样的奇花异草、古树野藤，山溪流水，鸟语蝉声，也总引起人们浮想联翩。如果在月朗星稀的夜晚闲游，更会领略到"明月松间照，清泉石上流"的美妙境界，有"人在画图中"亲临其境的感觉。此时此刻，整个身心像被一股瑞气祥云所缭绕，劳碌一天的疲倦就会悄然消逝，一切烦恼也会云消雾散。

自四会贞山绿道建成投入使用以来，已吸引了成千上万的市民和旅客休闲娱乐，从早到晚络绎不绝。一些附近的村民在绿道上骑自行车和跑步更是成了每日运动的"必修课"。

有一位年逾古稀的老人，与一些青壮年一样常来跑步。他虽然满头银发，可脸部气色红润，跑起步来依然身手敏捷，步履稳健，呼吸舒畅，没有一点老态龙钟的样子。他叫谢伯，是独岗村的一位老农，今年已经73岁了。自从这条绿道建好后，他每天早晚必在绿道上跑步健身。他生有两男一女，大儿子是个公务员，小儿子自行创业当了老板，女儿是一名中学教师。儿女们都已成家立业，迁居大城市生活，成了名副其实的都市人。本来，他与老伴都随儿女进城居住，坐享清福。这些年孙子孙女们都已上学了，不用照看，也不用接送上学，落得一身清闲。可他不习惯城市的喧闹生活，不习惯每天24小时汽车发动机隆隆的声音，不习惯钢筋水泥森林里的冷漠与阴森，更不习惯呛鼻的汽车尾气及城市建设扬起的尘埃，早就嚷着要回乡下居住，只是碍于儿女们的诚心规劝，也担心亲戚朋友错误理解儿女们的不孝，而没有落下决心。最近，他听说自已的家乡建起了健身绿道，是一条列入省网建设的美丽绿道，专为村民提供休闲健身活动的场所，正合他的意愿，他这才下定决心“落叶归根”，享受这美好的田园生活。有记者访问他：“你一把年纪还经常参加绿道健身，有何感想？”谢伯颇有感触地说：“我深深感受到了共产党的英明和政府对民生的关怀……我每天都跑步健身，只想多活几年，多享几年清福。”

贞山旅游区离县城只有3公里，每天的早上和傍晚，骑着自行车、开着摩托车到贞仙行绿道的市民也不在少数。在他们的行列中，有一位刚过而立之年的年轻人总是骑着他的高级变速自行车，肩挎一部800万像素的索尼相机，每天早晨6点和傍晚6点必见他身影。他一边行绿道，一边捕捉秀丽的自然风光，他已把绿道一带的旅游景点、名胜古迹、奇花异草拍成了厚厚的一本摄影集。原来他是某公司的一位员工，业余时间爱好运动，还是一个摄影发烧友，听说已有不少作品在报纸和杂志上发表呢！有人问他：“你为何如此勤行绿道？”他毫不掩饰地说：“这绿道太美了！这美景行也行不完，拍也拍不够！”

2010年7月26日，珠三角绿道网建设工作座谈会在肇庆市召开。会议期间，副省长林木声带领相关人员兴致勃勃地参观了珠三角绿道网6号线四会段，并对四会市的绿道建设给予好评，认为四会市的绿道建设非常有特色，把生态环境和历史文化底蕴有机地结合起来，充分发挥好绿道的综合功能，为市民群众创造了一个休闲娱乐健身的好去处。

听着这些简朴的语言，看到这激动人心的场面，不禁让人俯首沉思。绿道建设，带给人们新的休闲游乐生活方式，正反映了群众真切的需求和愿望；优美的四会绿道吸引如此众多的市民，也正体现了其真正的文化内涵与魅力！

何初树　易奇志　李粤庆　梁晋铭　梁毅娟　周春艳　宁　越　罗宗志□

# 清远篇

QINGYUANPIAN

# 春满城乡绿满道

清远的绿道建设比起珠三角，虽然起步较迟，但清远人对绿道建设是充满信心和希望的，特别是有市委、市政府的大力支持和投入，在短短的一年时间里，已经建成了约60公里的绿道，许多地方已经初具规模，特别是北江两岸10公里的绿道，已经成为群众休闲散步运动的场所。

## 谋划绿道　展望未来

绿道建设是新鲜事物，清远没有这方面的经验，为把绿道建设做好做实做得群众满意，清远市委、市政府专门成立了绿道网建设领导机构，由副市长石芳飞任组长，明确了有关单位的职责。古人言：凡事预则立。做事先有规划就能取得事半功倍的效果。2011年3月，按照《广东省绿道网总体规划纲要》的要求，清远市开始着手研究制定《清远市绿道网建设实施意见》，经过严密地推敲，从清远的实际出发，明确了清远市绿道网建设的指导思想，提出了“一年启动建设，两年基本建成，三年到位完善”的工作目标，明确各级各部门的职责分工，并提出清远市绿道网建设实施原则和保障措施，有效而全面地指导清远市绿道网规划建设工作的开展。

为了把“实施意见”落到实处，政府专门委托广东省城乡规划设计研究院进行规划，清远市有关单位积极配合，并会同设计单位开展城市建成区及各县（市、区）的深入调研。2011年7月初，《清远市绿道网规划》的初步方案拟订后，清远市随即召开绿道网规划座谈会，听取市直有关部门，清远市区各镇、街及市自行车协会等单位对《清远市绿道网规划》初步方案的意见，并将规划方案在《清远日报》和规划局网站上进行公示，听取各方意见。规划编制单位根据各方反馈的意见，对规划方案做进一步修改完善。修改完善后的《清远市绿道网规划》于2011年9月15日经市规委会审核原则性通过。

绿道的蓝图已经描绘，清远人一步一步为自己的目标努力。

## 细处着手　大处起笔

从2011年开始，清远市为增强绿道网建设工作单位及人员的工作意识，多学习吸收先进地区的工作经验，多次组织绿道办成员单位及各县（市、区）绿道建设人员参加省、市举办的绿道建设座谈会、讲座和经验交流参观学习。学习别人的经验是为了提高自己，这些通常的做法好像也没有什么突出的地方，但通过学习交流，增强了绿道建设的紧迫感和使命意识，从另一方面来讲，也丰富了工作人员的视野，使参加清远绿道建设的建设者有了较高的起点。

从严格意义上来讲，绿道是一种线形绿色开敞空间，通常沿着河滨、溪谷、山脊、风景道路等自然和人工廊道建立，内设可供行人和骑车者进入的景观游憩线路，连接主要的公园、自然保护区、风景名胜区、历史古迹和城乡居住区等，有利于更好地保护和利用自然、历史文化资源，并为居民提供充足的游憩和交往空间。有了这些认识，清远绿道建设的建设者，充分利用本地水资源丰富的特点，率先在人工湖飞来湖周边、北江两岸和修复白庙至飞来寺2.9公里旅游古栈道做起了文章。绿道建设关系着居民的生活环境，来不得半点马虎，为此，清远绿道办实行了严格的管理，由设计—实施—建设—监管都有专门的责任人。建设方案的出台由比选产生，像北江南岸绿道就是由市代建项目管理局牵头制定建设实施方案，委托多家设计单位进行方案设计比选，由专家确定优胜方案。细节处显精神，我们不知道，清远绿道的建设者们如何日夜奋战，只好告诉你一组枯燥的数字：（1）飞来湖环湖绿道，总长约8公里，完成1.6公里。（2）北江一江两岸绿道，总长约37公里。其中北江北岸绿道由平安桥至凤城文化广场段，总长3.3公里，已完成建设；北江南岸绿道市城管局在北江路设立了多块绿道标志牌。（3）城西大道绿道，总长约5公里，由市代建项目管理局负责实施，目前已完成建设约2公里。

清远市区的绿道开展得有声有色，各县市区也紧锣密鼓地进行。英德市市区内规划总长58公里，完成市区绿道网工程建设23公里，形成了生态园绿道、英州大道南绿道、浈阳湖东西湖绿道等，并设立了体育馆绿道总站，在英德市区有了一道绿色的风景线和居民休闲的天地。连州市区投入1200万元，计划建设总长17公里，已完成建设3公里。清新县投入1620万元，计划建设总长8.1公里，已完成0.8公里。阳山县投入121.9万元，计划建设总长12公里，已完成5.3公里。佛冈县投入约300万元，完成建设总长约8公里。连南县投入656.73万元，完成年度计划建设总长2.7公里。

枯燥无味的数字里饱含着清远绿道建设者的汗水，饱含着政府对群众生活的关心，饱含着居住环境的改善，这些数据里像有一双隐形的绿色翅膀飞翔在我们的身边，让我们感受生活的幸福。

## 绿色长城　幸福天地

清远市委书记、人大常委会主任葛长伟在清远城市建设时说："要把清远建设成浅城绿水，山水交融的宜居城市。"葛长伟书记的这一提法，符合绿道建设的要求。《清远市绿道网规划》也正是尊崇"衔山萦水，游龙串珠，串接成环，山水交融"的理念进行的，并着力打造"四横一纵"五条城市绿道主线和多节点绿道支线相结合的市绿道网体系。

一是城北旅游休闲绿道：西起清新三坑镇，东至飞来峡水库。由西向东串联清新温矿泉、五星度假区、太和洞、黄腾峡、牛鱼咀等旅游景区。全长61.2公里。

二是北江一江两岸绿道：西起石角镇，东至飞来峡水库。由西向东串联清远水利枢纽、江滨公园、伦洲岛、飞霞风景区。线路远期往南延伸至三水，接珠三角6号区域绿道；往东延伸至英德。全长110.8公里（北岸65.9公里，南岸44.9公里）。

三是大燕河生态休闲绿道：西起清远水利枢纽，东至琶江。由西向东沿大燕河串联狮子湖、大燕河生态画廊、大燕河湿地公园。线路远期往东沿琶江北岸延伸至佛冈。全长49.49公里。

四是城南旅游休闲绿道：西起碧桂园，经银盏旅游区，东至迎咀水库。全长19.4公里。

五是城市观光休闲绿道：北起笔架山景区，南至银盏旅游区。沿广清大道由北至南串联笔架河、北江大桥、大燕河、牙鹰山郊野公园等景点。远期向北穿过笔架山至连州；南段延伸至花都芙蓉嶂水库，接珠三角4号区域绿道。全长42公里。

这五条城市绿道主线的布局，像一条绿色的长城，环绕清远的城乡之间，届时，清远将在绿色丛林之中。与此同时，各县市区也依据自身特点，规划建设相应的绿道，使走进清远的客人感受绿色带来的喜悦之情。

清远市绿道办的同志满怀激情地告诉我：从2012年开始，力争在“十二五”期内，建设完善由市域（包括省立和市立）绿道、城市绿道、社区（支线）绿道三个层面构建的多类型、多功能绿道网系统，全面融入珠三角绿道网体系。将绿道建设与城市慢行系统建设结合，将沿江绿道与湖城滨水堤岸建设相结合。通过绿道建设，串联清远市丰富的景点景区和有特色的古村落、古建筑村等文物古迹。构建宜居宜业、生态安全、环境优美、低碳节能的城乡环境，打造岭南休闲宜居名城。

清远绿道办的同志告诉我：“你想知道清远的绿道是什么样子？北江南岸往东到丁香酒店就是我们的样板。”听了绿道办同志的介绍，我忍不住想看看清远已经建成的绿道是个什么样子。清晨，我从清远北江大桥南岸向东步行，熟悉的江滨公园早已有不少人在散步、打太极拳，而有的人做着其他运动。走在江边，一股清新的风迎面吹来，让我有了打量这绿道的精神。江水绿绿地流淌，靠近岸边的水草轻轻地摇曳着，像是跟岸上的树打着招呼，柳树垂下柳叶，像是与水草握手，水静处还有人在钓鱼，别有一番情趣。江滨公园有一个可容300人的活动广场，一公里左右，有一个小的活动广场，分三层建设，以梯层式向东延伸，中间有两条三米宽的行人道，每一层之间都有花草树木点缀，行走活动穿插方便。让我有所发现的是，上层与下层之间的通道中间不时有无障碍通道并注有绿色标志，这是为不方便的伤残人而设的，这个细节让我感到绿道建设的人文气息。以前都是陪朋友晚上来江滨公园看人跳舞，没想到清晨来看，却别有洞天，走完6公里的绿道，觉得生活在有绿道的城市里是多么幸福，正如省委书记汪洋指出的那样：“绿道建设是一项‘功在当代，利在千秋’的举措。”

## 市区绿道山水之美

栖居于这片土地，有一种诗意润泽于心。清远这座城市，处于粤北之地，有着丰富的山水自然资源。2011年，清远市政府启动了绿道网的规划建设，目前已在市区内建成、修复了多段绿道网示范段，如城市里构筑起一个个绿洲，绿树、鲜花、草地点缀着这座美丽的城市。这些绿道包括：飞来湖环湖绿道、北江一江两岸绿道、白庙至飞来寺的旅游古栈道绿道以及城西大道绿道。清远市区的绿道网已经现出了雏形。闲暇的时候，人们在城市绿道里休闲、散步、骑行，欣赏着山清水秀后花园秀美的景色，放飞身心回归到大自然，丰富细腻地感受着这座城市的诗意和魅力。

傍晚时分，走过飞来湖，到处都是悠闲的人影。这里新栽的树木已经长成，或成排或成环地站立于绿道两旁，新发的绿芽是那么的鲜嫩，散发着一种清新的气息。大片大片的草坪，在坡地上连绵着，间或安放一些黄蜡色的大石头，既增添一番情趣，又可以供行人闲坐。临近湖边，种植了水草，在水中悠悠地轻晃着。竹林则显得高雅而清丽，它们簇拥于湖边的一角，对湖成镜相映成趣。

环湖就是一条绿道，行人可徐徐地绕着湖边行走。阵阵清风吹过，吹皱一池湖水粼粼，一抹夕阳铺在湖面上，似泛着一篮子的金币，欢快地跳跃着。湖中央是更繁茂的一片绿地，那里每日接受着湖水的滋润，各色的树木竞相蓬勃生长，一派春意盎然。因为没有桥路可以通往，行人在湖边驻足而望，常见白鹭于林间飞起，在空中掠出一道道美丽的弧线，还有那鸟语声声，真像是一个鸟的天堂。在湖岸上，还矗立着一座大型的白色雕塑《希望》，主体是一个年轻的母亲，高举着一个年幼的孩子。整座雕塑浑然天成，独具匠心意蕴悠长，彰显了这座城市光明的发展前景，寄予了人们对未来生活的美好希望。

水是生命之源，环湖而行，与水为伴，可以让人忘却世俗的种种烦扰，找到一块灵魂的栖息地。清远市绿道网的建设，自规划起就秉承着人性化的建设原则，尤其注重行人的休憩需要。在湖岸上，建设有亭台、廊坊，雕梁画栋古色古香，与绿道进行配套，行人走累了可以在此休息，别有一番雅意。绿道所行之处，在湖边还独辟了一个“廉正公园”，立了多个与“廉正”主题有关的雕塑、脸谱，如韩愈、包拯、方志敏等各个时代的名人，他们为政一方，造福一方百姓，他们廉洁奉公，推动了人类事业的进步。其间还有清远本地风土人情的墙刻，既有瑶族舞蹈的古韵，也有高楼大厦的现代气息，让人们在散步的同时，也受到了熏陶，洗涤了心灵，为生于长于这样一片美好的土地而自信快乐。

飞来湖不是一般意义上的公园，它集防灾观光于一体，结合了清远市整座城市的水利建设，东接笔架河，西通滨江河，黄坑水渠连接周边用地与北江，构成了城市环城水系的一部分。如今的飞来湖，还在不断地建设完善之中。根据规划目标及现状条件，飞来湖工程可概括为“一桥、两塔、三湖区”。一桥即景观大桥；两塔分为南塔、北塔，是观桥的最佳位置；三湖区为星光湖区、月牙湖区、阳光湖区，是不同的水面造型的景观平台。

行走在飞来湖的绿道上，不禁想象着当飞来湖完全竣工之后的情景，到那时候，它将成为清远城市绿地系统中最大的城市公园。其时再来这绿道行走，更能感受到山、水、城真正的相亲、相融，一个名副其实的山水之城，就在我们所处之中。

北江，是清远的母亲河，她哺育着清远的百姓，滋养着一方的土地。源源奔流的北江，从清远的市中心贯穿而过，带活了清远整座城市的格局。

依北江两岸，已建成江岸绿道，长长的江堤上都是绿色的景观，可以骑行，也可以散步。江岸上，铺了草种了树，柳树婆娑，榕树茁壮蓬勃，紫荆树则品格高洁，常常会看见一地的紫荆花瓣，满眼的落英缤纷。沿河岸每隔一段，就布有石凳、亭子，廊柱上是铁画银钩的对联，惹人驻足对望，在如斯美景的浸染里，行人总是不觉地摇头晃脑吟哦一番。

沿着靠江边的林间绿道行走，地上总是厚厚的积叶，踩上去，有一种绵软的感觉。树下设有乒乓球台，有人在捉对厮杀，旁边有人在计算分数，遇到了好球，则叫一声好。有人在树下下棋，围了些人，都沉默不语，只有棋盘上一片沙尘滚滚。有人在踢毽子，毽子在每个人的脚上颠跳，跳出了一片纷繁欢腾。有人在江边垂钓，长久地没有收钓，只见其默默地耐心等待。也许，钓的不只是鱼，而是一种心情、一种境界。

江岸的夜晚，尤其妩媚而动人。夜晚的北江两岸，火树银花，灯火璀璨。桥上车辆往来，灯光邈远，使默默中显出了动感。对岸万家灯火，一个个的窗户里，是一幅幅合家的欢聚。在那夜色之中，一岸的灯色辉煌，倒影在水中，影影绰绰，让人感到一种温润缠绵的美好。走过公园的绿道，可以看见老人在跳扇舞，音响里播放着音乐，老人们顺着音乐的节拍，舞出了一个翩翩的世界。还有大人孩子来这里游玩，到处欢声笑语，一家人其乐融融。还有情侣们在这里散步，享受如斯美景，悄悄话着绵绵情意。

这里属于石灰岩山区，春夏之交，经常会遇上雾雨天气。那时候，薄雾蔼蔼，一切如在纱帐的掩映之中，有一种朦胧的美。走在北江两岸的绿道，人如在画中，如梦似幻。站在江边，看江中流水潺潺，看船只往来，好一幅渔歌晚唱。当这个时候，最容易让人想到了家，想到了归属。不觉又想起了孔子的话："逝者如斯夫。"人生总要经历不同的阶段，好好地把握今天，好好地欣赏这当下的美景，才是积极的人生态度。

继续沿着绿道行走，还可以看见北江边上的凤城广场。这里视野开阔，每有江风阵阵，是举办大型活动的好地方。在这个广场上，有一座大型的"凤凰"雕塑，造型大气磅礴，意蕴深远悠长，很好地诠释了清远又名"凤城"的独特意义。清远绿道的建设，正是这样地借助了清远的自然优势和人文景观，让绿道更显得锦上添花。

优美的山水自然风光，是清远的一大特色和优势。清远市的绿道规划建设，很好地把握了这一特色和优势，其中修复建成的白庙至飞来寺古栈道绿道，属于典型的"风景名胜型"绿道，这段绿道集合了人文、历史、风景、生态、低碳的自行车道、步行道、无障碍通道等多项元素，是一段生态健身休闲综合型的绿道。

白庙至飞来寺古栈道绿道的建成，骑友们是最高兴的了。由于这段绿道距离市中心比较远，特别适合在周末和假日骑行。骑着心爱的自行车，在绿道上或疾行或慢走，欣赏着沿途的秀美风光，享受着习习的清风，于绿道寻找一片心灵的净土，那种美好的感觉实在是无与伦比。

骑行绿道经过白庙渔村禺山古庙，可见此处地势低平，水域面积广阔，茂林修竹掩饰其间，令人观之神清气爽、豁然开朗。这里还有许多神奇的传说，更为白庙渔村这风光旖旎的地方，增加了一层神奇的色彩。据说，大文豪苏东坡第一次游览北江三峡时，曾题字云："天开清远峡，地转凝碧湾。"

继续骑行到飞霞山，正好可以上山观景。飞霞山属于省级的风景名胜区，这里山川秀丽，古迹众多，一江两岸七十二峰，每一峰都有各自的险峻和奇秀。而滔滔江水曲折回环，奔泻其间，构成了一幅“一水远赴海，两山高入云”的大自然美景。每当山雨过后，一阵阵紫霞之气从山坳腾升到殿宇上空，缥缥缈缈，更让人如坠仙景之中。

在飞霞山下游的北江河畔，建有飞来寺，已有1480多年的历史。寺院后山，有九级飞瀑、东坡亭和道教的第十九福地。广东境内仅有的两处福地，均在清远市，即市区的飞霞山和连州的静福山。前者称“第十九福地”，后者编为“第四十九福地”。 经过两千多年的融合，这里已经形成了三教合一的文化，三祖同殿，则最能体现“三教合一”。一直以来，清远福地声名远播，引得外乡人士慕名访游。唐代的韩愈、张九龄，宋朝的苏东坡，明代的海瑞，清代的袁枚都曾慕名而来，到此观光览胜，给后世留下许多诗赋及碑刻。

源远流长的福地文化，润泽了清远这一方水土，拓深了清远的文化底蕴。该段绿道的建设，很好地把清远市的几个名胜古迹联结起来，实在是巧妙而独特。行走在这里的绿道，钟情于秀丽山水，访游于庙宇古刹，人们不仅观赏到了大自然的鬼斧神工，更领悟到了人类文化的博大精深，使思想得到了升华，灵魂得到了洗礼。

清远市绿道建设的蓝图，已经初步绘成。这不仅是在大自然中建设绿道，也是在民众心中铺设起“绿道”， 当更多的绿道开发建成，生活在这座城市的人们，就将过得更休闲更绿色。

## 和谐而美　灵动而秀

想去古城英德，看看那里的绿道，已经不是最近的想法了。长久以来，我经常思考这样一个问题：在这座素称岭南古邑，又称英州的古城里，我们倘若有机会身处掩映其中的绿道，那么到底该如何将她的美与美国建筑大师沙里宁笔下的“城市是一本打开的书”联系起来。

直到有一天，当我们从体验者的角度，去认识英德位于英州大道和英德浈阳湖东西两湖相连的两处绿道时，蓦然发现沙里宁笔下的“城市是一本打开的书”的真正含义在这里是很快很容易被理解的，这里的绿道网当中所蕴含的生活追求、文化抱负，会化着一缕缕清新的风，一下子向我们扑面而来。

绿道，这个源于“Greenway”的舶来词，指的是一种供人步行、骑行、游憩的线形绿色开敞空间，它连接主要的公园、自然保护区、风景名胜区、历史古迹和生活区。但绿道本身却并非舶来品，它一直存在于我们的日常生活中，乡间小路、丛林幽径、公园步道、上班上学路上的单车道都属于绿道的范畴。也许是它太过寻常，也许是它掩映在丛林之中、绿树之下，我们常常忽略了它。

但如果我们行走在英德的绿道网里，我们不仅不会忽略它，而且肯定会有别样的一番感觉。英德市尽管只是清远下辖的一个县级市，可它就是这么一个特别而有个性的地方：它位于北江中游，地理位置重要，有两千余年的建置史，历史人文底蕴深厚；它是中原进入岭南的必经之路，广府文化与客家文化在这里交相辉映；它物产丰富，有全国四大园林名石英石，有“中国红茶之乡”美誉。试想想，一条条城市的绿道，如果建在这些深厚的历史文化底蕴之上，那么或多或少总会有一种让人感到无法言喻的厚重感。

沿着省级历史文化名城英德的英州大道南行，很快地穿过了浈阳路，过了十字路口的红绿灯，就发现这里相比建绿道之前果然有新变化：宽敞的英州大道中间，原本是平坦的只有一些草皮的绿化带，现已铺上了高高的土，并植上了许多苗木，想必种下已有很长一段时间了，郁郁葱葱的叶子点化了原本单调的道路；而两旁的道路，原来只是人行道，现在被一条小绿化带一分为二，外为人行道，里面则用白线规划为不同用途的道，从路口竖起的画有自行车的牌子，联想2011年初以来，媒体的不定期对它进行轮番宣传和城市绿道网的建设者们在这里夜以继日地建设，知道这些应当就是绿道的显著标志了。转念之间，身后已闻“丁零零”的声音，闪避时回头一瞧，一位中年男子正悠闲地骑车而来。在他的身后，只见一群八九岁的小孩子每人手里拿着一只风车，开心地在绿道上追逐奔跑。

从绿化带的交界处转入左边，便是浈阳湖，眼前又一亮，这还是当年的那个平淡无奇的湖吗？透过一排排大树，但见湖面宽阔，堤岸上已是人来人往，有老人，有中年人，甚至还有学生，或悠闲散步，或爽朗聊天，或耍太极，或压腿弯腰，或绕湖慢跑；有的提着个小小的收音机听广播，有的拿保健球把玩，有的甚至用手机播放音乐，跟着节拍起舞，有的坐在石椅上休憩……随着天色渐亮，湖边的灯光好像到了下班的时候，依次隐去，我们这才注意到，其实湖边安装的路灯也别有心思，每一盏都像一座小小的古色古香的小房子，左右各一，上下错落，掩映在绿叶中间，富有雅致的古意，又有一种时尚的气息。

继续沿着湖边往南走，一座桥将1500公顷的浈阳湖一分为二，一曰东湖，一曰西湖，经过桥时，看到三三两两的人们从桥经过，路人，栏杆，近水，远山，这一幕仿佛让人有置身西湖的感觉。湖的南面，左边一片郁郁葱葱的竹林把人与湖的距离拉远了；右边是一片菜地，属于城南居民的自留地，地里有一畦畦的豆苗，有绿油油的果树，在城市之中，竟然还有这片难得的田园风光，让人感觉到城市管理者的人性化。继续前行，经过竹林，豁然开朗，转眼已到湖边，平缓如镜的湖水，让人望而心清。置身湖边，总像是有一种徒然贴近了纯粹自然的母体，像是能体感到她的呼吸脉跳的激动，尤其是湖边树林里的吟吟之风和各种鸟儿鸣叫混成的天籁之音，远远阻绝了市声尘嚣，让我们的心灵得以从容打开，清清爽爽地做幽思状，或审视自然，涤荡污浊；或展读这自然之巨书，参禅奥妙无穷的生命底蕴，也可使我们的精神彻底休息，缥缈于阳光穿透薄雾所氤氲出的迷离与梦幻之中，静静地感受这山野自然灵气的“天人合一”。

浈阳湖其实是自然和人工的合成体，几年前，英德市委、市政府基于防洪滞洪及建造美丽山水城市的规划要求，将原来自西往南的一段溪流和一片不连贯的乡村鱼塘征集起来，挖掘扩展成一片总面积达1000多亩的大湖泊。接着，又将作为城市中轴线的英州大道从湖的北面横跨伸延湖的南面，接通并重修宝晶大道，在英州大道和宝晶大道的中间砌起绿化带，再在湖的周边种上以杨柳为主的绿化树，修建了蜿蜒平坦的水泥路；在湖的南面一处小树园旁边盖了两座琉璃瓦六角亭，同时在湖泊里配置了游船，还成立了浈阳湖管理处。一个崭新的美丽湖泊就出现在古老的英城了。

浈阳湖建造起来后，自然成为人们眼中新的风水宝地，城南居委会、英德学宫等富有特色的建筑物随之在湖边相继落成，进一步衬托美化了湖的周边。尤其是近年来，为加快当地的生态文明建设，英德市进一步加快了浈阳湖东西湖绿道网从规划到建设的步伐，并处处体现以人为本的理念。这座城市里的绿道建设者们以生态化为出发点，将生态保护和社会发展、经济和城镇建设有机结合，使绿道成为宜居城市建设的重要载体。建设者们通过绿道建设，让城市周边绿色空间成为城市开放空间的组成部分，既满足不同人群的需求，也不损害土地的原有使用功能。正是因为如此，如今的浈阳湖除了在洪水期间起到防洪滞洪作用外，更主要的是起到公园游览区的作用，从而拓展了英德市城区的范围，增加了英德市城区的服务功能。这样，浈阳湖就将英德市政府所在的英城镇旁边的北江、浈阳湖、南山、金子山等山水景致有机地联结起来，再加上不远处的文笔塔、宝晶宫、碧落洞、通天岩、观音岩等名胜古迹环绕衬托，一个独具特色的山水旅游暨历史文化名城就更加富有韵味了。由于浈阳湖周边山水相连，树木茂盛，环境优美，英城镇的居民每到晚上或双休日，便三五成群，携妻带子来到湖边散步，或到湖里划船，更有一对对情侣，牵着手钻进树阴底下浓情蜜意地谈情嬉戏。此情此景，带动了消夜的生意，一些精明的生意人趁机在湖边的最佳点搭起了大排档，在大排档周围配起闪闪烁烁的彩灯，插起了花花绿绿的彩旗。光顾浈阳湖畔大排档的客人夜夜络绎不绝。此外，钓鱼也成为浈阳湖边的一项重要活动内容。英德市钓鱼协会曾经在这里成功举办钓鱼比赛，丰富了居民的业余文化生活。春夏季钓鱼旺季的时候，几乎每天都有一两百名钓手在这里挥竿垂钓。最喜人的是2011年下半年，短短的几个月里在浈阳湖连续钓到100多条20公斤以上的大鲩鱼。这么多的大鱼隐藏在浈阳湖里，究竟是在短短的几年内由于湖内清澈的水质养育而成的，还是从北江逆水游进来的，现在仍是个谜。不过有一点可以炫耀的是，在浈阳湖钓到的鱼味道分外鲜甜!

浈阳湖其实还是一个历史悠久的砖瓦窑址。20世纪90年代末，在浈阳湖水闸前施工现场发现了距地表约2.5米的窑址，出土有4个碗的口沿及底部残片（施白釉），陶罐3个（残）、大陶罐口沿2件，以及少量的残砖瓦。文博部门专家根据窑的地层和出土器物分析，当属宋代的砖瓦窑。遥想千年前，这里也应当是个十分热闹的场所吧。而千年以后的今天，英德市在城市的建设上，更是不断加大投入力度，大力倡导绿色环保理念，舍得拿出空间，还绿于民。他们结合英德坐拥北江、翁江、连江得天独厚的水资源优势，充分利用现有的城南的浈阳东西湖、城西的仙水东西湖，并开挖城北的月桂湖，形成“三江五湖”的山水园林城市格局，山环水抱，让早就呈现出和谐、灵动姿态的英德湖城呼之欲出。

自然界的美虽不为人设，却能为人识，为人颂，这是自然启迪的功德。而识得大自然之美的人，又更应该明白这种美是融入了生命意志和艺术张力的一种生动的境界，它显示了和谐乃是万物得以周而复始、生生不息、永恒如常的真谛……谁说高楼大厦只是城市固有的特征？谁说城市只是路网纵横、车水马龙？城中有绿道，人在湖水和古树环绕的绿道中或散步或骑车或嬉笑追逐，不正是现代人一直追寻的幸福居模式吗？城市的经营是需要智慧的。如今，这种智慧正在“岭南古邑”英德这座城市得到呈现和延伸。

邓维善　叶清河　游志斌

# 潮州篇

CHAOZHOUPIAN

# 人文更因绿色美

## 通向人文的绿道

孟春早晨，我按照昨夜心中画成的绿道路径，以潮州的西湖为出发点，沐着晨曦来到西湖山麓的“景韩亭”。亭内的正面墙壁嵌置有韩愈草书王维的《白鹦鹉赋》和翁方纲楷书释文石刻，虽然此赋有多位学者专家质疑是否为韩愈亲笔所书，但署名“退之”二字，却使潮州人民深信是韩文公的真迹，这是潮州人崇韩文化使然，我也是抱着这样的心态选择这里为自己“绿道之行”的起步原点。

韩愈是因谏迎佛骨而被皇帝贬来潮州的，当时，他已经是著名的文学家，又是古文运动的倡导者，更主要的他是一位以民为本的好官，在被贬来潮的路上，虽然他走的是绿荫成行的驿道，但因沿途目睹了人民生活的惨境，心情十分沉重。到潮州不久，他便先后撰写了祭碑石文，并亲拜祭界石，以后又陆续写了几篇祭文，拜祭海神和湖神，从文中可见韩愈那如海似湖的爱民情怀。

古时候，西湖是个放生池，与韩江（当时叫恶溪）相连，韩愈到潮州后，才带领人民筑堤把韩江与放生池分开。到了宋代庆元年间，潮州知州重建西湖，扩大了范围，插柳植竹于西湖的四周，才真正使西湖成为潮州有名的景区。

沿着湖边的林荫路慢行，我的眼前出现了一幅惹人欲醉的绝妙景色：黛色的湖水浸溢着湖边的弯弯水草，飞渡如虹的桥梁，青翠欲滴的树林，别致的六角湖心亭，倒映在波平如镜的湖水中。岸畔的杨柳随风轻轻摇动，道旁的羊蹄甲树红花怒放，几只渔筏，浮泛湖中，筏上人抛网捕鱼，岸上客欢声阵阵……真的是“芳塘如鉴正清兮，渔筏随风看不迷”。我想，潮州的绿道如果从这潮州八景的唯一城内景区“西湖渔筏”为起始的话，那一定会先声夺人，意蕴深远，成为串联潮州八景的绿色项链。

环游西湖之后，我又前往北堤上的“鳄渡秋风”。唐元和十四年（819年）四月二十四日，韩愈治潮期间，访贫问苦，得知鳄鱼经常出没于恶溪岸畔，他便亲往此处视察择点，令部属杀一猪一羊投入溪中，举行了隆重的祭鳄典礼，并写下了千古名篇《祭鳄鱼文》，限令鳄鱼三五日内“其丑类南迁于海”。传说当日电闪雷鸣，风雨骤起，数日后溪水暴涨，鳄雨便退得无踪无影，为感谢韩愈治鳄之功勋，潮州人民遂改“恶溪”为“韩江”。

我默默地念着《祭鳄鱼文》，沿着木棉耸立的北堤走向竹竿山，这也是一座与韩文公结下不解之缘的名山。传说韩愈来潮州时，这里两岸无堤，时有水患，他决定率百姓兴筑北堤。韩愈先去勘测地界，骑着马，在江边巡了一回后，并叫随行的百姓跟在马后插竹竿为记。插竿后的第二天，老百姓带了工具到这里准备开工时，却发现插了竹竿的地方都变成了堤，从此堵住溪水，使它不再为患……这座山后来便称为“竹竿山”。我拨开竹丛，来到山脚。山下是一畦畦油绿的地瓜，这里边也藏有一个传说：以前，潮州人种地瓜都是薯块插种的，韩愈来潮州时，有一寡妇的薯种被人偷去，没有薯块种地瓜了，她悲伤痛哭，韩愈见了，便教她摘了薯苗试种，果然插活了，并获得了大丰收。此后，潮州人种地瓜就改为插苗了。这样，既不浪费地瓜，又杜绝了小偷盗取薯块的行为……从这些传说中，我们可以体会到韩文公的精神已植入“草根”百姓的心中。我返璞归真像个孩童，在绿堤上流连忘返。

我又走过了“北阁佛灯”，沿着滨江长廊向南慢跑，眼前是一条气势恢弘的风景林带，滨江的路面和护栏都是石砌，古榕树、木棉树错落有致地耸立于韩江畔；巍峨壮观的上水门、竹木门、东门楼和下水门，与我擦身而过……我有点累了，心想：名城绿道应该有驿站吧？湘桥应该就是其中的一个。我徜徉在湘子桥上，又想到韩文公和韩湘。当年，知名诗人贾岛为他俩寄来了传递深情厚谊的诗句：“峰悬驿路残云断，海浸城根老树秋。一夕瘴烟风卷尽，月明初上浪西楼。”我体味着韩愈当年接到老友诗笺时的心情，在逆境中，他提振信心；在黑暗中，他看到光明；在奉献中，他为民除害……这是一种何等宝贵的精神支撑！我站在湘子桥头，向南凭眺，只见韩江下游宽阔的江面上，水利枢纽像一道屏障将滚滚绿波化为静潭。江中轻帆点点，岸上绿树成荫，天上白云朵朵，远处青山若隐若现，雄伟峻耸的凤凰台、高耸入云的凤凰塔和炊烟缕缕的仙洲岛都掩映在蓊郁的树林之中……

我仍然按照我心中的S形绿道前行。我穿过潮州大桥，沿着韩江东岸向着“韩祠橡木”的方向走去。

我登上了位于韩江东岸笔架山麓的韩文公祠，这是闻名遐迩的潮州八景之一“韩祠橡木”的所在圣地。门楼有蓝字楷书“韩文公之祠”，祠内分前后两进，并带两廊，祠内有历代碑刻二十多块，最古老的一块是苏轼的《潮州韩文公庙碑》，他推崇韩愈为“百世师”，说他是“公之神在天下者，如水之在城中”。据说韩愈在潮州的八个月时间里，经常登上笔架山，山上有一座小亭，叫东山亭，是韩愈游览时歇足的地方。在这小亭前的十余步，韩愈亲手种下一棵橡树，潮人后来把它称为“韩木”。相传哪一年韩木花开多了，中举者也多，直至清朝嘉庆年间，此木才枯死。可喜的是，近几年来，韩愈纪念馆诸君从韩愈的家乡河南孟州移来了橡木种植，现在已枝繁叶茂，茁壮成长，成为新景区“橡木林”……

用心圆梦，梦境成真！这也是我选择韩祠作为驻足思考的缘由。我心中的名城绿道很快也将成为真实的绿道：广东省人民政府出台的“绿道网建设总体规划”，已决定省立8号绿道和2号绿道经过潮州市，其中8号绿道将通过潮州市建城区，潮州市也将重点围绕西湖环湖段、滨江两岸段、潮州大道段、仙洲岛环岛段和北关引韩干渠开展绿道建设。

我想，我下山后就沿着韩江东岸，跑过金山大桥，最后回到出发点西湖，这不就是一个大大的“8”字吗？我心中的“8”字名城绿道与省立8号绿道已在浓浓的思绪中融为一体，这就是我的愿景——名城绿道。

潮州名城绿道，是再现自然生态景观的载体，是联结历史人文资源的纽带，是传承中华民族优秀文化的精神家园！

## 幸福和美的绿道

潮州绿道“三环四轴八景区”， 风景如画。市区为核心区，三环是三条环城道，四轴是四条出口路，都要经过八景区中的滨江长廊。

滨江长廊的建成，那苍烟缭绕，绿树碧水酿造着古城生机的诗情画意，常常拨动我的心弦。

记得有一次我来到滨江长廊，就碰到三个老外站在绿荫如盖的江边，望着古老的大榕树出神。看见我走过来，一位忽然笑着，指着绿意盈盈的远方，用生硬的中国话说道："潮州，OK，绿好，绿得很美。"

绿，正是滨江长廊美之所在。铺天盖地的绿色植物，如云如雾，在微风中流动，涂绿了大地。古老的城墙联结了下水门、广济门、竹木门、上水门、北阁佛灯；绿色的长廊与韩江相依相映，构成了江岸翠色诗的世界。

这座"绿色宫殿"，闪耀着潮州历史文化名城的色彩和诗韵。它以南方植物为主调，把有限的空间，巧妙地组成了变化无穷、多姿多彩的园林。走过绿色的长廊或曲径通幽处，往往是迷人的大片绿地。那苍老的榨树、木棉树、玉兰树以及银边草、遍地黄金、大叶油草、七彩大红花、黄心榕、花利、黄心梅、加拿丽、福建茶等60多种品种，一处处绿影扑入眼帘，人们从这绿色世界里，窥见了生命的活力，青春的壮丽。

一个假日的早上，东方曙色初露，我漫步滨江长廊，坐在那茂密榕树下的石凳上憩息。此刻，我仿佛置身于世外桃源之中。大片大片的绿地，成了天然的消声器和吸音板。城市的喧嚣也完全消失了，而更使人感到舒心的，是这里免费为我们提供了精彩的"早餐"——取之不竭的氧气。长廊中遮天蔽日的绿树，可以说是给我备了一餐丰盛的"绿餐"。我为此醉意沉沉，流连忘返。

一对老人在这里谈情说爱，重新弥补过去爱的空虚。像返青的绿叶一样，在春风的爱抚中显得更加青春焕发。这种幸福感，不是置身于这"绿色宫殿"之中，是不容易被人觉察的。

当然，最幸福的是那些青年男女们，他们成双成对坐在绿叶丛中窃窃私语，或是肩并肩、手挽手在树林中漫步；或是亲热地依偎在树边谈情说爱，茂密的绿叶使爱神得到了庇护。这是天宫的宫女们曾经梦寐以求的，而又无法得到的。少男少女们，每天清晨，有的踏着晶莹的露水来到了滨江长廊，有的站在榕树下练习歌唱，有的跳起健身操，有的背诵英语单词……正是这美丽的滨江长廊，让青年人的生活更加多姿多彩。

在这翠绿的滨江，我赞美盛开的木棉花，更喜爱老榕树。它根深叶茂，虬枝盘旋，像慈祥的长者，静静地蹲在绿草如茵的江畔。你看它，那飘拂的根须只要扎到了泥土里，便飞快地繁荣茁长，与主干争辉。它绿叶铺盖，像是从空中飘下了半天绿色的云雾。走进这云雾中，空气特别的清凉芬芳，沁人心脾。从那无数的叶隙中筛下来的阳光，却像是无数彩色的丝线，闪闪烁烁交织在一起，仿佛一切绿色的生命，都在欢欣地搏动。这里成了天然的运动场，也是人们生命的加油站。每天清早，男男女女，老幼云集，欢声雷动地在开始晨运。一个年逾古稀的老人，他是一个退休的老师，每天天没亮，便奔来韩江边教一群青年人打太极拳。人们赞他像棵老榕树，他却呵呵笑着说："古来稀时今不稀，如今七十正当时。"绿色的滨江长廊，使他焕发青春；绿色的滨江长廊，使人感悟，生命不断延续！

从长廊到韩江，一切绿色的生命，都以其强盛的活力，在展示自己青春的姿容。那金黄嫩绿，朝气勃勃；那青翠滴绿、生机盎然。它们被巧妙地安置于亭、台、阁、榭之间，千姿百态，争妍斗丽，各献其姿。因为它们的存在，才令人们感到一片春意，步步有景，处处有诗。绿是顽强的，凡是踏着露珠来到滨江长廊追求绿色的人们，他们的心也像绿色的叶子，迎着朝露，在向上繁荣滋长。虽然有的人已一头霜雪，可是他们的心头依然绿意融融，没有一片黄叶。望着那老榕树一样健壮的"古稀老人"，一个意念涌上我的心头：绿是顽强的，这顽强的绿和人们的心灵，是如此血肉相连。

潮州绿道，造福子孙，和美万家！

陈耿之　杨俊华□

# 揭阳篇

JIEYANGPIAN

# 春渡榕江绿意浓

春来了。

空气甜湿，阳光柔和而妩媚，灰色枯败的僵硬枝条变得柔软轻盈，大地换上了轻薄如纱的绿色春装，雪白的梨花逸动着漫天冰雪般的莹澈，馥郁芬芳的油菜花更是散落在乡间田野，迸发出春天的蓬勃芬芳。

寒意悄然隐退，空中充满了春的沁脾香甜，放松身上的每个细胞，对太阳报以最灿烂的微笑。走在春日融融的大街上，任风儿柔柔吹动发裙，春天的脚步就这样在百花簇拥中来到了我的身旁。

三月的榕城木棉花开得正艳。

榕城，生我养我的故乡，它地处粤东潮汕平原中部，榕江流域中段，背倚紫峰山，周环榕江，地理位置得天独厚。榕城自宋绍兴十年（1140年）建制，就是揭阳县城，迄今已有800多年历史，素有“海滨邹鲁”和“水上莲花”的美誉，是省级历史文化名城。

素有英雄花之称的木棉，枝干挺拔，枝节疏朗，颇见傲岸。百花丛中，花多柔媚，独木棉花瓣强劲，曲线朗朗，无绿叶的映衬，艳丽而不妖娆，高挂枝头而无睥睨之态。

此刻，我伫立于榕江边那株木棉树下，仰望那一树的火红，吟诵起舒婷的《致橡树》：

“我必须是你近旁的一株木棉， 作为树的形象和你站在一起。根，紧握在地下，叶，相触在云里……”

前些日子，上班途中看到绿道上的木棉花次第开了，一树一树的火红，煞是壮观。心想，休息日一定要去好好看看。

今晨起床，就见窗前洒落了一地阳光，心情随着豁然开朗，想到跟木棉花有约，心情更加欢欣鼓舞。

两口子牵手来到榕江边，来到江边的绿道，绿树成荫，芳草萋萋，经过春雨的滋润和洗刷，草儿、树儿更绿更精神了！

春景虽好，我却无心留恋，只因心中全是木棉花的影子，全是对木棉花的企盼，只想快快见到心中的英雄花。

看到了！看到了！那一树一树的火红已经闯入眼帘，直逼我的眼。

笔直的树干，刚劲的树枝向空中撑开，欲与天公试比高！你看那枝头缀着的一朵朵红云，映衬着蓝蓝的天空，显得如此的骄傲。

在绽放的花朵旁边，有很多花蕾正蓄势待发，树身上的一个个疙瘩似乎在给她们助威呐喊。想象着她们迎风绽放的一刹那，那该是怎样的令人惊艳。

木棉花是一种落叶乔木，也是我们岭南常见的树。木棉的树干和枝上有短的刺，属先开花、后长叶的植物，花季在每年的三、四月间。它的花朵很大，呈杯形，整个树形表现出来的景象是很热烈的红色或橙红色，很是美丽，而且精神。踏青时节，木棉花开，满树火红；盛夏时，花结成果，绿叶成荫；金秋时分，枝叶萧瑟，尤其耐看；隆冬时木棉花的树形，彰显阳刚之气。绿道边上，一株株木棉迎风屹立。

我们用欣赏的目光看着心中的“英雄花”，看着那一朵朵热烈刚毅的“攀枝花”，眼里满是快乐，心中满是愉悦。

太阳越升越高，木棉花在枝头笑得更加灿烂，当我们手牵手依依不舍地离开绿道时，似乎听到身后的木棉在喃喃细语：“珍惜身边人，珍惜眼前的幸福。”

是的，珍惜身边人，珍惜眼前的幸福。牵手就是一辈子！我们不仅记住了木棉花的美丽，还记住了木棉花的花语。

揭阳8号绿道，即揭阳榕江线，它起始于玉滘镇，向西途经揭东县，至揭阳市区，长约117公里，这开着木棉花的绿道就在我的家门口，就在榕江边，是揭阳8号绿道的一段。春有木棉艳如火，夏有榕冠绿如盖，秋有明月凉如水，冬有日头暖如春。闲暇时，漫步在榕江边的绿道上，闻闻花香，听听鸟鸣，看榕江水静静奔流，任时光从容不迫地默默流淌……

这个春天，我特别喜欢到家门口的绿道散步。

来绿道散步的不仅有老人、小孩，还有上班族。老人的悠闲，小孩的活泼，上班族的放松……构成了绿道上一道道亮丽的风景线。

在绿道散步时总能看到一对年过花甲的老夫妇，男的骑着一辆小三轮，女的坐在后座，老夫妇一到绿化带，男的利索地把车停放好，锁上车锁，然后跑到车后，把后座上的女人抱下来，让她靠在车边，再从车斗上拿下水壶，挂在脖子上，然后小心翼翼地搀扶着他的女人一步步上了绿道。

这天下午我再次来到绿道，再次看到了这对可爱的老人——他们正坐在一株木棉树底下，两人同时抬头望着天空，目光看得悠远，老爷爷手里拿着线轴，正慢慢地摇动，顺着他俩的目光望去，只见蓝天上一只大大的“蝙蝠”正张开翅膀在呼啦啦地迎风飞翔。老太太笑得合不拢嘴，眼睛眯成一条缝；老爷爷也笑意盈盈，脸上的皱纹成了一朵菊花，他不慌不忙地转动着手中的线轴，操纵着他的“蝙蝠”，“蝙蝠”在他的指挥下飞得又高又稳。当我们走过他们身边时，老爷爷不由得露出得意的神色。

我不无羡慕地说：“多幸福的老人呀！”先生说：“是呀。少年夫妻老来伴，这才是真正的伴侣。”

我们默默地继续走路。春风里，小麻雀在枝头说着悄悄话，江上的渔船静静地划过水面。在美好的夕阳里，我们继续前行，看依依杨柳不时弯腰深情地亲吻着大地，望火红火红的木棉花成双成对地绽放着生命的热情。

当我们走完“绿道”，折回来时看到那对老夫妇正准备回家，风筝已经收起来了，老爷爷搀扶着老太太，一步步走向他们的小三轮……夕阳的余晖照在他们身上，显得如此温暖妥帖。

原来，爱就在生活中的点点滴滴之中——只要你要，只要我有。什么是爱的真谛？什么是相濡以沫？我想老夫妇给我们做了最好的诠释。

我似乎明白自己越来越爱到绿道散步的原因了。

下雨了，下午不能去绿道散步了，可心儿早已飞到绿道去了。

站在窗前，看雨一直在下，密密斜斜的细雨飘飘洒洒，透过窗户往外望去，好一片蒙蒙细雨中的绿意，绿道上的树在雨的沐浴中越发浓绿，且绿得不尽相同，那是怎样的一种绿啊！虽不是一望无垠，但溢满了整个窗口，渲染了整个春季。那种天然的绿色怎么看怎么舒服，层次不同，浓淡各异，配上潇潇洒洒的雨，真的是静谧宜人的景致，总想对着她说点什么，大喊不太雅，那就凝望吧，企盼着“相看两不厌”的对话！

就这样静静地长时间凝望着。树在雨中舞蹈，绿也在摇曳顾盼，像纯真活泼的孩童，似恬静柔美的少女。最妙的是雨滴沙沙，原来她在轻轻地呢喃……倾听吧，静静地倾听。就这样，在这静谧的绵绵春雨中，聆听绿的声音……

雨依然在下，因为聆听，心亦渐渐纯净、沉静、明澈。再看，树是绿的，雨竟也是绿的了，难道绿懂得雨的心思，欣然给了雨绿的衣衫？雨亦是明晓绿的细语？才让绿平添了雨的朦胧？哦，相逢何必曾相识，绿沐浴着雨，雨拥抱着绿，才有了春的柔美与诗意……

雨一直在下，因为欣赏，心亦渐渐舒展、柔和、明朗。再思，树与雨，绿与春，原本就是浑然一体的，自然地彼此包容接纳，相依相靠的温暖与支撑，万物生机的盎然缘于你中有我，我中有你，和谐共生。远离单调，摒弃孤独，彼此共融，才成就了自然和谐的美，不是吗？

有人说，理想的生活应该这样的：把家居当旅行。在寻常的日子里，用心发现生活的真谛，呵护一颗纯净的心灵，用心感悟生活的心灵之旅。家门口的绿道，就是我们最亲近的风景。“城在山水中，家在花园里”，这是多么美好的家园啊！

雨在下，思绪在绿道上飞……

涂惜君

# 云浮篇

YUNFUPIAN

# 绿意深深奏清音

当欢快奔跑的孩子、当相亲相爱的人们，惬意地在云浮南山森林公园周边的绿道上散步，看着身边四周美丽的青山绿水，呼吸着渗透心肺的清新空气，心中泛起一阵阵幸福的涟漪。此时，我仿佛听到身边的树林、绿野在欢快歌咏：“走在乡间的小路上，暮归的老牛是我同伴，蓝天配朵夕阳在胸膛，缤纷的云彩是晚霞的衣裳……”熟悉的音符在耳际飘扬。

迎面而来的阵阵自然清风也摇曳着奇妙的节拍，像无数正在环绕我们跳舞的山之精灵，一下又一下地偷偷亲吻我们，在脸庞上留下神奇的滋润感觉，恰似大自然仙子派来了她的绿色天使，为来客荡涤凡尘俗世之思，使人真切地以净悦的身心，缓缓地融入清静的自然之境。

于是，每每走过这奇幻的绿道，一亲自然芳泽，回味无穷，心中忍不住感叹，这是否就是德国诗人荷尔德林曾在诗里描述的意境“人诗意地栖居在大地上”？

## 自然仙子，挥舞五彩飘带

记得2009年底，第一次在家门口见到绿道，心中曾很是疑惑，这分布在街道、郊外公路边上的胶道，明明就是红色的呀！多像校园里那运动场上的跑道，怎么就会被称之为“绿道”呢？

后来看新闻报道多了，又查阅了资料，慢慢明白过来了，原来在景观设计中，绿道这个概念起源于70年代的英译“绿道”——greenway，“green”表示自然存在——诸如森林河岸，野生动植物等；“way”表示通道，合起来的意思就是与人为开发的景观相交叉的一种自然走廊。如今，国内很多管理部门也把安全、通畅、便捷的道路称为“绿道”或“绿色通道”。

近年来，云浮大力推进“一山一河一路一批街头小景”的宜居项目建设。“一山”是南山森林公园登山径延伸，“一河”是南山河亲水平台，“一路”是市政府至市委党校的慢行系统，“一批街头小景”就是见缝插绿、拆墙透绿，在城区建设一批街头小景。南山森林公园周边范围内的高规格、富文化内涵的众多绿道，为云浮绿道的建设工作提供了一个标杆，更先试先行，为每一条绿道建设提供了丰盈的经验养分。

绿道建设项目的实施，为市民群众提供了安全、舒适、健康的公共活动和交流空间。如今，以市政府行政大楼为中心，向东西南北四个方向延伸，已逐步建成一个集运动、娱乐、休闲为一体的户外活动空间，南山森林公园、市人民广场周边、亲水平台、南山河两岸等一批公共休闲场所已成为全市休闲新亮点、旅游新景点。据统计，仅在城区内，每天就有至少20%的城区居民在绿道上散步骑车、在广场上跳舞和运动等。

现代绿道建起的是一条人与自然亲密接触的桥梁，又仿佛是自然仙子彩虹舞衣上灵巧跃动的飘带。从云浮南山森林公园里展示的示意图里，可以看到，云浮全市的绿道都是以全市政治、经济、文化中心所在地，云浮中心城区的南山森林公园为起点。这些贯通连接的云浮绿道，仿佛是飘飞的丝带，以郁郁葱葱的南山森林公园景观带为主体，向蔚蓝的天空张扬出无数的七色彩带，正向云浮每个角落撒播百花的芬芳。

这些或青葱翠绿，或花团锦簇，或素雅洁净的美丽彩带上，又缀满了熠熠生辉的人文与自然明珠，它们就是云浮各县（市、区）重要的旅游胜地、文物古迹、自然保护区，最让人叹为观止的还包括，美丽彩带的顶端，交织着一颗颗绿道建设的硕果——云浮大地上无数蕴含无限生机与潜力的现代新城镇、宜居新农村，这些乡村城镇正得益于宜居幸福家园建设的丰富营养，如今长势良好，越发甜美可人。

追根溯源，早在2009年12月，在云浮市委、市政府的大力倡导下，云浮市城乡规划局便开始组织了《云浮市绿道总体规划》编制工作。在编制过程中，市委、市政府领导对《云浮市绿道总体规划》十分重视，有关领导亲自到金道、禅道等选线现场指导，并明确了绿道起止点、与珠三角绿道的衔接、绿道命名以及绿道的选线要求。如今，该规划编制得到市直有关部门和各县（市、区）积极配合以及云浮广大市民积极参与和支持，云浮绿道建设也初具规模，渐入佳境。

细细阅读《云浮市绿道网规划》中的文字介绍， 人们可以寻觅到几分云浮市绿道总体规划的立足点，也可以看出，为贯彻落实党的十七届三中全会、省委十届四次全会和市委四届七次全会精神，云浮市以科学发展观为指导，正以《云浮市资源环境城乡区域统筹发展规划》、《云浮市改革发展规划纲要（2009—2020年）》和《美好环境与和谐社会共同缔造行动纲要》为指引，在努力打造“宜居之城、精品之城”，创建绿色休闲的和谐生态，并通过绿道建设，将自然、人文景观点与社区、公共活动场所相连接，从容地提高了一个位于经济欠发达地区地级市的城市品位。

云浮有山有水，生态优良，民风淳朴，早已为众所周知。因此，良好的生态环境是后发云浮最大的优势，在宜居城市示范市创建工作中，云浮坚持“以人为本”的城市建设理念，围绕幸福云浮这个核心，以绿道慢行交通系统为主导，近年来大力实施了“上山进城”等宜居城市建设工程，发展中积极利用自身优势，做到“好字当头、快在其中”。

在积极实施宜居城市建设过程中，云浮宜居建设一期工程重点对南山森林公园、人民广场和“一河两岸”、“四馆”（文化馆、博物馆、图书馆、档案馆）、市迎宾馆及周边市民活动设施等场所的绿化、美化、亮化进行修缮。二期工程又被称为“上山进城”工程，“上山”是指对南山森林公园环境设施进行改造升级，完善周边绿道建设，建设符合比赛标准的山地自行车道；“进城”指推进南山森林公园与城区学校、市场、社区相连接的绿道建设。

这些绿道因地制宜，尽量采用机耕路、现有村道、小路修建，部分规划绿道未有道路时，又以开挖小路或林中小道、土路等形式，尽量保护山体的自然风貌。在具体选线上尽量避开现有公路，选择已有的机耕路、土路及山间小路进行增建、扩建、改建，甚至在远足径线路规划选线中，也充分考虑了规划建设的可行性、可操作性，以人为本，不断完善。

随着一条条绿道从城郊延伸到乡村、从街头连接到田野，云浮人们不断地在生活中享受到绿道建设带来的惊喜，在不经意间渐渐地也越来越喜欢这代表着人与自然连接桥梁的绿道，不断萌生探究云浮绿道的兴致。

## 走进绿道，弘扬文化内涵

亲近绿道、走进绿道，享受人居幸福滋味过程中，人们又意外发现，云浮本土璀璨辉煌的历史文化，在绿道上随着时光变迁，也如越老越醇厚的美酒，香飘天地，远而益清。

2009年至今，云浮市已组织实施四期宜居城市示范市建设项目共118个，市民满意率达96%以上，云浮市亦被中国城市竞争力研究会评为“2011中国十佳宜居城市”。

若真要追究这“中国十佳”与“宜居之城”的妙处与乐趣，人们可在亲身畅游云浮五条绿道的过程中一一寻来，用心体会云浮“金、禅、文、同、福”的文化气息与民族精神。

我们先来说说云浮五条绿道名称代表的意思，感受几分执政者因地制宜，以民为本的用心良苦。

中国人有句俗话说，不怕生坏命就怕改错名。我们看到，代表云浮辖区内五县（市、区）的五条绿道，分别以“金、禅、文、同、福”命名，它们如5条美丽生动的彩带，从云浮的核心地带向四方飘散开去，在云浮大地上散发着蓬勃的青春活力。

为打通绿道格局，形成覆盖全市的全方位立体网络，云浮市绿道总体规划一方面与珠三角1号线、3号线、6号线相连，另一方面以云浮市南山森林公园为中心，分别通向云城区的大金山、新兴县六祖文化发源地、历史文化名城罗定市的文塔、郁南县同乐大山自然保护区、云安县县城，于是各具特色又切合实际、易懂易记的绿道名称应运而生了。

云浮5条绿道都是以云浮市南山森林公园为起点。

——金道，通向位于云城区的巍巍大金山，因大金山储藏的多种金属，象征着财富之路的意境，寓意云浮市找到一条黄金大道，实现经济稳步、快速腾飞的美好愿望。

——禅道，引领人们前往新兴县国恩寺，代表着人们对六祖故里的一片向往之心，旨在倡导学习禅宗文化思想，并不断将禅文化融入人们工作与生活，将其发扬光大，造福乡梓。

——文道，充分体现了罗定市历史文化名城和罗定文塔所象征的人文气息，体现了广大群众重视文化知识学习，用科学发展观统领各项工作的精神。

——同道，连接着郁南县同乐大山自然保护区，代表城乡共同走向富裕，共同缔造和谐社会的美好祝愿。

——福道，以云安县中心城区为终点，取其祝福云浮走向幸福之意，云浮人向往幸福生活的迫切之心溢于言表。

在这5条绿道的名称中，仅一个“禅”字，已是意象万千，禅文化作为中国传统文化的重要组成部分，在历史上产生了深刻影响。

云浮是禅宗六祖惠能的出生和圆寂地，作为六祖故里，本就沾染几许禅意。禅，原为古印度梵语的汉语译音词“禅那”的简称，汉语意译为“思维修”或“静虑”，也有译为“弃恶”或“功德丛林”者，要求人们在生活中静静过滤思想碎片，修正错误的思维，抛弃恶念，引人在定中产生无上的智慧，以无上智慧来印证一切事物的真如实相。

修禅，可以静治烦，实现去恶从善、由痴而智、由染污到清净的转变，使修习者从心绪宁静到心身愉悦，进入心明清空的境界。因此，云浮市在发展旅游休闲产业时，注重禅文化与绿道建设的相互渗透，积极打造禅文化旅游品牌产品。2008年首届广东禅宗六祖文化节在新兴县国恩寺举办，开启了云浮市全面打响“中国禅都”旅游品牌，以文化引领时尚的进程。

如今，云浮以禅宗文化统领温泉和自然生态旅游资源开发，推动文化与旅游发展相融合、人文旅游与生态旅游相融合，禅文化游已趋于成熟，禅道连接的新兴六祖故里旅游度假区、新兴金水台温泉两大禅文化游景点晋升国家AAAA级景区。游客沿途可享受温泉浴、到国恩寺参禅、进农家小院吃素、在路边采禅果……禅文化旅游与绿道建设越显相得益彰。

从一名一字，就可看出云浮绿道建设的深思熟虑，既以人为本，规划也着力于将沿线分散的生态自然环境，较好的自然保护区、旅游景点、文物古迹、古建筑、名村、名镇串联起来，又与文化、生态、经济、旅游相辅相成，形成了一条环环相扣，又各具生命力的人文“绿道”。

你看！金道以南山森林公园六祖阁为起点，经人民广场、南山河至过境公路、城北水上乐园、城北村委的黄茅洞、石板坑、东风村、塘淹、石门头村、石门头水库、秋龙田、黄竹围、大坳村，至终点大金山前，途经1个村委会8条村庄，全长约15公里。途中景点有农业生态园、石门头水库、自然生态林保护区、大金山广播电视发射塔、国家级测量控制点等。

沿金道直上大金山，在这个市中心城区附近山脉的最高峰，俯视云浮城区全景，已成为云浮及周边地区众多摄影爱好者、骑友、驴友最喜爱的休闲节目之一。大金山上云海缥缈、佛光笼罩之景，近年民众时常得见，亦多得这金道修建好后，人们上山便利了，上山者众。我们相信，正是随着云浮绿道建设的不断推进，云浮大地上美丽的山山水水，众多被收入镜头中的野外美景美图，也才越来越多起来。

在禅道，人们可以沿途寻觅点点滴滴和禅宗惠能成长与圆寂传奇相关的印迹，或学经向善祈求福报，或领悟东方圣人的大智慧，体会一场荡涤心灵的禅雨。

禅道途经云浮府前路、珠洞水、富禄、石城镇坑洲、南盛益南村委、前锋镇中学、崖楼村委洞表村、崖楼山接新兴车岗镇洞表村、新兴江到新兴县城交沿新兴江直达龙山国恩寺，最后经省名村龙山塘村到达藏佛坑。途经3个县（区），7个镇，全长约68公里，途中景点包括1个生态林区省级自然保护区、2个富有田野风光气息的现代农业产业园，还有崖楼水库、新兴江沿江风景以及六祖文化的国恩寺等，往南又延伸接珠三角3号线，该线的特点是可以让大家充分领略六祖文化的精髓神韵。

在引领人们前往历史文化名城的文道，又别有一番景致与深意。从南山森林公园出发，经云城区迳口、石城镇九曲岭至白石镇压石底村委，接郁南县河口镇、大湾镇，接罗定双东镇至罗定城区文塔。

文道途经4个县（市、区），9个镇，总长约76公里，途中景点主要有水库景区、九曲岭、古民居群、文塔等。一路走来，人们可尽情享受与领略悠久的泷江文明和罗定历史文化名城风光，可以登文塔，在滔滔不绝的泷江之畔，品味这座人口众多，曾演绎许多人类生存学故事的历史文化名城。

质朴的同道，作为南山森林公园段至郁南河口镇段与文道共用线路，从河口镇开始分支，经连滩、千官、大方、宝珠、建成、桂圩到县城，并经平台镇接同乐大山自然保护区，途经4个县（市、区），14个镇，总长约145公里。在这里可沿途欣赏古建筑、生态林区、田野风光、自然保护区等，不但富有浓郁的南江流域风土民俗风情，其古老的南江文化和古建筑、生态自然风光也可令你目不暇接。

运气好的话，游客兴许还能看见被号称为“活化石”的非物质文明遗产禾楼舞表演，亲眼看见一队衣着古意、脸戴面具的淳朴乡民，手执燃点着星辰之光的火把，牵着粗壮的耕牛，正在连绵百里的油菜花田中鼓乐蹁跹。

当人们在同道游玩，或许又会碰见乐天知足的西江人家、在河畔乡村偶遇的刚从河里捕鱼归来的乡亲，被热情地拉入建起小洋楼的农家小院闲话家常。尝过地道的河鲜，喝过一口热气腾腾的茶水后，来到在微风吹拂的西江边的小凉亭里，惬意地随意坐卧，闭目静思，耳根又传来淳朴蚕农的欢声笑语，她们隐身于桑田里正在快乐地采摘桑叶。此时，心思再沉重的都市人，也许会如清明的智者一般，觉得这绿道天地间，已没有可以烦扰心性的尘世俗气吧？

还有福道，人们沿着美丽的南山河，经河口镇，都杨镇的仙菊、降水到达云浮儿女的母亲河西江，再从沿江公路接入云安县城慢行系统。福道途经2个县（区），3个镇，总长约43公里，沿河风景无处不是让人赏心悦目的自然生态风光。

或许，你也可以干脆兴冲冲地跟着现代生活的热潮，来个接二连三的绿道自驾车游规划，畅游西江百里画廊，从云城区经云六公路至云安县城，沿省道368线经郁南县南江口、建城、都城、平台，直到同乐大山原生态景区。

这一路上江风吹拂，伴你同游，不亦乐乎？

绿道沿线有崖松迎客等西江百里画廊美景，还有南广铁路南江口站场、神仙滩生态景区、县城江滨公园、平台水库、同乐大山原生态景区等景点，总会让游客收获意外的惊喜！脱离城市的烦嚣后，这惬意的南江文化绿色生态自驾车游，已如扑面而来的凉爽江风，早已是酒不醉人，人自醉！

是啊！从连滩天花塘起，经南江口、建城、都城、平台到同乐大山原生态景区，沿线包括傅廷栋院士油菜研究教育和旅游基地、张公庙、光二大屋、郁南县现代农业园区、九星湖、郁南展示馆、郁南农产品展示园、大王山国家森林公园、广东十二岭酒业有限公司、两广农产品交易中心、古勉新村、大河水库等景点。每个地方都有其独具的文化特色，云浮丰富的旅游资源及历史文物古迹、古建筑文化内容全都融入了云浮绿道，成为一个又一个的文化闪光点。

云浮绿道，正不断向各县（市、区）广袤腹地延伸，形成越来越丰富多彩的特色远足径。

听朋友说，这绿道特色游真是包罗万象，精彩纷呈。如罗定市金银河水库——连州仙境茶园特色游，以罗定文塔为起点，经罗定八景之一石牛山至金银河水库，再到连州仙境茶园，全长约60公里，让人玩得尽兴有趣。还有新兴县特色游，一是旖旎的沿河风光特色游，以县城为起点，沿簕竹河边逆流而上，沿途经狮子腰林场、簕竹镇、河头镇、大江镇，在里洞与珠三角绿道系统3号线形成环路，全长约70公里；二是温泉特色游，以县城为起点，沿省道经东成镇青山绿水温泉至水台镇金水台温泉，全长约36公里，往东延伸接珠三角6号线。二者合一，实是健康与游乐两不误。而古韵悠长的郁南古建筑群特色游，将河口、连滩、千官、大湾四镇连环形成乡村风景线，沿线游走观看河口无核黄皮基地、天池庵、大湾古建筑群，连滩张公庙、光二大屋等景点，全长约50公里，可吃农家菜，摘树上果，看古老大屋。

绿道，引领游人到云城区赏蟠龙洞观洞穴奇景、去新兴县龙山沐浴温泉参禅、到罗定赏民居大屋、往郁南游南江生态景区……云浮绿道贯通的每一景都渗透了生生不息的文化内涵。

云浮通过一条条新建的绿道，使当地的民众越来越亲近大自然，人人心情舒畅，仿佛走进了生命中的幸福绿洲。转过一圈回来，人早已被这里灿烂辉煌的历史文化照耀得晕眩迷醉，或许从此会爱上这片神奇而古老的大地。

## 文化绿道，荡涤尘埃

历史文化的传承历来是复杂与微妙的，而云浮修建绿道过程中，在文化方面所取得的成功，不仅在于人居社会与大自然中筑起的现实绿道，还在于干群合力，用心着力在云浮铺设了一条政府与百姓顺畅沟通的“文化绿道”，让老百姓乐于参与，积极支持身边的家园建设，同时也提高了整体的人居幸福指数。

当绿道修建到城区时，原来寸土必争的小市民，义无反顾地让出原属于自己的土地，为绿道建设开启了特殊的“绿色通道”；当绿道修到乡村的时候，一些原来存在争议的土地权属问题迎刃而解，乡亲们有力出力、有地出地，总之全力配合，迅速打通了贯穿全线的“民心绿道”。由于云浮绿道建设坚持“共谋、共建、共管、共享”的理念，云浮在共建过程中还化解了一批长期没有解决的矛盾纠纷，把昔日的“纠纷路”变成了现在的“和谐路”。

有关人士回忆说，云浮绿道总体规划编制、规划编制人员实地勘察线路时，得到沿线各级政府、当地群众的大力支持，提供相关资料，介绍有关情况和提出很好的建议。

沿线群众纷纷要求绿道经过他们村，同意腾出土地，并投入相应的人力。如市直有关部门、云城区政府、云城街道办、城北村委及群众等多次与规划编制人员实地勘察线路走向，选线确定后，城北村投入大量的人力修建道路、完善道路安全设施等。禅道选线得到了云城区、云安县、新兴县等政府以及沿线各镇、各村委、自然村群众的支持和共同参与。其他各绿道也是如此。绿道在建设过程中，为营造良好的氛围，各有关团体、群众组织等自发筹备进行绿道行活动，包括举办自行车比赛、登山比赛。

正所谓众志成城。如今，云浮市已建成城市型绿道80多公里、郊野型绿道500多公里。市民只要在家门口骑上自行车，就可以没有阻碍地直接骑车到山上去，人与自然环境实现了“无缝对接”。

遵循“美好环境与和谐社会共同缔造”的发展方向，云浮市还把绿道系统规划与旅游文化资源开发相结合，充分调动广大人民群众的积极性，努力做到让发展惠及群众，让生态促进经济；通过发动群众参与建设，更好地凝聚民智，树立云浮人新风貌，让服务覆盖城乡，让参与铸就和谐。

此外，云浮市还通过完善南山森林公园、大金山森林公园、郁南大王山森林公园基础设施，推动生态示范村建设喜迎游客，乡村风情体验游开发进度加快。代补创建激励措施，致力打造自驾车与乡村休闲旅游精品线路，规划建设一批生态农业、观光农业基地和农家乐庄园。目前，罗定“亚灿米”农业旅游示范基地、名茶大观园部分项目已对外开放，郁南建城镇历口“西江人家宜居示范村”、云安县前锋镇“洞表和谐宜居休闲娱乐游”等观光点线渐趋成熟。

当广梧高速公路、三茂铁路、国道324线和正在建设中的南广高速铁路横贯而过，云浮渐渐全面融入珠三角核心经济生活圈。这样一个青山秀水、百里葱茏的生态绿城位于环珠三角地带，无疑具有打造环珠三角乡村生态休闲旅游首选地得天独厚的优势，绿道恰如一条若隐若现的锦丝，已将云浮这颗美丽的珍珠与全省的绿道建设串联在了一起。

回眸一笑间，只觉云浮绿道文化确实有其妙不可言之浓厚内涵，点点滴滴无不体现出“为民、惠民”的特色宗旨，其实施方法方式又非常具有可行性和可操作性，都是根据云浮山区特点出发，并符合自然生态规律，又满溢着众多本土的独特文化内涵，也正是因此，云浮绿道建设深受老百姓的喜爱与支持。

珠三角在经济持续多年飞速发展后蓦然回首发现，青山绿水竟如此可贵。在全省瞩目的环珠三角快速增长带上，云浮板块备受瞩目的原因之一就在于它拥有优良的生态资源。

云浮绿道上，不但有“禅文化”、“石文化”、“南江文化”三大文化品牌景观，还积极拓展了传统旅游业单纯观光、度假之外的功能，将游客的感官享受与文化创造、文化欣赏、文化审美相结合，使旅游休闲产业一跃成为云浮市新的经济增长点。

云浮城区内傲然屹立众多独立山峰，可谓是横看成岭侧成峰，俨然“城市盆景”里的美丽风景线。这里的青山绿水，甚至能让初次到访的人们联想到闻名天下的“桂林山水甲天下”美景。

沿着整洁的城市慢行绿道向南走不远，就到了南山森林公园。门前大道上325种石材被切割成等大的小块整齐地排列在地上并标注了名称，显示出深厚的石文化底蕴；园内林木茂盛，空气清新，人行道和自行车道直通山顶，路灯如盘旋在山腰的金龙，将夜空照得格外神秘，远处的蛙鸣和着路边播放的轻音乐，让人如入仙境。

近年新修建的绿道上总是人来人往，时而静谧安详，陪伴休闲散步的市民度过一个又一个晨昏，时而热闹喧哗，迎来国内外骑士友人参与各种绿道赛事。人们意外看到，绿道这个绿色低碳的大众舞台，总在不断上演着让人惊喜的节目。

每当夜幕降临，华灯初上，三三两两的云浮市民开始向城中各处休闲场所汇聚。市区南山河亲水平台及其周边彩灯绽放、夜景迷人，人们三五成群，在河边漫步休闲，悠然自得。不远处，不时传来悠扬的歌声，开阔的人民广场上，上千人在音乐的伴奏下翩翩起舞，场面壮观。穿过马路是市政府门前的草坪，有人在打羽毛球，也有人坐在上面小憩，左侧是博物馆、文化馆等“四馆”，以各有特色的建筑围成的一个有喷水池、木桥、健足道的花园广场，硕大的石南瓜雕塑旁边，小广场正在放映着露天电影。

在位于云城区南山路与锦绣路交界处的黄屋村，干净整洁的小区内，鳞次栉比的居民房，错落有致的绿化带，临街一间连着一间的商铺，处处呈现繁华景象。这个曾经房屋布局混乱，工棚、猪舍鸡圈处处可见，垃圾成堆，污水横流的典型的“脏、乱、差”地方，经过“三旧”改造后，华丽变身为南洋花园的一个小区。

云浮市还继续做优做美中心城区建设，通过点、线、面结合方式，把慢行绿道系统连接学校、社区、公园等公共场所，并围绕“宜居云浮”主题，举办一系列主题活动，提高云浮绿道影响力，引导群众追求健康、低碳、幸福的生活方式。主要规划项目包括南山河河道景观改造配套工程及橡胶坝整改工程。同时，成功建设一批街头小景的基础上，继续向市中心推进，做到成熟一个建设一个，给市民营造更多方便舒适的休闲活动空间。

金道、禅道、同道、福道、文道五条绿道不仅连接了云浮的五个县（市、区），更串起了散落各地的乡村美景，同时建设开发慢行绿道途经的河流、小溪、水库、山塘和绿地等自然资源，积极开展钓鱼、泛舟、慢跑等户外休闲游，绿道建设与旅游景点和谐串联，成为云浮市乡村旅游的特色和亮点。

这一头云浮市委、市政府在城市发展规划中思路明晰，在全省山区率先规划建设全市生态文化旅游慢行绿道系统，绿道建设如火如荼。各地党委、政府通过发动群众参与共建美好环境与和谐社会，加快全市“生态、健康、幸福”宜居城市建设。把青山当成自己的特色，把城市和山结合起来，努力建设一个城中有山、山中有城，颇具亚热带风貌的特色城市。

那边厢群众也意识到，建设好绿道，营造美好家园环境是自己分内之事。至今，全市群众捐款捐物5253.13万元，由村集体或个人捐出用于建设的用地17.69万平方米，参与义务投工投劳达36254人次，党政群众携手共进，掀起了一次又一次的绿道建设和全民参与的宜居城乡建设热潮。

云城区张屋村为修建一条约2.2公里的村中休闲绿道，村代表张华在建设休闲绿道工作中，主动让出禾地基，支持休闲绿道建设；村中族长张昆生主动负起组织施工的责任，派出自己的施工队参与施工。此外，村民自觉积极参与清扫、平土、种树等工作，多方形成合力，休闲绿道两旁很快就种上500多株挑花芯、常年绿，设置了石凳，结砌了两边路基及安装了标准的减速线等等，使休闲绿道在一个月之内呈现出较好的效果。目前，全线的三通路口两旁、张屋村休闲大道两旁已绿树成荫，并营造了计生文化、石乡文化、广场文化等氛围，营造了一个可与城镇媲美的绿色休闲大道环境，为村民休闲娱乐增添了好去处。

目前，云浮市“三个宜居”建设已累计投入资金约2.6亿元，建成16个宜居城镇、133个宜居村庄和32个宜居社区，受惠人数达75.33万人。广东省公布的第一批“广东省宜居示范城镇、宜居示范村庄”名单上，云浮市罗定市罗镜镇成为第一批广东省宜居示范城镇，洞表村等8条村成为第一批广东省宜居示范村庄，南外社区等4社区成为省示范社区。在采取“以奖代补”的形式，把资源配置到符合要求的试点城镇、村、社区的方式后，云浮市政府落实“以奖代补”资金921万元，促进良性竞争机制的形成，共谋共建宜居城乡。

居住环境改善了，群众环境卫生意识也随之提升，大家自觉遵守村规民约，自觉门前“三包”，珍惜和爱护自己的家园，并更加注重休闲健身，喜欢上散步、打球、看书等休闲娱乐，形成健康文明的生活方式和习惯。

在云城区，大金山绿道迎来了市直单位、云城区、云安县的团员青年代表250多人，举行了“相约绿道、情定金山”的青年联谊活动。云浮青年们在绿道上进行户外拓展与趣味互动游戏，由大金山脚的白水坪出发，经金山绿道登至山顶，途中玩起了趣味游戏，广大青年在绿道上快乐地沟通与交流，拉近了彼此之间的距离。活动后，青年朋友们纷纷表示参加这样的绿道联谊活动很有意义，收获很大，既感受了畅游绿道的健康与快乐，又认识了很多新朋友。

云浮绿道建设引发了城乡环境的巨大变化，也为市民带来了生态良好、幸福悠闲的诗意宜居生活，为云浮市打出了一张“健康、生态、幸福”的宜居城乡响亮名片。

生于斯寂于斯的六祖惠能，曾有一传世偈语：“菩提本无树，明镜亦非台；本来无一物，何处惹尘埃。”每每读之，让人身心倍感愉悦、神清气爽。此时此地，踏足云浮绿道，仿佛见到一位欲涤无尘的自然仙子，迎送人们亲近着天地之间的良辰美景，用她美丽的七色彩带，为人们拂拭浮世尘杂音，给人间营造一个清澈透亮、和谐文明的环境。

甘姮华

图书在版编目（CIP）数据

广东绿道文化 / 广东省人民政府文史研究馆文学院，深圳市新闻人才基金会编. —广州：广东人民出版社，2013.1
ISBN 978-7-218-08536-4

Ⅰ. ①广… Ⅱ. ①广… ②深… Ⅲ. ①城市道路—道路绿化—广东省 Ⅳ. ①TU985.18

中国版本图书馆CIP数据核字（2013）第001054号

Guangdong Lüdao Wenhua
广 东 绿 道 文 化
广东省人民政府文史研究馆文学院
深圳市新闻人才基金会 编

出 版 人：曾 莹

责任编辑：陈其伟 柏 峰
装帧设计：友间文化
责任技编：周 杰

出版发行：广东人民出版社
地　　址：广州市大沙头四马路10号（邮政编码：510102）
电　　话：（020）83798714（总编室）
传　　真：（020）83780199
网　　址：http://www. gdpph. com

书　　号：ISBN 978-7-218-08536-4
开　　本：787毫米×1092毫米 1/16
印　　张：23.5　　插　　页：24　　字　　数：320千
版　　次：2013年1月第1版　2013年1月第1次印刷
定　　价：78.00元

如发现印装质量问题，影响阅读，请与出版社(020-83795749)联系调换。
售书热线：（020）83790604　　83791487　　邮购：（020）83781421

www.ingramcontent.com/pod-product-compliance
Ingram Content Group UK Ltd.
Pitfield, Milton Keynes, MK11 3LW, UK
UKHW062008041026
15591UKWH00017B/1228

9 787218 085364